品质课程聚焦丛书
王雪梅　杨四耕　主编

数学作为学习共同体

一种新的数学课程观

柴　敏◎主编

全国教育科学"十三五"规划课题
"区域推进中小学品质课程建设的实践研究"
（课题编号 FHB180571）之研究成果

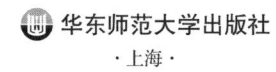

华东师范大学出版社
·上海·

图书在版编目（CIP）数据

数学作为学习共同体：一种新的数学课程观/柴敏主编. —上海：华东师范大学出版社，2021
（品质课程聚焦丛书）
ISBN 978-7-5760-1746-5

Ⅰ.①数… Ⅱ.①柴… Ⅲ.①小学数学课－教学研究 Ⅳ.①G623.502

中国版本图书馆 CIP 数据核字（2021）第 150463 号

品质课程聚焦丛书

数学作为学习共同体：一种新的数学课程观

丛书主编	王雪梅　杨四耕
主　　编	柴　敏
责任编辑	刘　佳
项目编辑	林青荻
特约审读	李杨洁
责任校对	樊　慧　时东明
装帧设计	卢晓红

出版发行	华东师范大学出版社
社　　址	上海市中山北路 3663 号　邮编 200062
网　　址	www.ecnupress.com.cn
电　　话	021-60821666　行政传真 021-62572105
客服电话	021-62865537　门市（邮购）电话 021-62869887
地　　址	上海市中山北路 3663 号华东师范大学校内先锋路口
网　　店	http://hdsdcbs.tmall.com
印 刷 者	杭州日报报业集团盛元印务有限公司
开　　本	787×1092　16 开
印　　张	16.25
字　　数	159 千字
版　　次	2021 年 11 月第 1 版
印　　次	2021 年 11 月第 1 次
书　　号	ISBN 978-7-5760-1746-5
定　　价	52.00 元

出版人　王　焰

（如发现本版图书有印订质量问题，请寄回本社客服中心调换或电话 021-62865537 联系）

丛书编委会

主 编
　　王雪梅　杨四耕
编 委
　　孙　波　李德山　崔春华　裴文云　李　红　廖纯连　苏家云
　　刘文芬　王慧珍　牛旌丽　柴　敏　吴长生　裴章云　刘　兵

本书编委会

主 编
　　柴　敏
成 员
　　李运烨　董　惠　夏登梅　刘　佳　王大圣　袁丽丽　许春林　周　君
　　钱　霞　胡小善　袁露露　余国飞　王　璐　王　俊　尹文娟　汪　洋
　　汪　婷　吴伟兵　徐　敏　许维贵　赵　靳　王　磊　赵春艳　姚红根
　　姜海松　齐　昕　杨　琴　岑　昀　李大兴　马　兰　陶玲娟　谷　云
　　杨　维　汤俊雄　朱　军　韩　涛　王　娟　尹丽娟　何　娟　张梅娜
　　张正青　张　璐　孙　宁　储雅琼　童　玲　孙彩虹

丛书总序

自2015年以来，我们在合肥市蜀山区推进"品质课程"项目，致力于学校课程文化变革，改变区域课程改革生态。这些年，我们深刻地感受到，课程是一种文化存在，文化是课程的存在方式和存在本身。

怀特海指出，过程是世界万物固有的本性。[1] 在他看来，"事件"和"事物"不同：事件是唯一的，是不可重复的；而事物则是自然之物，是永恒的。[2] 据此，我们认为，课程文化不仅仅是事物的集合，更是事件的生成。我们可将课程文化理解为事件之展开而非仅仅是事物之集合，由此所展现的将是课程文化要素、课程文化形态、课程文化主体共同构成的一幅立体兼容的文化图景。

从"事物"角度看，课程文化是课程形态和课程实践蕴含的价值、信仰、规范以及语言等文化要素的合生体，这些文化要素构成了课程文化的基质。因此，课程文化是一种信仰、一种语言、一种规范、一种眼光、一种思维方式、一种处理问题的方式，它们具体表现为课程精神文化、行为文化、制度文化以及物质文化。课程文化要素的相互摄入以及微观生成，构成学校课程文化变革的内在过程。在怀特海看来，把具体要素据为己有的每一过程叫作摄入。[3] "摄入"理论从微观层面说明了现实存在自我生成的内在机制。

课程精神文化、行为文化、制度文化以及物质文化诸要素相互摄入进而存在于另一存在之中，成为相互依存的合生体。在这个合生体中，课程精神文化是最核心的、最深层的、根部性的文化要素，是课程物质文化、制度文化与行为文化的价值凝练和理念引领。课程制度文化是具有中介性质的文化，它联结课程物质文化和行为文化，既是课程物质文化的制度保证，又是

---

[1] 怀特海. 过程与实在：宇宙论研究（修订版）[M]. 杨富斌，译. 北京：中国人民大学出版社，2013.
[2] 陈奎德. 怀特海哲学演化概论[M]. 上海：上海人民出版社，1988.
[3] 杨富斌，等. 怀特海过程哲学研究[M]. 北京：中国人民大学出版社，2018.

课程行为文化的规约机制。课程行为文化是课程文化的表现，既受课程精神文化的直接影响，又受课程制度文化的现实规范。课程物质文化处在表层，是课程精神文化、课程行为文化和制度文化的空间和载体。如此，课程文化诸要素相互摄入、相互作用，共同构成课程文化的深层结构。

课程文化变革过程包含"物质性摄入"与"概念性摄入"，① 这两种摄入是多维关联的重构过程，其中微观生成是生动活泼而丰富多彩的。一般地说，学校课程文化诸要素之间的相互摄入，其中课程精神文化居于核心地位，它体现于其他各要素之中。课程文化变革可以从课程文化的部分要素开始，以点带面，但要实现课程文化彻底转向，或要真正提升学校课程品质，就必须整体协调课程文化之各要素，就要以"文化的眼光"或"思维方式"进行这种摄入行动的思考和判断。

以上是课程文化的"事物观"及其变革机理。在这里，我想再说一个观点，那就是：课程文化不是简单的要素组合，而是一个展开的事件。正如巴迪欧在《存在与事件》一书中所言：真理只有通过与支撑它的秩序决裂才得以建构，它绝非那个秩序的结果；我把这种开启真理的决裂称为"事件"；真正的哲学不是始于结构的事实（文化的、语言的、制度的等），而是仅始于发生的事件，始于仍然处于完全不可预料的突现的形式中的事件。② 从"事件"角度看，课程文化是一个不可能重复出现的生成过程，处于不断运动变化之中。作为"事件"的课程文化之真理即是在完整的课程实践中成就人、发展人和完善人。

课程文化是学校里公开的或隐蔽的信念、行为、习惯和价值观等要素相互"包含""进入""创造""构成"的"合生"事件，它融合了课程的物质和精神两个层面的意涵，它不仅包含课程意识、课程理念、课程价值等内隐的精神文化形态，而且包含学校课程实践过程中所创造的课程物质、课程制度以及课程行为等外显的文化形态，是诸要素相互参与和多维互动的创造过程，是"事件"生成与发生的过程——因为"文化的每一个方面都是一个能

---

① 怀特海认为，对现实存在的摄入——其材料包含着现实存在的摄入——叫作"物质性摄入"；对永恒客体的摄入叫作"概念性摄入"。参阅：杨富斌，等. 怀特海过程哲学研究［M］. 北京：中国人民大学出版社，2018.

② Alain Badiou. Being and Event［M］. London：Continuum International Publishing Group，2006.

够改变文化的创造源,都是非常主动的创造性力量"[①]。

一种文化首先意味着一种眼光,眼光不同,对所有事情的理解就不同。[②] 课程文化是我们做事的眼光、处事方式和思维习惯,是生长着的"事件",是我们理解课程实践、推进课程变革的眼光。当然,课程文化虽然是一个"事件",但在本体论意义上,课程文化仍然是一种不易感知的实在。人类学家指出,人们一般意识不到他们身边的文化,因为此类文化表现为平常的生活,表现为看上去正常和自然的东西。文化以无意识的状态或者说未被检查的状态悄悄地让我们做出选择、进入生活。[③]

但是,这并不妨碍我们认识课程文化,我们仍然可以用智慧感知课程文化的存在,我们仍然可以用眼睛捕捉课程物质文化、制度文化、行为文化和精神文化。课程物质文化是以物质形态存在的设施和空间,这是课程文化赖以存在的物质基础与场域条件;课程制度文化是学校制定的规约课程实践的活动程序和价值规范,是学校课程变革过程中形成的价值体系和活动规则;课程行为文化是行为主体在长期的课程实践过程中形成的处理课程事务的一以贯之的行为方式,这种行为方式具有长期稳定性、潜意识性和无需提醒等特点;课程精神文化是学校课程文化的核心,是主导学校课程实践的理念和精神,通常会借助富有哲理的语言加以概括。这些课程文化要素,我们可以"看见"它们的合生性存在,也可以"分辨"它们的原子性存在。

我们的结论是:课程与文化有着天然的血肉联系,凡是课程变革一定是文化变革,没有文化内核的课程变革很难取得成功;文化变革需要课程建设支撑,没有课程支撑的文化变革是不可思议的。怀特海指出,现实存在就是合生,每一个现实存在都不是只有一种元素的简单的存在,不是原子论意义上的存在,而是由诸多要素构成的合生或有机体。[④] 在学校课程变革过程中,课程与文化二者"合生"即生成课程文化。课程与文化的"合生"设计,是学校课程文化变革的重要方法。

在具体操作上,推进学校课程文化变革有两条道路可供选择。第一条道

[①②] 赵汀阳. 赵汀阳自选集[M]. 桂林:广西师范大学出版社,2000.
[③] 约瑟夫,等. 课程文化[M]. 余强,译. 杭州:浙江教育出版社,2008.
[④] 怀特海. 过程与实在:宇宙论研究(修订版)[M]. 杨富斌,译. 北京:中国人民大学出版社,2013.

路是自上而下的演绎道路，实现从文化概念到课程设计的"合生"。首先确定学校课程哲学，包括学校课程理念、课程愿景、育人目标和课程目标。其次，厘定学校育人目标和课程目标。再次，梳理学校课程框架，设计学校课程内容。复次，活跃学校课程实施，使课程功能最大化。最后，把握学校课程评价和管理。如此，课程文化建设是从文化概念建构开始的，由此展开学校课程整体规划，实现从文化概念到课程设计的"合生"。

第二条道路是自下而上的归纳道路，实现从课程实践到文化逻辑的"合生"。学校课程文化建设实际上也是学校文化决策过程，每一所学校都有自己的文化背景，包括周边的文化资源、历史传统、现实经验，这是学校课程文化变革的客观基础，也是学校课程哲学生长的土壤，"土质"的不同导致学校课程哲学追求的不同。如何在分析学校课程情境的基础上，对学生的需求进行调查，了解现有课程的实施情况，发现学校课程中存在的问题；根据学校课程情境分析和学生需求调查，形成学校课程哲学，明确学校的育人目标和课程目标；基于课程价值需求分析，建构学校课程框架与体系；布局学校课程实施的多维途径和多种方式，确保课程实施的有序与有效；制定一套课程管理制度，保障课程变革顺利推进；制定一套评估方法，对课程品质进行评估。这是由课程实践到文化逻辑的"合生"过程。

合肥市蜀山区"品质课程"项目实践表明，学校课程文化变革可以是演绎式，也可以是归纳式。演绎式可理解为"概念先行——实践验证"方式；归纳式可理解为"实践探索——归纳提升"方式。课程是具有情境性和价值负载的文本，学校课程文化变革宜采取"理论、研究与实践互动"的方式。这种方式不完全依赖于概念或理论，也不脱离学校实际情境。在学校课程实践中，以学校课程情境为基础，以课程的实际问题为切入点，以理论为指导，以概念为圆心，边研究边行动，在实践中总结提炼，又在实践中加以验证与改造，在理论与实践的互动互补、碰撞对话中生成学校独有的课程文化框架。

马克思说："全部社会生活在本质上是实践的。凡是把理论引向神秘主义的神秘东西，都能在人的实践中以及对这个实践的理解中得到合理的解决。"① 合肥市蜀山区"品质课程"项目探索告诉我们：实践是课程文化价值实现的根本途径，是推进学校课程文化变革的关键力量。学校课程文化变革必须为行动提供充分的理据，从而使得行动趋于合理化，增强学校文化变革的认同感和一致性。在某种意义上，这也是一种文化自觉。

杨四耕

2021 年 2 月 5 日于上海市教育科学研究院

---

① 马克思恩格斯选集（第 1 卷）[M]. 中央编译局，译. 北京：人民出版社，1995.

目录

前　言　走向学习共同体的数学课程　　　— 1

第一章　共生：数学作为情境性实践　　　— 1

　　学习是发生于具体情境中的社会关联实践。数学作为情境性实践，至少存在生态情境和生活情境两种情形。生态情境是一种价值取向，它是使学习环境趋向或达到最优、高效与和谐发展的状态。学习共同体倡导共生的生态情境。在这种情境下，每一个儿童的差异得以"交响"。同时，基于数学课程的生活情境强调，数学课程所选择的学习素材应尽量与儿童的生活现实相联系，应有利于加深儿童对所要学习内容的数学理解。

　　第一节　奇思数学：让儿童感受数学的神奇魅力 / 4
　　第二节　童趣数学：让儿童用数学的眼光看世界 / 25

第二章　思维：数学作为认知性实践　　　— 39

　　客观主义知识观视知识为普遍的、外在于人的真理。其实，学习是一个主动的、有目的、有策略的信息加工过程，思维是对知识的组织和加工。数学作为认知性实践，要通过知识的深度加工，培养儿童的高阶思维能力。这就需要我们视学习为一种冲刺与挑战，让儿童超越既有经验与能力。为此，学校必须改变观念，视儿童为学习的主角，逐步让儿童学会用数学的思维方式思考问题，发展高阶思维能力。

  第一节 灵动数学：让每个孩子充满灵性地思考 / 42
  第二节 美思数学：在思维创意中感悟数学之美 / 60

第三章 协同：数学作为社会性实践 —— 77

  儿童的认知差异与全人发展之间的矛盾是刻不容缓的难题，协同学习倡导"和而不同"的理念，是缓解这一矛盾的新的学习方式，也是践行数学作为社会性实践的有效途径。协同学习致力于多样化的数学课程，真实的问题情境，让儿童能够在探索数学奥秘的过程中，通过合作交流、动手实践等活动，充分发挥同伴群体的协同作用，从而学会尊重他人、学会分享、学会承担、学会对话，最终实现共同进步。

  第一节 思趣数学：构建思趣互生的学习愿景 / 80
  第二节 智动数学：让灵动智慧成就数学学习 / 99

第四章 建构：数学作为伦理性实践 —— 115

  数学作为伦理性实践，是认识自身的优势与劣势、培育对于数学的兴趣与爱好、找回失落的自尊感、探索更好的自我模式的手段，其实质是儿童的情意结构在

"平衡——不平衡——新的平衡"的循环中不断建构。儿童作为知识建构者不仅反映了儿童积极主动参与学习的一种精神状态,而且也体现了儿童学习能力不断提升的一种渐进过程。教师作为积极引导者,不仅让儿童学习了知识,还让儿童体验到了成功的乐趣,磨炼了克服困难的意志。

  第一节 灵慧数学:建构灵慧的数学学习图谱 / 118
  第二节 本真数学:给予儿童追根溯源的动力 / 142

第五章 合作:数学作为反思性实践 —— 155

  学习共同体的学校是教师互相合作研究的学校,教师不但是"教的专家",同时也是"学的专家"。数学作为反思性实践,教师的成长有作为"手艺人"成长的一面,也有作为"专家"成长的一面。作为"手艺人"成长的教师通常是新任教师,他们通过师徒结对将这种"手艺人"的技法传承下来。作为"专家"成长的教师通常是经验型教师,他们通过课例研究,发挥教师团队力量,在真实的数学课程实践过程中不断反思成长。

  第一节 至真数学:追求至真的数学课堂 / 158
  第二节 启智数学:用数学的智慧看世界 / 180

第六章 交往:数学作为互助性实践 —— 195

  数学课程要为儿童未来生活、工作和学习奠定重要的基础。新的课程改革要求教师与儿童形成一个学习共同体，以共同体的力量，实现互助性实践模式下的数学学习。数学作为互助性实践改变了传统的师生观，强调师生在人格尊严、学习权利等方面平等的基础上，实现学与教的互动整合，在互助性实践中师生彼此吸纳、互相成长。儿童和教师互相成为评价的对象，又成为彼此进步的源泉。

第一节　启思数学：让儿童体验数学思维的魅力 / 198
第二节　精妙数学：在数学的世界里发展思维 / 219

后　记　—— 234

前言　走向学习共同体的数学课程

课程是学校改革的核心环节，3.0课程是现阶段学校课程变革的方向。所谓3.0课程是以多维联动、有逻辑的课程体系为标志，将课程、教学、实施、管理以及师生发展融为一体的课程样态，这种课程样态呈"巢状"模型，是以学习为中心的课程样态。[①] 学习是什么？佐藤学指出：学习是建构客观世界意义的"认知性实践"，建构伙伴关系的"社会性实践"，探索自我的"伦理性实践"。[②] 这一观点对我们思考数学课程的价值旨趣有深刻的启发意义。

义务教育阶段的数学课程是培养公民素质的基础课程。《义务教育数学课程标准（2011年版）》强调："数学课程应致力于实现义务教育阶段的培养目标，要面向全体儿童，适应儿童个性发展的需要，使得：人人都能获得良好的数学教育，不同的人在数学上得到不同的发展。"[③] 课程标准中的理念与佐藤学学习共同体理论中的三个原理不谋而合。学习共同体倡导的三个哲学原理是"公共性""民主主义"和"卓越性"。"公共性"倡导学校是基于公共使命与公共责任组织起来的场所，教师是承担这种公共使命与责任的专家，学校和教师的责任在于实现每一个儿童的学习权利；"民主主义"倡导学校必须尊重个体差异，成为"个体交响"的场所；"卓越性"倡导个体寻求"冲刺与挑战学习"。[④] 因此，把数学课程作为学习共同体，是成就"完整的人"的重要路径。

鉴于此，本书提出作为学习共同体的数学课程观，即数学作为情境性实

[①] 杨四耕. 迈向3.0的学校课程变革[J]. 中国教师, 2016 (22)：64—67.
[②] 佐藤学. 课程与教师[M]. 钟启泉, 译. 北京：教育科学出版社, 2003：377.
[③] 中华人民共和国教育部. 义务教育数学课程标准（2011年版）[S]. 北京：北京师范大学出版社, 2012：2.
[④] 佐藤学. 学校的挑战[M]. 钟启泉, 译. 上海：华东师范大学出版社, 2010：2—3.

践、数学作为认知性实践、数学作为社会性实践、数学作为伦理性实践、数学作为反思性实践和数学作为互助性实践。由此可见，作为学习共同体的数学课程观本质是实践的数学课程观。本书所呈现的12所学校的数学课程方案，这些方案分别从课程目标、课程内容、课程实施、课程评价和课程管理五个方面进行阐述，这五个方面与作为学习共同体的数学课程观紧密相连，它们共同构成了数学学科课程的整体架构。

1. 从"知识"走向"素养"，关注全人发展

课程目标是育人目标的具体表现，也是课程所要达到的预期结果。本书中12所学校通过分析具体课程情境，厘定学校课程哲学，制定了各校的课程目标。这些课程目标在语言表达上虽不尽相同，但其本质却存在着一些共同的特征。从实质来看，课程目标都从"知识"走向"素养"，关注人的全面发展，如：合肥市蜀山小学的"奇思数学"特别注重发展儿童的数感、运算能力、符号意识、空间观念、几何直观、数据分析观念、推理能力和模型思想。为了适应社会发展对人才培养的需求，"奇思数学"作为社会性实践，还特别注重发展儿童的创新意识和应用意识，不断增强儿童发现问题、提出问题、分析问题和解决问题的能力。

从"知识"走向"素养"并不意味着重"素养"不重"知识"。"素养"不是各个要素的罗列与相加，而是同"知识"的学习联系在一起的，两者不是二元对立的。数学作为认知性实践强调的是数学学习应从"知识传递"走向"知识建构"，要让儿童在主动建构"知识"的过程中形成"素养"。这也要求教师要不断提升自身的专业素养，要在复杂的情境中，以反思性实践为抓手，同疑难问题展开斗争，从而培育教师洞察学习的能力。

2. 从"碎片"走向"系统"，重塑课程体系

数学作为情境性实践，数学学习是发生于具体情境中的社会关联实践。建构主义认为，在真实的问题情境下进行学习，可以使儿童把外部环境中的新知识吸收并"同化"到已有的认知结构中，从而赋予新知识以某种意义；如果外部环境发生变化，而原有认知结构无法"同化"新环境提供的信息时，则要引起"顺应"过程，即对原有认知结构进行重组和改造。《义务教育数学课程标准（2011年版）》强调：课程内容要反映社会的需要、数学的特

点，要符合儿童的认知规律。① 通过创设与学习、生活密切相关的课程内容，可以让儿童在具体情境中开展探究活动，展开深度思维。因此，学校课程内容的设置至关重要。

郭晓明教授认为，学校课程可以分为实质结构和形式结构两种类型。② 实质结构是对课程价值和功能的内在规定，它反映的是"重视儿童发展的全面性、重视经验在课程中的作用"的价值取向。③ 而形式结构是关于学校课程类别及其关系的描述，本书大部分学校课程都采取这个结构。如：合肥市西园新村小学北校"童趣数学"将学校课程分为"童趣代数""童趣图形""童趣统计""童趣实践""童趣文化"五大类。他们按照这样的逻辑对学校课程进行合理分类，把握学校课程的横向分类与纵向布局，并进一步按照年级和学期进行课程设置，让课程内容从"碎片"走向"系统"，从而重塑了学校的课程体系。

3. 从"封闭"走向"开放"，实现真实学习

本书中12所学校课程实施按照立德树人的要求，既重视"质"，也重视"量"。

"质"指的是课程实施要掌握现代技术，优化教学方法，重视差异教学和个别指导，探索课程整合，推动学习方式变革等。如：学习共同体倡导"协同学习"，把数学作为互助性实践，就是学习方式的变革。潜山路学校采取"五环节"教学，设立挑战性的课题，构建相互倾听的关系，同学之间相互协作，展开高层次的思考与探究。儿童通过同他人的合作和多样的思想碰撞，实现了同教材的对话，同他人的对话，同自己的对话。从这个意义上说，该校的课程实施从"封闭"走向了"开放"，实现了真实学习。

"量"指的是学校课程实施的多维途径和多样方式。数学作为伦理性实践，多维课程实施途径的本质就是落实课程育人、全面育人，目的就是丰富儿童学习经历和直接经验。如：合肥市翠庭园小学采取"智动课堂""智动数学节""智动之旅""智动竞赛"等途径实施课程，该校基于学校课程哲学，

---

① 中华人民共和国教育部. 义务教育数学课程标准（2011年版）[S]. 北京：北京师范大学出版社，2012：2.
② 郭晓明. 课程结构论：一种原理性探寻[M]. 长沙：湖南师范大学出版社，2002：102.
③ 冯国文. 构建现代学校课程结构模式[J]. 课程·教材·教法，1999（5）：6.

扎扎实实将每条实施途径做实、做活，既做出了立德树人的"意义感"，又做出了学校内涵发展的"文化感"。

4. 从"单一"走向"多元"，助力个性成长

2019 年《中共中央国务院关于深化教育教学改革 全面提高义务教育质量的意见》中明确表述：建立以发展素质教育为导向的科学评价体系，坚持和完善国家义务教育质量监测制度，强化过程性和发展性评价。《义务教育数学课程标准（2011 年版）》也强调：学习评价的目的是为了全面了解儿童数学学习的过程和结果，激励儿童学习和改进教师教学。学校应建立目标多元、方法多样的评价体系。①

本书中的 12 所学校基于以上理念，把数学作为伦理性实践，课程评价从"单一"走向"多元"，助力个性成长。具体说来，具有以下共同特征：一是评价功能上，把评价作为儿童前进的动力，由侧重甄别与选拔转向侧重冲刺与挑战；二是评价主体上，强调评价主体的多元化，评价主体从教师向儿童、家长和社会延伸；三是评价对象上，注重形成性评价，从过分关注结果评价转向关注过程评价；四是评价结果上，不只是关注评价结果的公正、准确，而是更关注评价结果的反馈，更关注被评价者对评价结果的认同以及对现状的改进；五是评价内容上，评价内容更加全面，强调对评价对象的各方面进行全方位的考察；六是评价方法上，强调评价方式的多样化，特别注重把量化评价和质性评价结合起来，以质性评价统领量化评价。

5. 从"虚无"走向"实在"，保障课程落地

学校课程管理是保障课程落地的重要手段。就具体内容而言，本书中 12 所学校的课程管理主要包括以下几个方面：一是价值引领，也就是以学校课程哲学引领学校课程运行，学校课程所有要素都按照学校课程哲学的价值来推动。价值引领是学校课程管理的灵魂，学校课程管理的重要途径是让所有教师都按照学校的价值观来推动课程建设。二是组织建设，学校课程管理的组织机构设立包括机构建立、人员配备及责任分配，即学校领导班子的领导与监督、全体教师的结构与素质、儿童的全程参与、专家学者的介入、家长

---

① 中华人民共和国教育部. 义务教育数学课程标准（2011 年版）[S]. 北京：北京师范大学出版社，2012：3.

和社区的支持，课程小组的建立等。三是资源利用，课程资源方面是指学校的硬件设备，这些硬件设备包括基本设备，如图书馆、活动室、实验室等；也包括与学校课程直接相关的条件准备，如特色教室、校本教材等；还包括学校的在地文化资源，它要求学校在已有条件基础上，尽可能开发新资源，提高资源的利用率。四是制度建构，课程制度是影响课程有效实施的重要因素，包括课程计划的制定、教师角色与责任分配、课程审议等方面的规约。除了这几种管理方式，还有主体参与、时间管理、课题研究、课程研修以及特色聚焦等方式，都是推进学校课程发展的有效途径。[①]

综上所述，数学作为情境性实践让学校课程体系从"碎片"走向"系统"；数学作为认知性实践让知识学习从"传递"走向"建构"；数学作为社会性实践让学校课程目标从"知识"走向"素养"；数学作为伦理性实践让学校课程评价从"单一"走向"多元"；数学作为反思性实践让教师从"新手"走向"专家"；数学作为互助性实践让师生关系从"权威"走向"民主"。当然，数学课程观的六个方面不是孤立的，而是相互交融的整体，它与学校课程方案相互渗透，构成了一个完整的、全新的数学课程体貌。总之，走向学习共同体的数学课程是实践的课程，面对丰富的实践，数学课程就是在突破"认知人"的限制，寻找"现实的人"的道路上不断摸索，不断前行。

（撰稿者：李运烨）

---

① 杨四耕. 自主性变革：走向课程自觉的美好境界［J］. 中国教育学刊，2020（5）：66—70.

第一章

共生：数学作为情境性实践

学习是发生于具体情境中的社会关联实践。数学作为情境性实践，至少存在生态情境和生活情境两种情形。生态情境是一种价值取向，它是使学习环境趋向或达到最优、高效与和谐发展的状态。学习共同体倡导共生的生态情境。在这种情境下，每一个儿童的差异得以"交响"。同时，基于数学课程的生活情境强调，数学课程所选择的学习素材应尽量与儿童的生活现实相联系，应有利于加深儿童对所要学习内容的数学理解。

学习是发生于具体情境中的社会关联实践。《义务教育数学课程标准（2011年版）》提倡情境教学，通过创设与学习、生活密切相关的真实情境，让儿童在情境中开展探究活动，展开深度思维。① 情境教学能引起儿童积极的情绪体验，把儿童的认识活动和情感活动更好融合，提升儿童的思维品质，促进核心素养的形成。情境的种类多样，创设的方式不一。数学作为情境性实践，至少存在生态情境和生活情境等情形。

生态情境是一种价值取向，它是使学习环境趋向或达到最优、高效与和谐发展的状态。学习共同体倡导把"竞争与甄别"的体制置换为"共存与共生"的方略。在这种情境下，每一个儿童的差异得以"交响"。正如交响乐团运用不同乐器演奏一曲交响乐那样，每一个人通过亲力亲为的探究，每一个人的经验得以交流，从而形成"和而不同"的共同体。近些年来，我国也出台了一系列的课程教学改革政策，特别是2014年《教育部关于全面深化课程改革落实立德树人根本任务的意见》以及2019年《中共中央国务院关于深化教育教学改革全面提高义务教育质量的意见》，这两个文件从课程与教学改革的角度，就落实立德树人根本任务、全面提升教育质量作了政策部署，具有里程碑意义。总之，数学作为情境性实践，数学课程的旨趣就要创设"共存与共生"的生态情境，而不是"竞争与甄别"的选拔情境。

同时，基于数学课程的生活情境也是数学作为情境性实践的一种重要情形。《义务教育数学课程标准（2011年版）》强调：数学课程所选择的学习素材应尽量与儿童的生活现实相联系，应有利于加深儿童对所要学习内容的数学理解。② 这一阐述强化了数学学习的生活性，体现了"数学源于生活、寓于生活、用于生活"的思想。儿童数学生活化是数学课程改革中的一个重要理念，它强调从儿童的已有经验出发，让儿童亲身经历将实际问题抽象成数学模型并进行解释与应用的过程。儿童数学生活化是为了有利于儿童理解数学的抽象及应用过程，并体验数学的价值，形成正确的数学观。因此，数学教学应当注重理论联系实际，尽可能地引入更多的具有真实意义的问题，使

---

① 中华人民共和国教育部. 义务教育数学课程标准（2011年版）[S]. 北京：北京师范大学出版社，2012：42.
② 中华人民共和国教育部. 义务教育数学课程标准（2011年版）[S]. 北京：北京师范大学出版社，2012：59.

儿童有更多的机会从周围熟悉的事物中学习数学和理解数学，并培养儿童应用数学知识解决实际问题的能力。

总之，数学作为情境性实践，既要从宏观层面创设"共生"的生态情境，又要从微观层面构建符合儿童的认知规律的生活情境，唯有这样的情境才能让儿童的学习真实发生。

（撰稿者：王娟　李运烨）

第一节

奇思数学：让儿童感受数学的神奇魅力

合肥市蜀山小学数学组，现有24名数学教师，其中1名学科带头人，6名市级骨干教师。数学教研组获得合肥市蜀山区优秀教研组称号，近三年在全国信息技术课堂融合大赛中5人获奖，全国新媒体大赛中4人获奖，一师一优课8人获国家级奖项、15人获省级奖项，蜀山区教学基本功大赛10人获奖，蜀山区品质课堂大赛中8人获奖。我们依据《教育部关于全面深化课程改革落实立德树人根本任务的意见》《中共中央国务院关于深化教育教学改革全面提高义务教育质量的意见》《义务教育数学课程标准（2011年版）》等文件精神，推进我校数学学科课程建设。

学科课程哲学　富有思维魔力的数学

一、学科性质

《义务教育数学课程标准（2011年版）》指出：数学是研究数量关系和空间形式的科学。在人类社会发展和日常生活中，数学发挥着不可替代的作用，同时它也是学习和研究现代科学技术必不可少的语言与工具。数学课程是培养公民素质的基础课程，具有基础性、普及性和发展性。[①]

罗素说："数学不仅有真理，而且有至高无上的美。"数学美至少有两种

[①] 中华人民共和国教育部. 义务教育数学课程标准（2011年版）[S]. 北京：北京师范大学出版社，2012：1.

形式，一种是外在美，另一种是内涵美。数学的外在美可以通过直观的感知直接体现出来，如数学符号美、数学公式美、数学图形美等，数学内涵之美揭示了数学的本质和学科的特性，是隐藏的，如数学理论之美、数学方法之美、数学思维之美等等，正如加里宁所说，"数学是思维的体操"。总之，数学充满了思维的魔力。数学课程应该让思维之美绽放。

二、学科课程理念

《义务教育数学课程标准（2011年版）》强调数学课程应致力于实现义务教育阶段的培养目标，要面向全体儿童，适应儿童个性发展的需要，使得人人都能获得良好的数学教育，不同的人在数学上得到不同的发展。[①] 因此，我校在不断的教学实践中提出了"奇思数学"的学科理念，"奇思数学"追求"奇从思生，思由奇始，奇思共生"的境界。"奇"是从属于数学的一种外部非本质特征，而"思"才是真正揭示数学内在本质的关键所在，它是一种思维过程，数学学习的最高境界是达到"奇思共生"。

（一）"奇思数学"：关注全人发展

"奇思数学"的课程内容安排需要照顾到全体儿童，充分考虑儿童的认知发展规律和心理成长特征，重在激发儿童的学习兴趣，引发儿童的数学思考；还要充分结合数学自身的特点，发挥数学的本质作用。

（二）"奇思数学"：关注学科素养

核心素养也称为21世纪素养，它是新世纪立德树人背景下的新的育人目标。"奇思数学"特别注重发展儿童的核心素养，尤其关注《义务教育数学课程标准（2011年版）》中的十大核心概念。[②] 为了适应社会发展对人才培养的需要，"奇思数学"还特别关注儿童的应用意识和创新意识的养成。

（三）"奇思数学"：关注数学思想

《义务教育数学课程标准（2011年版）》在传统"双基"的基础上增加了数学的基本思想和基本活动经验，形成了"四基"的课程目标。数学思想

---

① 中华人民共和国教育部. 义务教育数学课程标准（2011年版）[S]. 北京：北京师范大学出版社，2012：2.
② 中华人民共和国教育部. 义务教育数学课程标准（2011年版）[S]. 北京：北京师范大学出版社，2012：5.

是一种隐性的东西，但正是这种隐性的东西却能体现儿童的素养养成。一方面，数学思想是数学产生和发展所必须依靠的核心思想。另一方面，它意味着学习过数学的人和没有学过数学的人之间的思维差异。"奇思数学"在儿童学习数学知识的过程中有效地渗透数学思想，是为了让儿童终生受益。

（四）"奇思数学"：关注课程情境

2002年国际数学家大会上，92岁的陈省身教授向参加中国少年数学论坛的孩子们赠送了一幅题词："数学好玩。"① 好玩的数学教学情境才更易引发儿童积极的情绪体验，才能将儿童的认知活动和情感活动更好地融合，才能从内提升儿童的良好思维品质。很多有趣的数学课程都依托于生动的真实情境，如：七巧板、九连环等。当然，好玩的数学依托于情境但又高于情境，纵观数学发展史，我们会发现数学的本质常常是从情境中抽象出来的。

（五）"奇思数学"：关注反思实践

教师是课程实施的核心和引导者，21世纪的教师不但要是"教的专家"，同时也必须成为"学的专家"。② 教师不仅要让儿童获取数学知识，更要在实践过程中不断反思成长，提升自身专业素养。"奇思数学"特别关注教师在实践中反思，我校设立了"奇思工作坊"，创建了教师学习共同体。

总之，"奇思数学"课程让儿童在思考中成长，感受数学的神奇魅力，使儿童在乐学、善思、乐享的学习过程中感受数学之美，提升数学素养。

学科课程目标　让儿童感受数学的神奇魅力

《义务教育数学课程标准（2011年版）》指出的课程目标是：通过义务教育阶段的数学学习，学生能获得适应社会生活和进一步发展所必需的数学的基础知识、基本技能、基本思想、基本活动经验；体会数学知识之间、数学与其他学科之间、数学与生活之间的联系，运用数学的思维方式进行思

---

① 马婷婷. 四院士评说中国数学［J］. 甘肃科技纵横，2002（05）：4—5.
② 佐藤学，于莉莉. 基于协同学习的教学改革［J］. 外国中小学教育，2015（7）：6.

考，增强发现和提出问题的能力、分析和解决问题的能力；了解数学的价值，提高学习数学的兴趣，增强学好数学的信心，养成良好的学习习惯，具有初步的创新意识和科学态度。① 基于数学核心素养的内涵和"奇思数学"倡导的课程理念，我校制定了数学课程的总体目标，让孩子们感受到数学的魅力。

一、学科课程总体目标

依据《义务教育数学课程标准（2011年版）》以及"奇思数学"的课程理念，② 我们将"奇思数学"课程总目标分为知识与技能，过程与方法和情感态度价值观三个维度。

1. 知识与技能：让儿童体验整数、分数、小数、百分数的抽象、运算和建模，建立数字感、符号意识和计算能力；体验简单几何和平面图形的抽象、分类、平移、旋转、对称、定位的过程，理解图形的基本特征，建立空间概念和几何直觉，并在这个过程中体验数据的收集、整理和分析，在这个过程中，我们可以体验统计方法，发展数据分析的概念，参与综合实践活动，积累基本经验。

2. 过程与方法：通过观察、猜想、实验等数学活动，培养儿童的合理推理和演绎推理能力；让儿童在学习过程中清晰地表达自己的想法，学会独立思考，体验数学的基本思想。初步学会从数学的角度发现问题、提出问题、分析问题、解决问题，学会合作交流，培养创新意识。

3. 情感态度价值观：在数学学习过程中，要锻炼克服困难的意志，获得成功的喜悦，树立自信心；要养成认真勤奋、独立思考、合作交流、反思质疑的学习习惯；形成坚持真理、纠正错误、严谨求实的科学态度。

二、学科课程年级目标

基于上述总体目标，依据数学教材、教参和学校实际，我们厘定了六年

---

① 中华人民共和国教育部. 义务教育数学课程标准（2011年版）[S]. 北京：北京师范大学出版社，2012：8.
② 中华人民共和国教育部. 义务教育数学课程标准（2011年版）[S]. 北京：北京师范大学出版社，2012：8—9.

的课程目标。这里，我们以一年级上学期为例，说明学科课程的具体目标（见表1-1-1）。

表1-1-1 "奇思数学"课程一年级上学期目标表

单元 \ 目标	一年级上学期目标
第一单元《数一数》	1. 用1—10各数表示相应物体的个数。 2. 初步感受分类、一一对应的方法。
第二单元《比一比》	1. 会比较物体的长短、高矮、轻重。 2. 感受比较的意义和价值。
第三单元《分一分》	1. 会按一定标准对物体进行简单分类。 2. 养成整理生活用品的良好习惯。
第四单元《认位置》	1. 会用方位词描述物体位置及关系。 2. 了解现实空间的多样性和有序性。
第五单元《认识10以内的数》	1. 理解、会读写10以内各数。 2. 能区分几个和第几个。
第六单元《认识图形（一）》	1. 直观感知常见几何体的主要特征。 2. 培养观察、操作能力和空间观念。
第七单元《分与合》	1. 理解并掌握10以内数的分与合。 2. 培养思维的条理性。
第八单元《10以内的加法和减法》	1. 能熟练计算10以内的加法和减法。 2. 初步形成良好的计算习惯。
第九单元《认识11—20各数》	1. 初步感知计数单位"一"和"十"。 2. 知道数在生活中是有实际意义的。

学科课程框架　建构多元情境的数学学习图景

为了实现上述课程目标，我校根据校情和儿童特点，设立了多元化的"奇思数学"课程框架。一方面，从课程结构将课程内容分成了相应的四大类别。另一方面，从课程类别将数学课程分为基础课程和拓展课程。基础课程为保障儿童未来生活、工作和学习奠定基础，拓展课程充分彰显儿童个性化学习需求，让儿童经历实践、探索与交流的完整学习过程，培养儿童的应用意识和创新意识。

一、学科课程结构

《义务教育数学课程标准（2011 年版）》安排了四个部分的课程内容："数与代数""图形与几何""统计与概率""综合与实践"。[①] 因此，秉承学科课程哲学，结合儿童发展特点，我校将课程具体分为"奇思运算""奇思创意""奇思统计""奇思体验"四大类，以期建构奇思共生的数学学习图景。"奇思数学"课程结构如下（见图 1-1-1）。

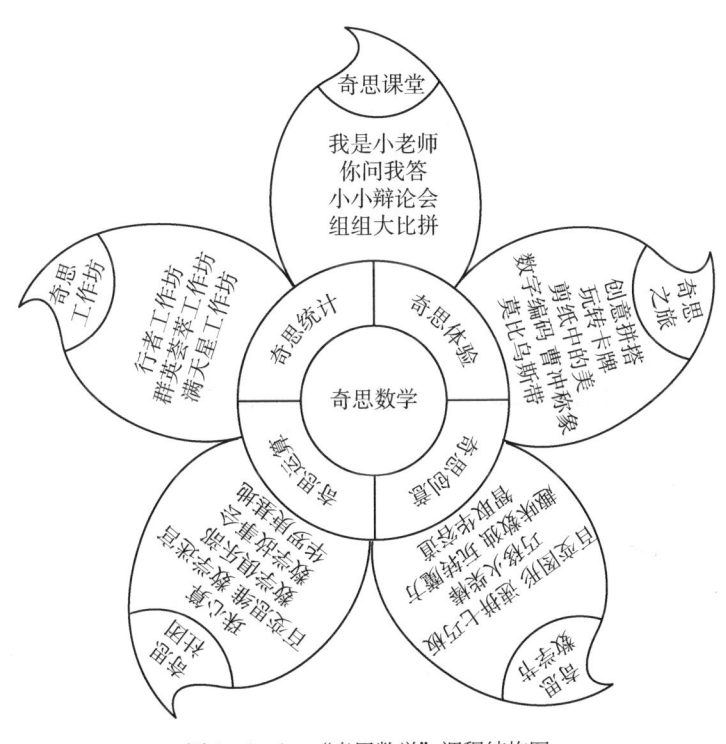

图 1-1-1 "奇思数学"课程结构图

1. 奇思运算。奇思运算的课程内容为数的运算以及与运算有关的系列趣味游戏。开设的课程有"口算小能手""计算小行家""除除有余""巧算专家""易学算术""妙趣算算算""数学百分百"等。奇思运算的课程，注重帮助儿童理解算理，寻求最优化的运算方法解决问题，同时建立数感，发展运算能力，激发儿童学习数学的兴趣。

---

① 中华人民共和国教育部. 义务教育数学课程标准（2011 年版）[S]. 北京：北京师范大学出版社，2012：8.

2. 奇思创意。奇思创意的课程内容有"快乐拼搭""风筝的秘密""壁纸设计师"和"巧手包装"等。奇思创意的课程，注重发展儿童的空间观念，经历拼搭图形的过程，体会图形之间的联系与变化，在活动中提高动手操作的能力，发展初步的创新意识，感受图形之美。

3. 奇思统计。奇思统计的课程内容有"整理我能行""环保小卫士""完善图书角""精彩足球赛""设计游戏规则"等。奇思统计的课程，注重发展儿童的数据分析观念，让儿童在实际问题情境中收集和处理数据，利用收集的数据进行分类，体验数据中蕴涵的数学信息。

4. 奇思体验。奇思体验的内容为创设生活情境，解决生活中真实存在的问题，开设的课程有"创意年历制作""当家小能手""节约用水"等。奇思体验的课程，注重培养儿童动手实践能力，发展儿童的应用意识和创新意识，提高儿童解决实际问题的综合素养。

二、学科课程设置

除了基础类课程外，我校"奇思数学"以课程目标的达成和核心素养的落实为出发点，基于四大领域开发相应的课程，设置具体拓展课程如下（见表1-1-2）。

表1-1-2　"奇思数学"拓展课程设置表

年级	课程	奇思运算（数与代数）	奇思创意（图形与几何）	奇思统计（统计与概率）	奇思体验（综合与实践）
一年级	上学期	口算小达人	有趣的拼搭	整理小书桌	校园中的数
	下学期	速算小能手	神奇的组合图	图形分类与统计	小小商店
二年级	上学期	趣味乘法表	有趣的七巧板	了解好朋友	"身体尺"
	下学期	生活中的"大数"	神奇的角	班级小调查	测定方向
三年级	上学期	争当计算小标兵	小小设计师	图书角的秘密	多彩的"分数条"
	下学期	算"24点"	身边的测量	上学时间	制作年历
四年级	上学期	笔算我最棒	巧手拼画角	家庭购物小帮手	怎样滚得远
	下学期	神奇的算式	探秘内角和	幸运大转盘	一亿有多大

续表

年级 \ 课程		奇思运算（数与代数）	奇思创意（图形与几何）	奇思统计（统计与概率）	奇思体验（综合与实践）
五年级	上学期	停车场里的数学	巧算面积	你健康吗	我是购物小达人
	下学期	妙解密码门	圆的美丽世界	运动会成绩	社区中的数学
六年级	上学期	百分数思维图	绘制校园平面图	我是理财小达人	旅行中的数学
	下学期	数与代数思维图	生活中的圆柱圆锥	绘制折线统计图	我是一名小导游

学科课程实施　神奇而有趣的数学学习过程

"奇思数学"课程依据学科课程理念、课程目标、课程设置，结合我校现状，师生特点，从六个方面设计"实施与评价"，即"奇思课堂""奇思数学节""奇思工作坊""奇思社团""奇思之旅""奇思拓展"，旨在践行"奇从思生，思由奇始，奇思共生"的课程理念。

一、挖掘"奇思课堂"，构建合作学习

"奇思课堂"是神奇、有趣而又多元的学习过程，儿童在奇思课堂中不断追寻着数学的奥秘、追溯着数学的本质。"奇思课堂"无固定模式与要求，根据年级、班级的不同，为儿童量身设定多元学习目标，甄选丰富有趣的学习内容，定制灵活多样的学习方法，力求呈现出活泼幽默的教学语言、深刻简明的数学思想，从而体现奇思数学的神奇与趣味，创造师生和谐的学习和探究氛围。

（一）"奇思课堂"的实施方案

"奇思课堂"的学习目标是追求数学本质的思维与方法，学习内容是打造丰富多彩的数学活动，学习方式是自主探究与小组合作相互结合、取长补短的，学习效果是力求学以致用、寓教于乐的。

1. 聚焦核心素养。课堂目标明确，才能以此优化教学活动，发展儿童核心素养。另外，以学习为中心，构建学习共同体，让儿童焕发课堂活力，形成开放而不放任的课堂氛围，充分体现了"奇思课堂"的魅力所在。

2. 凸显情境素材。就数学学科本身的特点而言，如果学习内容过于刻板、枯燥，会降低儿童的学习兴趣和效果。因此，为儿童创设大量富有趣味性的情境素材、创造更多的自主探究机会十分重要，这能使不同学习能力的儿童都能在相应范围内得到适合自己的发展。

3. 注重思维探究。在"奇思课堂"上，发散的创新思维使课堂活泼生动，严谨的逻辑思维使儿童的学习过程更缜密。在课堂学习过程中，有意识地逐步培养儿童乐于思考、勇于质疑、思维缜密、言必有据的良好思维习惯，让儿童在数学学习中体验思维的快乐。

4. 蕴含数学文化。数学发展史是具有魅力和哲学深味的，若能深刻体验并理解某一段数学史的发展，可以使学生对数学知识的学习更加深刻、理解更加通透。但数学历史文化体系庞大繁杂，小学生很难对其有全面深刻的了解，也完全没有必要进行深入的研究，只需在日常教学中，通过学习点滴数学史，将数学文化点缀于课堂之内，渗透于师生之间，就会润物细无声地吸引儿童自觉自愿走进数学王国。

在"奇思课堂"中，不仅让儿童的各种能力得到培养，还让儿童在各种能力培养达成的过程中有了成功的体验；不仅让儿童学会了知识与技能，还让这些知识技能经过思考转化为儿童内在的能量，并行之有效地运用在实际生活中。

（二）"奇思课堂"的评价标准

多元化的评价方式更符合儿童的成长特点，有利于儿童的主动发展，增强儿童的自信心，调动儿童的热情，让儿童发现自己的进步。使教师更深入地理解"奇思课堂"的理念，提升教师的专业素养，丰富教师的课堂经验，完善课堂的构成要素，实现师生相长。"奇思课堂"教学评价如下（见表1-1-3）。

表1-1-3 "奇思课堂"教学评价表

| 授课教师：_____ 上课时间：_____ 班　级：_____ ||||
| 学　科：_____ 课　题：_____ 评课教师：_____ ||||
评价内容	评价标准	评价方式
教学目标	1. 结合课标，制定准确的教学目标。	☆☆☆☆☆
	2. 制定的目标符合生情，适合儿童发展。	☆☆☆☆☆
	3. 能对教材进行整合或创新，创造性地运用教材。	☆☆☆☆☆

续　表

评价内容		评 价 标 准	评价方式
教学方法		1. 教学环节环环相扣，循序渐进。	☆☆☆☆☆
		2. 提出的问题精准并有探究的价值。	☆☆☆☆☆
		3. 充分给予儿童自主探究的时间和空间。	☆☆☆☆☆
教学活动	学习效果	1. 师生互动，生生互动，教学相长。	☆☆☆☆☆
		2. 儿童通过融洽愉悦的课堂活动，得到知识的丰富，形成一定的技能，体验到成功与快乐。	☆☆☆☆☆
	课堂评价	1. 教师、儿童、小组多主体参与评价。	☆☆☆☆☆
		2. 对儿童多维学习目标的达成进行有效评价。	☆☆☆☆☆
	教师素养	1. 教师语言精准生动、严谨合理、有逻辑性，善于处理突发事件。	☆☆☆☆☆
		2. 能把控课堂教学，引导儿童思辨质疑。	☆☆☆☆☆
		3. 板书工整、规范，布局合理。	☆☆☆☆☆
		4. 利用多媒体进行辅助教学，提高效率。	☆☆☆☆☆

在观课活动中，听课老师认真填写表格，把自己宝贵的经验和建议记录在上面。上课老师课后及时进行教学反思，改进教学方法，增强教学效果。

二、打造"奇思数学节"，开拓数学视野

在小学阶段，重视对儿童学习兴趣、善思品质的培养，将会为中学阶段的数学学习奠定扎实的基础，我校针对儿童的不同发展阶段，有目的、有计划、有组织地设置了各个年级不同的"奇思数学节"系列活动，旨在让儿童看到数学的"有趣"、迷上数学的"神奇"、体验数学的"善思"。

（一）"奇思数学节"的实施方案

1. 设立"校园数学月"。数学的好玩与神奇需要有长期的环境感染和情感浸润，因此，我们将每年的3月定为"校园数学月"，开展一系列的"奇思数学节"活动。

2. 精准制定目标和内容。各年级数学节活动的安排要遵循儿童身心发展的顺序性与阶段性，否则神奇的数学可能会变得晦涩难懂，不易激发儿童兴

趣；各年级数学节活动的设置要与儿童日常的数学学习发生碰撞或联系，否则有趣的数学活动可能会脱离儿童实际，成为无源之水无本之木。

3. 方案的实施。在明晰各年级不同数学节活动的背景、目标与内容的基础上，我校各年级组老师精心策划与准备，从每年度第二学期开学初起，着手进行相关活动的策划与实施。如一年级的"百变图形"活动，授课教师统一进度，将教材中"认识图形（二）"这一单元的教学内容提前进行集体备课，上出趣味和奇味，为每年3月份的活动奠定了良好的知识基础与学习兴趣。

4. "奇思数学节"评价方式多元化。数学节的筹备与举行，是为了帮助儿童在丰富多彩的数学活动中，锻炼与同伴的交往能力、提升解决数学问题的能力、养成良好的数学思考习惯，同时能拥有一个展示自我的平台，建立学生学习数学、与人交往的信心和能力。因此，奇思数学节的评价方式力求多元化，从多个维度考量学生在数学节中的综合表现。上学期的数学节活动，以四至六年级为主，下学期的数学节活动，以一至三年级为主，分学期的活动避免了形式大于内容的弊病，且可以让校园中一直涤荡着数学节的欢乐气氛。在综合评价中，应该分年级、分班级、分活动项目进行评价。

"奇思数学节"在每学期的第五周准时拉开帷幕，前四周由各年级备课组共同商议，讨论出本学期每个月需要完成的活动内容，以文稿的形式详细呈现，提前考虑好每个阶段的重点内容和注意事项，将需要在课堂教学中渗透的内容提前规划进课堂教学中。每项活动均分为三至四个阶段逐层实施，使儿童能循序渐进获得不同的数学体验，能感同身受理解不同数学活动的奥妙所在。

（二）"奇思数学节"的评价标准

不同年级的"奇思数学节"活动内容丰富、活动形式多样，因此评价标准也力求多样化，以能促进儿童的全面发展、提升儿童的核心素养为目标，我校设定了契合活动目标和发展方向的评价表（见表1-1-4），采取日常评价和阶段性评价。

表1-1-4 "奇思数学节"评价表

年　　级：_____　活动时间：_____　地　　点：_____
活动内容：_____　组织教师：_____　评价教师：_____

年级 \ 项目	日常评价 评价标准	评价方式	阶段性评价 评价标准	评价方式
一年级	1. 是否愿意了解、操作几何图形？	☆☆☆☆☆	1. 是否能用尺子在格子图中较好地画出长方形、正方形、三角形等图形？	☆☆☆☆☆
	2. 是否愿意主动对图形特点进行语言描述？	☆☆☆☆☆	2. 是否能用自己的语言简单描述出图形所具备的特点？	☆☆☆☆☆
	3. 是否用图形组合表示身边的事物？	☆☆☆☆☆	3. 是否能对图形进行组合，拼出一个新的图案？	☆☆☆☆☆
二年级	1. 是否愿意了解七巧板的历史、发展和构造？	☆☆☆☆☆	1. 是否能说出与七巧板有关的信息或知识？	☆☆☆☆☆
	2. 是否能快速利用七巧板拼指定几何图形？	☆☆☆☆☆	2. 是否能用七巧板拼出指定的几何图形？	☆☆☆☆☆
	3. 是否愿意观察身边的事物，用七巧板进行创造？	☆☆☆☆☆	3. 是否能用七巧板创造出身边的事物？	☆☆☆☆☆
三年级	1. 是否喜欢巧移火柴棒这样的操作类游戏？	☆☆☆☆☆	1. 是否能通过增减、移动火柴棒改变指定数字？	☆☆☆☆☆
	2. 是否能在操作类活动中表现出思维的流畅性和逻辑性？	☆☆☆☆☆	2. 是否能通过增减、移动火柴棒改变指定算式？	☆☆☆☆☆
			3. 是否能通过增减、移动火柴棒改变指定图形？	☆☆☆☆☆
四年级	1. 是否愿意了解数独？	☆☆☆☆☆	1. 是否了解数独的历史？	☆☆☆☆☆
	2. 是否愿意探索数独填写技巧？	☆☆☆☆☆	2. 是否会填写简单的数独？	☆☆☆☆☆
	3. 是否愿意运用数独技巧进行数独练习和思考？	☆☆☆☆☆	3. 是否能在规定时间内完成数独填写？	☆☆☆☆☆

续表

项目 年级	日常评价		阶段性评价	
	评价标准	评价方式	评价标准	评价方式
五年级	1. 是否愿意了解与魔方有关的背景知识？	☆☆☆☆☆	1. 是否了解与魔方有关的背景知识？	☆☆☆☆☆
	2. 是否愿意主动学习、探索魔方复原技巧？	☆☆☆☆☆	2. 是否能理解并掌握魔方复原步骤？	☆☆☆☆☆
	3. 是否愿意主动练习魔方复原，锻炼动手操作能力与思维能力？	☆☆☆☆☆	3. 是否能在规定的时间，将魔方复原？	☆☆☆☆☆
六年级	1. 是否愿意了解与"华容道"有关的历史背景？	☆☆☆☆☆	1. 是否知道"华容道"的历史背景与意义？	☆☆☆☆☆
	2. 是否愿意学习"华容道"游戏技巧？	☆☆☆☆☆	2. 是否能学习并掌握"华容道"的三种不同挑战模式？	☆☆☆☆☆
综合评价				

三、设立"奇思工作坊"，彰显数学智慧

教师的成长需要得到团队的支持，我校以促进教师专业发展为目标、青蓝工程为途径，设立了"奇思工作坊"，创建学习共同体，旨在让教师们能有三五成群、常态教研、投身教学实践的小阵地。

（一）"奇思工作坊"的实施方案

我校"奇思工作坊"下设"行者工作坊""群英荟萃工作坊""满天星工作坊"等多个工作坊，每个小工作坊都由一至两名骨干教师和三至五名青年教师组成。每个工作坊中，老师们有日常常态化的交流讨论，也有定期的研讨研修活动；在三个工作坊之间，有常规化的听课学习、有计划性的专题研究。

1. 成员自愿组合。"奇思工作坊"面向全体数学教师，遵从自愿加入的原则，方便教师间相互交流；本着就近加入的原则，尽量让同年级或同办公室的教师加入同一工作坊，方便常态化工作坊活动的开展。

2. 主题自愿选择。"行者工作坊"注重在课堂和活动中研究儿童，通过

改进师生互动的课堂行为来提高儿童自主学习的效率、同步提升教师的教学能力与素质；"群英荟萃工作坊"侧重于研究教师角色，通过对教师本身的多方位要求督促其学习的发生，打造教师在课堂上的品质教学能力；"满天星工作坊"侧重于在实践中提升教师的理论学习能力。三个工作坊彼此独立又相互联系，在全校性的主题活动中，有各自不同的研究、观察内容，但可以共用一套评价标准。

3. 活动形式多样。工作坊每学期安排开展两次集体活动与交流研讨，活动形式包括教师主题研讨、儿童主题探究、师生主题合作等，活动方式包括专业化阅读、奇思实验课、儿童数学日记、师生研究式学习等。活动过程中，工作坊的每位成员都要通过大量的阅读、策划、与儿童的沟通，保障活动顺利开展。

（二）"奇思工作坊"的评价标准

"奇思工作坊"每次开展活动内容虽然不尽相同，活动形式也丰富多彩，但均旨在提高教师的专业能力、培养儿童的核心素养，因此，全体"奇思工作坊"成员制定了一套活动评价标准，以供每次活动进行评价、总结和反思（见表1-1-5）。

表1-1-5 "奇思工作坊"评价表

工作坊成员		
活动主题		
评价项目	评 价 标 准	评价方式
活动内容	1. 与数学知识紧密结合并能调动学习兴趣和积极性。	☆ ☆ ☆ ☆ ☆
	2. 贴合儿童的生活实际和学情。	☆ ☆ ☆ ☆ ☆
活动形式	1. 课堂活动中师生沟通有效，课外活动中儿童活动积极性强。	☆ ☆ ☆ ☆ ☆
	2. 能使儿童走进生活，体验生活中的数学。	☆ ☆ ☆ ☆ ☆
活动过程	1. 儿童乐于参与、勇于提问、善于合作。	☆ ☆ ☆ ☆ ☆
	2. 活动开展循序渐进、落实高效有序。	☆ ☆ ☆ ☆ ☆
活动效果	培养了儿童的创新意识。	☆ ☆ ☆ ☆ ☆
综合评价		
改进建议		

四、设立"奇思社团",领略神奇数学

利用数学开展社团,能更好地促进儿童在集体中发展数学思维能力,也能够唤起和发展儿童对数学及其应用的稳定兴趣。"奇思社团"意在给儿童搭建一个沟通交往、展示自我的平台,满足了他们对数学知识的高度热情,激发了儿童与数学之间浓厚的感情,我们的数学社团在不知不觉中将儿童引入奇妙又有趣的数学世界。

(一)"奇思社团"的实施方案

"奇思社团"通过多种途径提高儿童的兴趣,比如动手操作、实地考察与测量等,为儿童提供多样化的实践平台和机会,让儿童真正体会数学来源于生活。"奇思社团"给儿童提供了丰富的选修类课程,充分尊重儿童的选择权,让儿童自由选课报名,以尊重儿童为前提,经过各方面协调,确定社团的任课教师以及儿童名单。

1. 操作类社团。此类社团针对低年级儿童设置,数学学习需要以动手操作为基础,培养儿童手与脑的联动合作,如中国传统文化中的珠心算,可以很好地开发儿童的智力、提高儿童的计算速度,帮助儿童打下坚实的计算基础,这类操作性的社团,需要有专业能力的教师授课、指导,帮助学生形成一定的技能。除珠心算社团,还有魔方小阵营等操作类社团,供学生自由选择。

2. 考察类社团。此类社团针对中年级儿童设置,数学问题的解决,有时仅靠纸笔还不够,需要实地测量与考察,如:附近小区的超市分布情况是否合理便民,本地近一个月的降雨量给居民生活带来了哪些影响,大蒜蒜叶的生长情况与光照有什么关系等,此类问题的有效解决,需要大量、甚至长期的观察、测量、收集数据,从中得到或分析的结论也是开放性的,富有无穷趣味。

3. 思维性社团。此社团针对高年级儿童设置,高年级儿童已经在形象思维的基础上,具备了一定的抽象思维能力,因此,教师应适时抓住儿童这一阶段的发展关键期,找到社团中儿童的最近发展区,针对儿童兴趣,设置一些具有思维挑战性的活动,以提升儿童的思维能力、想象能力、逻辑能力和表达能力。在该社团中的一次成功体验,会给儿童带来很长一段时间的优良情绪延时体验,让儿童在接下来的数学学习中充满动力与信心。

4. 综合类社团。此类社团针对高年级儿童设置，随着儿童抽象思维和发散思维的提升，他们的视角也越来越广阔，日常所接收到的信息也日渐庞杂，学会甄别信息、提取出有价值的问题很重要。综合类社团没有固定的课程主题，而是根据每一阶段的学习或生活经验，找出有价值的问题，再有计划、有步骤地进行研究。

（二）"奇思社团"的评价标准

"奇思社团"是我们上好数学活动课程的一种组织形式，它是数学教学工作的一部分，也是彰显特色的一个重要组成部分。"奇思社团"活动使儿童在紧张的学习之余，发展主人翁意识，增强数学知识和自觉践行的能力。我们的评价方式，有记录活动过程中儿童各方面表现的量化评价表，还有儿童对社团的问卷调查，了解儿童对社团活动的期望，便于教师把握社团后期发展方向（见表1-1-6）。

表1-1-6 "奇思社团"评价表

社团名称：＿＿＿＿＿ 课　　题：＿＿＿＿＿
指导教师：＿＿＿＿＿ 社团成员：＿＿＿＿＿

项目 \ 标准	评 价 标 准	评价结果
过程评价	制定可行的管理制度及详细活动计划（10分）	
	活动主题、内容、形式有创新（10分）	
	活动组织井然有序，学习氛围浓厚（10分）	
	社团名册及活动过程记录详实（10分）	
	活动照片及儿童作品保存完整（10分）	
	教师的指导张弛有度，有针对性（10分）	
	每次活动结束后都有相应的总结、反馈、评价（10分）	
成果展示	展示形式丰富新颖（10分）	
	内容符合社团特点、全面完整（10分）	
	儿童作品分等级组内评比，颁发奖状或奖章（10分）	

五、开启"奇思之旅"，探索数学奥秘

生活中，很多有趣的活动都依托于简洁严密的数学，数学常常是众多游戏的规则制定者，如：七巧板、九连环等；工作中，很多行业的顺利运行都离不开与数学的紧密合作，如：天文、航天等。此外，数学中有些内容十分具有现实意义，也蕴藏了深刻的奥秘，为生活、工作提供了诸多便利，令人惊叹不已。

（一）"奇思之旅"的实施方案

"奇思之旅"主要通过有趣的故事和游戏、生活中的现象、动手动脑的操作、社会情境模拟等方法，使儿童在真实的情境中，将数学与方方面面结合，解决游戏中的难关、生活中的问题、情境模拟中的困难等，儿童在玩转数学的过程中，常常能亲身领略到数学的博大精深、奇妙无穷，体会数学所蕴含的独特之美。

1. 让数学故事浸润人生。数学故事的历史源远流长，在或真实或有趣的历史故事中，儿童不仅了解了知识背后的故事，更牢牢记住了知识本身，将数学与趣味紧密联系在一起，儿童眼中的数学再不是孤立的，而是无处不在、无所不能的。教师作为指引者，负责将儿童带入一个个变幻无穷、其乐无限的数学故事中，激发儿童探究知识背后的数学故事，再让儿童来做讲故事的人，自己动手查阅资料、主动与同伴交流心得，最后再提交自己的数学故事作品，儿童成为了出色的小小数学故事家，从而体会到数学的神奇与美妙！

2. 用数学游戏体验乐趣。很多流传于世的经典数学游戏，是数学发展必不可少的一剂催化剂，如：九连环、七巧板等。经典的数学游戏富有深远的智慧，润物细无声地促使人类积极思考、大胆探索，这一过程也对数学知识的普及和传播做出了巨大贡献。如果儿童还能在游戏中学会团队合作、发挥集体的力量与智慧，数学游戏又成为了一个小小的社会交往工具，使儿童在数学中逐渐成为一个完整的人。

3. 从数学现象挖掘思维。数学本身是抽象的，它是理性思维过程的结晶，简洁的符号美正是数学的特点与优势。而数学思维则更需要从社会生活中来寻找与开发。数学思维要学习的不是1+1，而是1+1背后蕴藏的实际背景、方法原理。生活中的数学现象比比皆是，虽然司空见惯，但对于其中蕴含的不同数学思维，却需要我们从中来认真分析，用不同的数学方法来获得正确的认知，也获得良好的思维习惯。

4. 以实际操作领会本质。数学知识是抽象的，而儿童的思维方式是具体化多于抽象化，因此在关键时刻，必须以动手操作为连接现象与本质的桥梁，才能巧妙地帮助儿童借助直观物体建立正确表象，从而形成相关概念与技能，这既体现了几何概念完整的抽象过程，又帮助儿童实现了最重要的自我构建，形成理解性的掌握，而非停留在现象表面或禁锢在技巧层面。

（二）"奇思之旅"的评价标准

"奇思之旅"的评价要持续性观察儿童个人的表现，是否在活动积极性上有提高、是否能提出有研究价值的问题等；要准确判断儿童之间的团队合作是否有效，能否在集体中解决数学学习中遇到的困难；要发展性地看待儿童活动后的交流反思，是否逐步提高了自信、丰富了语言表达、找到了不足之处等。我校"奇思之旅"的评价标准如下（见表1-1-7）。

表1-1-7 "奇思之旅"评价表

活动年级：_____ 活动主题：_____
活动内容：_____
指导教师：_____ 活动成员：_____

项目 \ 标准	评 价 标 准	优秀	良好	合格
个人表现	参与活动的积极性			
	有研究价值的问题的个数			
	研究过程中，是否有建设性的建议			
	能认真倾听和理解别人的想法			
团队精神	分工是否合理			
	每次的活动记录是否详实			
	遇到困难的解决方法			
	研究的结果是否满意			
展示交流	形式多样，引人入胜			
	观点新颖，有所启发			
反思收获	能够提出有一定研究价值的问题			
	梳理收获，提升经验			

六、践行"奇思拓展",体会数学魅力

"奇思拓展"课程的目的不仅仅在于教会学生一个既定的知识、一个解决数学试题的技巧,还在于教师在其中充分发挥引导和帮助的作用,使儿童体验参与数学奇思拓展的完整过程,即锻炼、培养儿童的数学核心素养,真正使儿童成为全面发展的完整人。

(一)"奇思拓展"的实施方案

"奇思拓展"中的每一项活动,都经过了精心的设计和反复的验证,具有较强的现实性和完整性。儿童需要在教师的指导下,经历一段较长时间的摸索、发现、探究,甚至是试错。儿童在"奇思拓展"的活动中,就是一个小小社会的参与者,他们遇到的问题绝不仅仅只是数学的知识与技能方面的,还有与学习伙伴间的交流合作问题、与其它学科知识的融合贯通问题、与以往所学知识的矛盾冲突问题等,在一个开放的、动态的交互环境中,儿童体会到数学的挑战性和不确定性,也最终爱上数学的多元魅力。

1. 文化润色课堂。许多数学知识不是凭空而来,而是有其自身浓厚久远的数学历史文化积淀,仅仅让儿童学习数学知识这层骨皮,而未让他们触摸到数学文化的血肉,是不完整也不生动的。课堂内,教师介绍一个有趣的数学故事,让儿童尝到与这节课知识有关的甜头,课堂外,教师再布置儿童自己去搜集更多或精彩或传奇的数学文化知识,这就为儿童引出一条了解数学内在魅力的路。儿童眼中的数学将不再枯燥无味,而是魅力无限的。

2. 实验锻炼思维。数学知识的获得不仅仅从纸笔中来,还可以从丰富有趣的实验中来,如综合与实践模块的数学实验活动,可以让儿童经历一系列动脑想、动手做的实验,用数学的方法设计实验,将现实问题数学化,再将实验的结论运用到生活中,实现数学知识现实化。儿童在此过程中,不仅知识技能得到了提高、各项综合能力得到了提升,更满足了他们儿童期强烈的好奇心和求知欲。

3. 奥数享受乐趣。奥数中蕴含着不少可以开发智力、培养兴趣的内容,在教师的正确引导下,可以帮助儿童积累一些数学学习的经验,感受数学学习的趣味性。而此类课程的设置与实施需要经过精心的设计与课程安排,不可揠苗助长,也不应忽视每一个可能跃动的思维火花。这就需要教师因材施教,找到每一位课程参与儿童的最近发展区,找到最适合每一位儿童的正确

位置，帮助他们成为更好的自己，爱上数学的美和乐。

4. 活动助力成长。"奇思拓展"的重要目标是让儿童经历完整的数学活动，体验完整的数学心理过程，教师在其中不能代劳儿童本应经历的事情，即不可将本可以由儿童自己获得的直接经验，当做间接经验传授给儿童。在活动中，有些内容也许与数学的表面关联并不大，但教师不要人为干预或有意删减，而应让儿童在活动中逐渐学会自我甄别，让经验从活动中总结，让思维从经验中提炼。

（二）"奇思拓展"的评价标准

"奇思拓展"的评价关注学习结果的同时，更要关注学习过程以及儿童在过程中的能力达成。不仅要对儿童的思维能力和操作能力进行评价，还应该对儿童在数学拓展过程中所表现出来的合作精神、情感态度等进行评价，特别是在儿童需要引导、需要鼓励的时候，教师要能巧妙地提供引导，既及时地提供了关键性的帮助，又让学生真正锻炼了各项综合能力，如善于提问、有合作精神、在集体中发挥个人智慧等。基于以上分析，制订了我校"奇思拓展"评价标准如下（见表1-1-8）。

表1-1-8 "奇思拓展"评价表

活动年级：_____ 活动主题：_____
指导教师：_____ 活动内容：_____
评价教师：_____ 活动成员：_____

项目\标准	评 价 标 准	优秀	良好	合格
个人表现	参与活动的积极性			
	提出的问题具有启发性			
	畅谈感想，形成文字			
	能认真倾听和理解别人的想法			
团队精神	能自主操作与独立思考			
	感悟数学思想，积累数学活动经验			
	敢于质疑、善于合作			
	得出结果，形成文字报告			
展示交流	善学善思			
	观点新颖，有所启发			

综上所述，我校数学课程关注全人发展，关注个性成长，关注素养养成。我校还通过组织建设、资源利用、制度建构等管理机制推动了学校课程的发展。

（撰稿者：董惠　李运烨　夏登梅　郑岩　王群）

第二节

童趣数学：让儿童用数学的眼光看世界

合肥市西园新村小学北校数学组，现有教师25人，师资队伍优良，其中合肥市骨干教师2人，蜀山区骨干教师4人，高级教师1人，多人多次在省、市、区各级优质课评比、基本功大赛等活动中获奖。数学全体教师秉承"让儿童用数学的眼光看世界"的数学课程理念，以教研组、备课组、名师工作坊为单位开展教学研究，并积极参加各级教科研活动，充分发挥团队合作的力量，基本形成一定的教学风格，数学课堂教学深受孩子们喜爱，教学成绩在全区名列前茅。我们依据《教育部关于全面深化课程改革落实立德树人根本任务的意见》《中共中央国务院关于深化教育教学改革全面提高义务教育质量的意见》《义务教育数学课程标准（2011年版）》等文件精神，推进我校数学学科课程建设。

学科课程哲学　在趣味中感悟数学魅力

一、学科性质

《义务教育数学课程标准（2011年版）》指出：数学课程能使儿童掌握必备的基础知识和基本技能，培养儿童的抽象思维和推理能力，培养儿童的创新意识和实践能力，促进儿童在情感、态度与价值观等方面的发展。义务教育的数学课程能为儿童未来生活、工作和学习奠定重要的基础。[1]

---

[1] 中华人民共和国教育部. 义务教育数学课程标准（2011年版）[S]. 北京：北京师范大学出版社，2012：1—2.

数学课程不仅要让学生在趣味中去学习数学的基本知识和基本技能，还要让不同的个体得到不同的发展，以各种有趣的数学活动向儿童潜移默化地渗透数学思想，传播数学文化，让每一个儿童在趣味学习中感悟数学魅力。

二、学科课程理念

依据《义务教育数学课程标准（2011年版）》的理念指引，结合佐藤学的构建学习共同体的教育理念，并根据我校数学学科的实际情况，我校在不断地教学实践中提出了"童趣数学"的数学学科课程理念。所谓"童趣数学"的课程旨在追求"让儿童在有趣的数学学习中认识世界"的境界。"童"是要抓住儿童的心理特征的课程，"趣"是让数学教学更符合、贴近儿童的认知规律，更有趣味性。

（一）"童趣数学"是儿童的数学

随着时代的进步，教育理念在不断革新，从"以人为本"，到今天的"儿童本位"，表明当今的小学数学教学不管从内容还是形式，都应立足于儿童身心发展特点，让课堂充满童趣。传统的数学教学由于受到课堂教学时间的限制，很多关于数学发展历史、数学家的趣事、巧妙的数学思维和在实际中的应用不能充分地在课堂中进行介绍。"童趣数学"将寓教于乐，主张在小组协作中互惠、协作学习，在有趣、轻松的情境中进行充满童真童趣的学习，进而促使儿童乐学、好学，把数学学习当做一种享受。

（二）"童趣数学"是赋能的数学

"童趣数学"从儿童已有知识经验出发，通过生动有趣的情境激发儿童的学习兴趣，培养儿童动手操作、协同学习的能力，提升儿童的数学学习经验。[1] 童趣数学课程以探究式学习过程为主，从儿童的对空间观念和图形的直观感觉、抽象的数学符号和运算推理、逻辑思维和公式化表述方式、数学在其他学科和生活情境中的应用等多方面去设趣引导。

（三）"童趣数学"是灵动的数学

佐藤学认为要"让教室里的学习成为每个学生都能够得到尊重、每个学

---

[1] 于志刚. 童趣数学，守护儿童的童年生态［J］. 数学与数学通讯，2018（9）：9—10.

生都能放心地打开自己的心扉、每个学生的差异都得到关注的学习。"[1] 因此我们开展童趣数学就是要从儿童的立场出发，用真实、趣味的数学引领孩子感悟数学的魅力。要着重培养儿童将自己的所思、所感、所悟灵活地运用到现实生活中，感受生活中数学的价值，并发展应用意识和能力。

学科课程目标　在趣味中发展数学能力

《义务教育数学课程标准（2011年版）》的数学课程目标："通过义务教育阶段的数学学习，学生能：1. 获得适应社会生活和进一步发展所必需的数学的基础知识、基本技能、基本思想、基本活动经验。2. 体会数学知识之间、数学与其他学科之间、数学与生活之间的联系，运用数学的思维方式进行思考，增强发现和提出问题的能力、分析和解决问题的能力。3. 了解数学的价值，提高学习数学的兴趣，增强学好数学的信心，养成良好的学习习惯，具有初步的创新意识和科学态度。"[2]

一、学科课程总体目标

依据《义务教育数学课程标准（2011年版）》提出的"数学课程应该致力于实现义务教育阶段的培养目标，要面向全体学生，适应学生个性发展的需要，使得：人人都能获得良好的数学教育，不同的人在数学上得到不同的发展。"[3] 我们将"童趣数学"课程总体目标分为以下四个维度。

1. 知识技能：经历数与代数的抽象、运算与建模等过程，掌握数与代数的基础知识和基本技能；经历图形的抽象、分类、性质探讨、运动、位置确定等过程，掌握图形与几何的基础知识和基本技能；经历在实际问题中收集和处理数据、利用数据分析问题获取信息的过程，掌握统计与概率的基础知识和基本技能；参与综合实践活动，积累综合运用数学知识、技能和方法等

---

[1] 佐藤学. 静悄悄的革命 [M]. 李季湄, 译. 北京：教育科学出版社，2014：3.
[2] 中华人民共和国教育部. 义务教育数学课程标准（2011年版）[S]. 北京：北京师范大学出版社，2012：8.
[3] 中华人民共和国教育部. 义务教育数学课程标准（2011年版）[S]. 北京：北京师范大学出版社，2012：2.

解决简单问题的数学活动经验。

2. 数学思考：建立数感、符号意识和空间观念，初步形成几何直观和读表运算能力，发展形象思维与抽象思维；体会统计方法的意义，发展数据分析观念，感受随机现象；在参与观察、实验、猜想、证明、综合实践等数学活动中，发展合情推理和演绎推理能力，清晰地表达自己的想法；学会独立思考，体会数学的基本思想和思维方式。

3. 问题解决：初步学会从数学的角度发现问题和提出问题，综合运用数学知识解决简单的实际问题，增强应用意识，提高实践能力；获得分析问题和解决问题的一些基本方法，体验解决问题方法的多样性，发展创新意识；学会与他人合作交流；初步形成评价与反思的意识。

4. 情感态度：积极参与数学活动，对数学有好奇心和求知欲；在数学学习过程中，体验获得成功的乐趣，锻炼克服困难的意志，建立自信心；体会数学的特点，了解数学的价值；养成认真勤奋、独立思考、合作交流、反思质疑等学习习惯；形成坚持真理、修正错误、严谨求实的科学态度。[①]

我校秉承"让儿童用数学的眼光看世界"的课程理念，围绕以上四个课程目标，发展儿童的数学学科核心素养，培养具有应用意识和创新能力的儿童。

二、学科课程年级目标

基于上述总体目标，依据数学教材、教参和学校实际，我们厘定了六年的数学课程目标。这里，我们以一年级下学期为例，说明学科课程的具体目标（见表1-2-1）。

表1-2-1　"童趣数学"课程一年级下学期目标表

目标 单元	一年级下学期目标
第一单元 《20以内的退位减法》	1. 理解20以内退位减的计算方法，会正确地进行口算。 2. 初步感受算法的多样，培养数学应用意识。

[①] 中华人民共和国教育部. 义务教育数学课程标准（2011年版）[S]. 北京：北京师范大学出版社，2012：8—9.

续 表

单元＼目标	一年级下学期目标
第二单元 《认识图形（二）》	1. 认识长方形、正方形、三角形和圆等常见的平面图形，初步了解它们在日常生活中的应用。 2. 在画、折、剪、拼等操作活动中，体会面和体的关系，体会平面图形的相互转化，积累数学活动经验，发展初步的空间观念。
第三单元 《认识100以内的数》	1. 认识计数单位"一""十"和"百"，能够正确地数出数量在100以内的物体的个数，知道100以内数的组成；认识个位、十位和百位，知道个位、十位和百位上的数所表示的意义，能正确读写100以内的数；掌握100以内数的顺序，会比较100以内数的大小。 2. 感受数与生活的联系，体会数的抽象过程，发展数感，增强与他人合作交流的意识。
第四单元 《100以内的加法和减法（一）》	1. 能比较熟练地口算整十数加、减整十数，两位数加、减整十数以及两位数加、减一位数的不进位加法和不退位减法，会笔算两位数加、减两位数的不进位加和不退位减法。 2. 学会解决求被减数、减数以及求两数相差多少的简单实际问题。
第五单元 《元、角、分》	1. 认识各种面值的人民币，知道元、角、分是人民币的单位，知道1元＝10角，1角＝10分。 2. 初步认识商品的价格，理解简单购物问题中的基本数量关系。
第六单元 《100以内的加法和减法（二）》	1. 能比较熟练地口算100以内的两位数加、减一位数的进位加法与退位减法。 2. 能正确笔算100以内的两位数加、减，两位数的进位加法与退位减法。
第七单元 《期末复习》	1. 能正确、熟练地进行20以内退位减法口算，形成相应的计算技能。 2. 进一步认识100以内的数，认识计数单位"个""十"和"百"，了解数位和数位顺序，理解数的组成，掌握数的顺序；进一步提高数数、读数、写数的能力；进一步掌握比较数的大小、描述数的大小关系的方法，发展数感。 3. 掌握100以内的两位数加、减，整十数和一位数的口算方法，会笔算100以内的加、减法，形成相应的计算技能。 4. 进一步认识长方形、正方形、三角形和圆，能正确辨认这些平面图形，发展初步的空间观念。 5. 在解决问题的过程中初步进行有条理的思考，加深理解数量之间的关系，共同实际问题之间的联系。

学科课程框架　建构"童趣数学"的学习平台

为了实现上述数学课程目标，我们建立学校数学课程框架，其依据"童趣数学"课程基本理念，在实施基础课程的同时，聚焦"童趣数学"课程目标，开发丰富的数学学科拓展课程，构建相互补充、相互促进的课程体系，以适应儿童个性发展的需求。

一、学科课程结构

依据《义务教育数学课程标准（2011年版）》，秉承学科课程哲学，结合儿童发展特点，我校将"童趣数学"课程具体分为"童趣代数""童趣图形""童趣统计""童趣实践""童趣文化"五大类。其结构图如下（图1-2-1）。

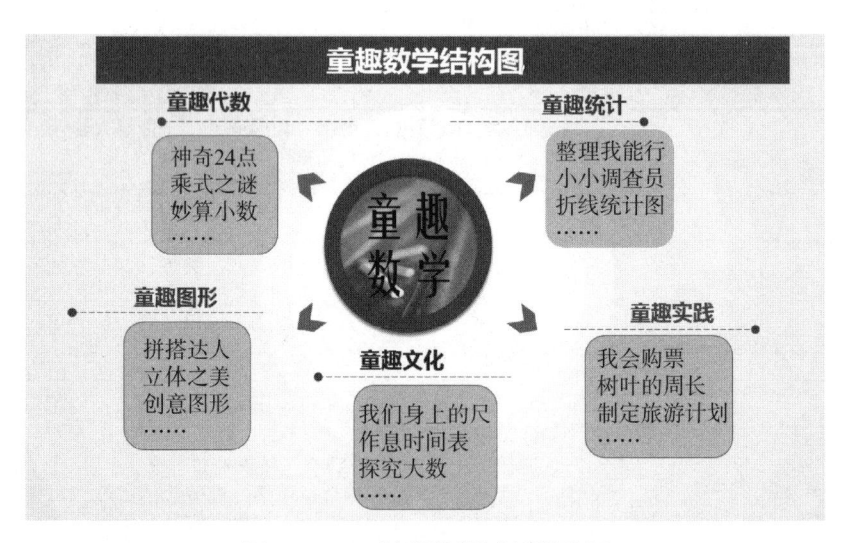

图1-2-1　"童趣数学"课程结构图

1. 童趣代数。我校通过开展有趣的计算、巧算活动，丰富解题策略，提高儿童的计算兴趣和能力，发展思维灵活性。开设"会加会减""乘胜追击""除除有余""步步为赢""机关算尽""已见分小""数数联盟"等课程。

2. 童趣图形。根据儿童已有的生活经验和不同的认知规律，调动儿童多种感官进行探究活动，经历剪、拼、画等动手操作活动，体会图形变化的神奇，进一步发展儿童的空间观念。开设"智趣拼搭""边边角角""设计图形""魅力图形""维度空间""立体图形知多少"等课程。

3. 童趣统计。"童趣数学"注重发展儿童根据标准对事物或数据进行分析，让儿童经历与生活有关的数据收集和整理过程，尝试用自己的方式呈现结果，体会统计的价值，形成统计观念。开设"有条有理""小鬼当家""调查高手""量量画画""统统有数""妙用统计图"等课程。

4. 童趣实践。在儿童体验数学知识间的内在联系、数学与现实生活的内在联系方面，实践活动是非常有效的一种途径。依托自主探究、小组合作等形式，童趣实践可为儿童提供参与社会实践活动的平台，感悟数学与生活的联系，发展应用意识。开设"物聚群分""地铁达人""我学我用""生活学问""精打细算""展现实力"等课程。

5. 童趣文化。经历搜集、阅读、交流有关数学历史与文化的过程，开拓儿童视野，感受数学的奥妙和神奇，让儿童在探究活动中感受数学文化，提升素养。开设"古人计数""测量达人""时间主人""大数时代""鸡兔同笼""解决问题策略"等课程。

二、学科课程设置

我校"童趣数学"以课程目标的达成和核心素养的落实为出发点，围绕"学用交融"的学科理念，除了基础课程之外，"童趣数学"课程设置如下所示（见表1-2-2）。

表1-2-2 "童趣数学"课程设置表

年级	课程	童趣代数（数与代数）	童趣图形（图形与几何）	童趣统计（统计与概率）	童趣实践（综合与实践）	童趣文化（数学文化）
一年级	上学期	快乐计算	拼搭达人	整理我能行	我会分类	数的由来
	下学期	数学迷宫	立体之美	数字奥秘	秀秀我的书房	古代钱币
二年级	上学期	神奇的24点	魅力七巧板	小小调查员	我会购票	我们身上的尺
	下学期	除法大聚会	测定方向	了解好朋友	我会观察	认识钟表
三年级	上学期	乘式之谜	创意图形	小小记分员	树叶与周长	合理安排
	下学期	混合运算	画脸谱	小小统计员	多彩的分数条	作息时间表
四年级	上学期	除式之谜	垂线和平行线	条形统计初探	怎样滚得远	科学计数
	下学期	巧用运算律	多样三角形	可能与不可能	身份证的秘密	探究大数

续表

年级 \ 课程		童趣代数 （数与代数）	童趣图形 （图形与几何）	童趣统计 （统计与概率）	童趣实践 （综合与实践）	童趣文化 (数学文化)
五年级	上学期	妙算小数	面积变形计	班级联欢会	校园的绿地面积	奇思妙解
	下学期	玩转分数	"圆"来如此	折线统计图	蒜叶的生长	龟鹤原理
六年级	上学期	分数计算	长方体的再研究	生活中的统计图	互联网的普及	曹冲称象的策略
	下学期	正负之争	柱造锥形	扇形统计图	设计达人	田忌赛马的策略

学科课程实施　在多彩情境中促进儿童成长

数学学科课程的实施要符合儿童的认知规律，贴近儿童的生活实际，便于儿童体验与理解、思考与探索、积累与运用。"童趣数学"课程依据数学学科课程理念、课程目标、课程设置、教学建议，结合学校课程文化和数学教学现状，从"童趣课堂""童趣课程""童趣探究""童趣社团""童趣赛事""童趣文化"等方面开展学科课程实施，意在为儿童创设多彩的教育情境，多维度培养学生数学学科核心素养。

一、打造"童趣课堂"，提升数学课程品质

"童趣课堂"是课程实施的基本途径，是从儿童的兴趣和需要出发，通过在课堂教学中营造轻松的学习氛围，激发儿童的求知欲，让儿童对数学学习的内容和主题充满渴望和期待。"童趣课堂"的实施，要对学习目标有准确的定位，精心创设学习情境和巧妙的结课安排。学习目标要指向对数学知识本质的追求和探索；学习内容要多彩有趣，符合儿童心理特点；学习方式倡导自由探究和协同合作共存。

1. 开篇诱趣。兴趣是儿童在数学活动中的一个重要的心理因素，儿童对学习内容和主题是否感兴趣，直接影响到一节课的学习效果。因此，教师要在既定的教学目标的指引下，选取合适的教学资源，创设情境诱趣，在课始就让儿童变被动为主动，学习轻松愉快，对儿童一节课甚至整个数学学习产

生持续而长远的积极影响。

2. 授中生趣。有效的课堂教学应该在开端就使儿童注意力集中起来，认真听讲。但这并非一劳永逸，教师在教学中要善于通过丰富的语言加以巧妙点拨，设置问题情境引导儿童自主探究，组织合作学习交流分享收获，让儿童对数学学习充满新奇。

3. 实践激趣。《义务教育数学课程标准（2011版）》指出："数学教学活动，特别是课堂教学应激发学生兴趣，调动学生积极性，引发学生的数学思考，鼓励学生的创造性思维。"[①] 数学课堂教学环节的设置要循序渐进，为不同层次的儿童搭建成功和收获的平台。我们要求教师敢于放手，把学习的主动权交给儿童，教师作为观察者、引导者和评价者，成为儿童学习的合作伙伴。

4. 课尾留趣。数学教学应该是一个课内、课外有机联系的整体认知过程。教师要精心设计结课环节，便于进一步拓展儿童的知识视野，丰富他们的学习体验，对整节课的学习起到升华、点睛之效。例如，在结课时沟通新旧知识间的联系，或者运用思维导图对本节知识进行整理，再或者呈现新的探究问题等。

在开篇诱趣、在授中生趣、在实践中激趣，在课尾留趣，充分抓住儿童学习特点，让儿童的思维始终处于活跃的状态，从而收到"课已结，而趣犹在"的良好教学效果。

二、构建"童趣课程"，丰富数学课程内涵

"童趣课程"是依据《义务教育数学课程标准（2011年版）》，以国家统编教材为基础性课程，结合本校教师自身特长，按照"1＋X"的模式构建"童趣课程"。"1"是指基础性课程，"X"是指促进儿童个性化发展的校本拓展课程，是基础性课程的拓展与延伸。"童趣课程"的实施基于学科课程标准，是对基础课程的强化和夯实、是一个主题明晰的内容系列、是采用多样的相对固定的形式与时间的"微课程"。"数学作为一种情境性的实践"，需要通过丰富的拓展课程的实施，激发儿童的兴趣爱好和学习潜能，促进儿童

---

① 中华人民共和国教育部. 义务教育数学课程标准（2011年版）[S]. 北京：北京师范大学出版社，2012：2.

对基础课程的学习效能提升。

1. 课程设置科学有趣。"童趣课程"是对基础课程的补充和拓展，每个年级"童趣课程"的设置与教材密切联系，是教师在充分研读课标、教参和教材的基础上开发的。每一门课程都有课程的目标、课程的实施要求、课时计划、评价要求（见表1-2-3），提交学校课程领导小组审核、研判，批准后予以实施。

表1-2-3　西园新村小学北校"童趣数学"课程科目（主题）申报表

课程名称			开发者	（最多2人合作）
计划课时		修习年段		计划招生数
课程简介	（可另附页）			
实施要求	场地需求	（专用教室、外出、开课时间等）		
	资源准备	（设备材料、外聘人员等）		
成果形式	作品、演出、竞赛等			

课程审核是由学校课程领导小组审核教师的课程项目，具有开发价值的、儿童乐于接受、有助于培养儿童学习数学的兴趣的课程才能获准开设。生源招募是以海报形式展示课程的魅力，招募课程学员，确保儿童自主选择课程的权利。教师在拿到《申报成功通知》后，编写课程内容，每学期15课时左右。内容要符合该年级儿童实际，具有趣味性和思维性，要求图文并茂，格式规范。学校课程领导小组通过日常教学巡查、推门听课、问卷调查、座谈等多种形式对课程的实施进行考核。教研组定期开设课程介绍，交流经验，推广成果。

2. 素材选取源于生活。"数学教学就应联系生活、贴近生活。这样才能拉近学生与数学知识之间的距离，使之产生亲切感，诱发学生的内在知识潜能，使他们主动地动手、动脑、动口，想办法来探究知识的形成过程，以达到对自我生活、心理需求的满足。"[1] 教师围绕课程教学目标，精心选取学生感兴趣的素材。素材主要源自学生生活实践。

3. 目标设置聚焦素养。《义务教育数学课程标准（2011年版）》明确提

---

[1] 王晓婧. 让学生在生活中学数学[J]. 小学青年教师，2001（8）：43.

出数学教学中应特别重视的 10 个重要能力，即数感、符号意识、空间观念、几何直观、数据分析观念、运算能力、推理能力、模型思想、应用意识和创新意识[①]。我们以"童趣数学"课程教学为载体，重点培养学生上述 10 个重要能力，聚焦儿童数学学科核心素养。

4. 课程内容有机整合。"童趣课程"的内容是在《义务教育数学课程标准（2011 年版）》中"实施建议"的指导下，开发利用校内外一切课程资源，使各种资源和学校课程有机整合，融为一体。例如：一年级的《有条有理》，包括上学期的"整理我能行"和下学期的"数字奥秘"；二年级的《地铁达人》，包括上学期的"我会购票"和下学期的"我会观察"；三年级的《我学我用》，包括上学期的"树叶与周长"和下学期"买鞋的知识"；四年级的《魅力图形》，包括上学期的"巧算内角和"与下学期的"巧数图形"；五年级的《维度空间》，包括上学期的"面积变形计"和下学期的"'圆'来如此"；六年级的《立体图形知多少》，包括上学期"长方形的再研究"和下学期的"柱造锥形"等。课程内容的有机整合，是对数学知识的凝练，综合考查儿童数学问题解决的能力。

5. 课程实施灵活多样。"童趣数学"课程基于学科核心素养开发丰富的微课程，利用综合实践活动的时间开设，教师发布开课招生海报，儿童网上选课，混班上课。课程开课时间相对固定，一般定于每个周五的下午，也可结合"三点半"课后服务开展。

三、组织"童趣探究"，体验协同学习之趣

"童趣探究"是遵循"生活场景即课程"的理念，带领儿童回归生活、体验生活、观察生活、思考生活，打通生活世界与数学世界的通道，在合作探究中体验数学学习的快乐和成功的喜悦。

"童趣探究"以数学实践与应用活动为载体，把数学问题生活化，生活问题数学化。通过儿童运用所学知识去解决生活中的数学问题，使儿童体验数学与生活的联系，体验数学的应用价值，同时在培养儿童解决问题的过程

---

① 中华人民共和国教育部. 义务教育数学课程标准（2011 年版）[S]. 北京：北京师范大学出版社，2012：5.

中提高了儿童的动手操作能力，自觉进行数学思考的能力，以及创新精神和实践能力。教师在设计活动时紧密联系教材，以从易至难的阶梯性问题为导向，同时注意新旧知识的结合，激发儿童参与活动的兴趣。在活动开展时，通过构建学习共同体，让儿童能思考活动，自主探究，发现困难，主动提问，最后达到相互协作完成活动解决问题的目的。整个探究活动过程中，教师注重引导儿童思考，学会倾听不同的意见，使不同的，多元的观点，得到表达与尊重，从而形成一种"交响式"的关系，进一步推进思考的深化和问题的解决。例如：一年级的《物聚群分》，包含上学期的"我会分类"和下学期"秀秀我的书房"；二年级的《调查高手》，包含上学期的"小小调查员"和下学期的"了解好朋友"；三年级的《小鬼当家》，包含上学期的"小小统计员"和下学期的"小小记分员"；四年级的《量量画画》，包含上学期的"条形统计初探"和下学期"校园中的测量"；五年级的《统统有数》，包含上学期的"班级联欢会"和下学期的"数据分析"；六年级的《妙用统计图》，包含上学期"互联网的普及"和下学期的"制定旅游计划"。

四、开设"童趣社团"，拓展数学学习视野

"童趣社团"是以儿童数学学习的兴趣为主线组建的学习探究、思维训练、动手操作的学习团体。"童趣社团"根据儿童不同年龄特征、不同年级来组织。例如：一年级的"智趣拼搭"社团，二年级的"边边角角"社团，三年级的"玩转图形"社团，四年级的"维度空间"社团，五年级的"精打细算"社团，六年级的"数学联盟"社团。

"童趣社团"的实施要求教师根据社团成员的兴趣和年龄特点，引导儿童带着任务参加，从活动方案的制定到实施，从查找资料到成果展示，全程参与，全面锻炼。

1. 思想教育引领。教师以"立德树人"为育人宗旨，对儿童进行思想教育，读数学家的故事，培养儿童报效祖国的高尚品质和刻苦学习的精神，使儿童树立远大理想，坚定勇于克服困难的决心。

2. 创造成功机会。教师根据社团成员的特点，设计多彩的数学情境让儿童全员动起来，为不同层次的儿童创造成功的机会，使儿童在社团活动中树立自信，使他们更乐于参加活动，增强学习数学的乐趣和学好数学的信心。

3. 渗透思想方法。我们认为"童趣社团"的更多功能应该指向儿童数学知识视野的拓展。学生在参与社团活动过程中"通过独立思考、合作交流，逐步感悟数学思想"。例如渗透分类的思想、集合的思想、对应的思想、统计的思想，可以开阔儿童的解题思路，使儿童思维更灵活，加深对数学知识本质的体悟。

"童趣社团"的组织与开展，进一步激发了儿童学习数学的兴趣，陶冶了情感、磨炼了意志、增进了友谊。

五、开展"童趣赛事"，搭建交流展示平台

"童趣赛事"是立足于激发学生学习数学的兴趣，通过组织有关数学的主题赛事，让儿童在不同的技能比赛中去展示知识技能、数学思考、问题解决的综合素养，并在比赛中合作与交流，进一步丰富情感认知。

每学期各年级备课组都会开展丰富有趣的"童趣赛事"，例如：演讲能手、计算能手、魔方能手、数独能手等。争做演讲能手，引导孩子学习数学家的故事，感悟数学家的魅力；争做计算能手，引导孩子在理解算理的同时，努力做到又对又快；争做魔方能手，引导孩子脑、手、眼并用，指尖的飞舞，思维的跳跃，满满的成就感；争做数独能手，引导孩子静下心来思考，积极探索，寻找方法，在迷茫中顿悟，在顿悟中提升。

通过组织"童趣赛事"，激发全校学生学习、钻研数学知识的兴趣，拓展学生的知识面，提升学生的数学学科素养。

六、渗透"童趣文化"，构建传统文化体系

"数学文化是以数学学科体系为主要核心，并通过特殊的数学方式所体现出来的相关文化领域的文化总和。"[1] 数学教学中，教师不仅要注重数学知识的传授，更要重视数学文化的渗透，沟通数学知识与其他学科知识之间的内在联系，让学生感受数学知识的魅力，体会数学知识在生活中的应用，了解数学发展的历史，培养学生的创新精神和探究精神。

"童趣文化"的实施以文化周的形式，固定时间开展，涉及计算、图

---

[1] 杨四耕. 迈向 3.0 的学校课程变革[J]. 中国教师，2016（22）：64—67.

形、数学游戏等主题。让儿童在玩中学，在玩中用，真正做到了人人参与，激发兴趣。

1. 结合教材渗透数学文化。一年级《古人计数》，包含上学期"数的由来"和下学期的"古代钱币"；二年级《多样测量》，包含上学期"我们身上的尺"和下学期"画曲为直"；三年级《时间达人》，包含上学期的"合理安排"和下学期的"作息时间表"；四年级《数字与信息》，包含上学期的"科学计数"和下学期的"算盘文化"；五年级《鸡兔同笼》，包含上学期的"奇思妙解"和下学期的"龟鹤原理"；六年级《"圆"远流长》，包含上学期的"'圆'来如此"和下学期"无处不在的圆"。

2. 阅读感悟数学文化。推荐儿童阅读数学绘本故事、数学童话故事、数学经典等，引导儿童探访数学史实，探究数学本质，探寻数学本真，让学生在阅读和交流中体会数学的价值，感悟理解数学思想，从而提高数学素养，激发创造能力。

3. 节日创造文化魅力。通过开展一年一度数学文化节，传播数学文化，让儿童发现数学之美，切身感受数学的魅力。

综上所述，我们通过分析具体课程和校情，厘定了"童趣数学"的课程哲学。在课程哲学的统领下，设置符合校情的课程目标、课程内容、课程实施、课程评价等方案，使我校数学课程体系更加完善。"童趣数学"基于《义务教育数学课程标准（2011年版）》，指向学科核心素养，遵循儿童发展天性，充分创设多彩的教育情境，在"趣"字上做好数学教学的文章，赋予儿童学习数学的能力，增强儿童学好数学的自信心，提升儿童运用数学解决生活实际问题的能力。

（撰稿者：刘佳　王大圣　袁丽丽）

第二章

思维：数学作为认知性实践

客观主义知识观视知识为普遍的、外在于人的真理。其实，学习是一个主动的、有目的、有策略的信息加工过程，思维是对知识的组织和加工。数学作为认知性实践，要通过知识的深度加工，培养儿童的高阶思维能力。这就需要我们视学习为一种冲刺与挑战，让儿童超越既有经验与能力。为此，学校必须改变观念，视儿童为学习的主角，逐步让儿童学会用数学的思维方式思考问题，发展高阶思维能力。

传统课程体系信奉客观主义的知识观，视知识为普遍的、外在于人的、供人掌握的真理。课程当之无愧地成为知识的载体，成为大量事实、理论和方法的总和。认识过程就是把人性思维的成分从知识中清除，这意味着个人见解在给定的课程知识面前没有意义，它只能被搁置甚至被否认、被杜绝。①

加里宁说："数学是思维的体操。"《义务教育数学课程标准（2011年版）》也强调：数学教学要引发儿童思考，鼓励儿童创造性思维。虽然知识与思维之间不再是原来非此即彼的对立关系，但从课程实践中依旧可以看出思维的发展并没有受到足够的重视。其实，学习是一个主动的、有目的、有策略的信息加工过程，思维是对知识的组织和加工。

布卢姆将认知目标归纳为"回忆、理解、应用、分析、评价、创造"，其中，"回忆、理解、应用"被称为"低阶思维"，"分析、评价、创造"被称为"高阶思维"，"高阶思维"指发生在较高认知水平层次上的心智活动或认知能力。② 可见数学作为认知性实践，在促进儿童掌握必备的基础知识和基本技能的同时，还要通过知识的深度加工，培养儿童的高阶思维能力。

数学作为认知性实践，培养儿童的高阶思维能力需要冲刺与挑战。对于儿童而言，业已懂得、理解的东西即便滚瓜烂熟，也不能称为学习。学习是从既知世界出发，探索未知世界之旅，是超越既有经验与能力形成新的经验与能力的一种挑战，从这个意义上来说，数学作为认知性实践，数学的认知是冲刺与挑战的学习。这就要求学校必须改变观念，把儿童视为学习的主角而不是教育变革的对象，要让儿童在主动建构知识的过程中发展高阶思维能力。

数学作为认知性实践，培养儿童的高阶思维能力需要循序渐进。对于教师而言，一是要根据知识的层次结构，在教学过程中要从低级的、基本的知识技能出发，逐级向上，充分有效地进行思维训练，从而实现最终教学目标；③ 二是要对学习任务进行分析，逐级找到新知识的前概念，分析儿童的已有水平，确定合适的学习起点，确保儿童的思维从"低阶"逐步走向"高

---

① 钟启泉. 课程的逻辑 [M]. 上海：华东师范大学出版社，2008：5.
② 布卢姆. 教育目标分类学：第一分册认知领域 [M]. 罗黎辉，译. 上海：华东师范大学出版社，1986：41.
③ 张建伟，陈琦. 从认知主义到建构主义 [J]. 北京师范大学学报（社会科学版），1996（4）：79—82.

阶"。三是要合理地引导，在课程实践过程中要发挥教师的引领启示作用，用正确的方法，引发儿童思考，点燃他们创造性思维的火花。

总之，数学作为认知性实践，数学课程也不再只是让儿童亲近数学、了解数学、运用数学，而是学会用数学的思维方式思考问题，发展儿童的问题解决能力和高阶思维能力。

（撰稿者：尹丽娟　李运烨）

第一节

灵动数学：让每个孩子充满灵性地思考

合肥市琥珀小学数学组，现有专任教师18人，其中省级教坛新星2人，市级教坛新星2人，合肥市学科带头人2人，合肥市骨干教师4人，蜀山区研课团队4人，蜀山区中心备课组成员4人。近年来，教研组认真开展教研组活动和备课组活动，积极参加各类活动，先后获得了诸多荣誉，教学质量在蜀山区一直名列前茅。我们依据《教育部关于全面深化课程改革落实立德树人根本任务的意见》《中共中央国务院关于深化教育教学改革全面提高义务教育质量的意见》《义务教育数学课程标准（2011年版）》等文件精神，推进我校数学学科课程建设。

学科课程哲学 让每个孩子有灵性地思考

一、学科性质

《义务教育数学课程标准（2011年版）》指出："数学是研究数量关系和空间形式的科学。""义务教育阶段的数学课程，具有基础性、普及性和发展性。数学课程能使学生掌握必备的基础知识和基本技能，培养学生的抽象思维和推理能力，培养学生的创新意识和实践能力，促进学生在情感、态度和价值观等方面的发展。义务教育的数学课程能为学生未来生活、工作和学习奠定重要的基础。"[1] 基于这种认识，我们认为数学课程需要充分考虑儿童

---

[1] 中华人民共和国教育部. 义务教育数学课程标准（2011年版）[S]. 北京：北京师范大学出版社，2012：1+2.

的身心发展规律和认知规律，要贴近学生的生活，让儿童在学知识的过程中学会思考，让儿童在掌握知识后能灵活地运用，让儿童掌握技能和学习方法后勇于探索和创新。

二、学科课程理念

依据《义务教育数学课程标准（2011年版）》精神，结合我校历史、文化、数学学科实际情况，将数学学科课程哲学定位为"灵动数学"。提出我校数学学科的课程理念：让每个孩子有灵性地思考。学习重在思考，数学重在思维。因此，我校数学课程在开发和实施基础类课程"四基""四能"的基础上，发展儿童的思维能力，我们希望让每个孩子有灵性地思考，会灵活地应用，大胆地创新，全面提升儿童的数学素养。具体表现如下：

（一）"灵动数学"重善思

学习要注重思考，数学更是注重思维方面的学习，通过思考将知识融会贯通，并内化成自己的知识，这样的学习才是有效的、有价值的。"灵动数学"把培养儿童的思考能力放在首位，让儿童乐于经历发现、探索、操作、概括、归纳的数学学习历程，在思辨中发展思维。

（二）"灵动数学"重善用

学而用之为识，学而无用为闻，意思是学习了而又运用了才是"知识"，学习了而又不会运用只是"知道"。所以，要将学到的知识运用到生活中，并能做到活学活用。"灵动数学"注重培养儿童将学习所得融合、内化、迁移的能力，灵活自如地将所学知识运用到生活中，达到学以致用、学有所用、学用相长。

（三）"灵动数学"重善创

培养儿童创新意识和创造能力有着很大的必要和意义。因此，"灵动数学"要求教师在教学的过程中，尊重儿童的个性和特点，遵循教师主导和儿童主体的教学规律，鼓励儿童实践探索、勇于创新，培养儿童的发散性思维、创造性思维和创新能力。

总之，"灵动数学"课程致力于追求灵性、灵气的学习境界，通过善思、善学、善创的学习过程，促进儿童学科素养的发展，达到学有所思、学有所用、学有所创的目的。

学科课程目标　让每个孩子有灵气地成长

《义务教育数学课程标准（2011年版）》指出的课程目标是："通过义务教育阶段的数学学习，学生能：1. 获得适应社会生活和进一步发展所必需的数学的基础知识、基本技能、基本思想、基本活动经验。2. 体会数学知识之间、数学与其他学科之间、数学与生活之间的联系，运用数学的思维方式进行思考，增强发现和提出问题的能力、分析和解决问题的能力。3. 了解数学的价值，提高学习数学的兴趣，增强学好数学的信心，养成良好的学习习惯，具有初步的创新意识和科学态度。"[①] 基于数学学科核心素养的内涵，根据"灵动数学"提倡"让每个孩子有灵性地思考"的课程理念，我们确立我校数学课程目标。

一、学科课程总体目标

依据《义务教育数学课程标准（2011年版）》以及我校"灵动数学"的课程理念，[②] 我们将"灵动数学"课程总目标分为知识技能、数学思考、问题解决、情感态度四个维度。

1. 知识技能：让儿童在学习数与代数以及图形几何的有关知识中，积累相关的基本数学知识和基本技能；在学习统计与概率这部分的内容时，学会收集有用信息、有条理地整理数据、分析数据，应用到生活中解决具体问题；在参与数学课堂、课外活动的过程中，积累数学活动的经验和方法，形成技能。

2. 数学思考：让儿童在数学学习的过程中，会用数学的思维思考问题，能运用数学的语言清楚地表达自己的想法，利用数学的基本思想和方法解决实际问题；在学习数与代数以及图形几何的有关知识中，建立数字的理解、以及对数学符号的应用意识，提升儿童计算能力和思维能力，发展空间想象

[①] 中华人民共和国教育部. 义务教育数学课程标准（2011年版）[S]. 北京：北京师范大学出版社，2012：8.
[②] 中华人民共和国教育部. 义务教育数学课程标准（2011年版）[S]. 北京：北京师范大学出版社，2012：8—9.

能力；体会统计方法的多样性和重要性，并能正确、全面的分析数据，感受生活中的随机现象；在经历观察、探索、验证归纳的生活实践数学活动中，能进行合理的推想，提高思辨能力；养成独立思考的习惯。

3. 问题解决：让儿童在生活中能用数学的眼光去发现问题、提出问题，用数学思维方法去分析问题，并能用有关的数学知识去解决此类问题，提高儿童综合解决问题的能力；在解决问题的过程中，收获分析、解决问题的基本方法，感受同一问题可从不同方面思考解决，体会方法的多样性、创造性，发展发散思维和创新意识，并且在交流互动中，学会与他人合作，逐渐形成合作交流意识；同时初步养成自我评价和儿童之间互评的意识，进而反思自己。

4. 情感态度：儿童在参与数学活动时积极主动，兴趣高涨，积累数学方法，建立对数学的好奇心和求知欲；在学习数学内容时，敢于发现质疑，善于提出有价值的数学问题，克服畏难情绪，解决有关问题，增加儿童学习数学的自信心；养成认真倾听、主动思考、合作沟通、反思改进等学习习惯，了解数学的价值，感受数学魅力，增强学习数学的成就感。

二、学科课程年级目标

基于上述总体目标，依据数学教材、教参和学校实际，我们厘定了六年的课程目标。这里，我们以二年级上学期为例，说明学科课程的具体目标（见表 2-1-1）。

表 2-1-1 琥珀小学"灵动数学"课程二年级上学期目标表

单元 \ 目标	二年级上学期目标
第一单元《100以内的加法和减法（三）》	1. 竖式计算连加、减、加减混合运算。 2. 掌握求比一个数多（少）几的数是多少的实际问题。
第二单元《平行四边形的初步认识》	1. 认识四边形等多边形。 2. 初步体会相关平面图形之间的联系。
第三单元《表内乘法（一）》	1. 初步认识乘法，熟记1—6乘法口诀。 2. 解决求几个相同数连加的和的实际问题。
第四单元《表内除法（一）》	1. 认识除法，体会乘、除法之间的联系。 2. 联系除法含义解决有关平均分的简单实际问题。

单元 \ 目标	二年级上学期目标
第五单元《厘米和米》	1. 认识线段，认识厘米和米，建立长度观念。 2. 会用直尺测量线段长度，合理估计线段、物体长度。 3. 感受数学和生活的密切关系。
第六单元《表内乘法和表内除法（二）》	1. 能熟记7—9的乘法口诀，并熟练掌握连乘、连除以及乘除混合运算的顺序。 2. 培养初步观察、比较、分析、抽象、概括和简单推理能力。
第七单元《观察物体》	1. 掌握观察物体的方法，培养观察能力和空间观念。
第八单元《整理复习》	1. 理解乘、除法含义，熟记1—9的乘法口诀，培养运算能力。 校本目标：熟练掌握乘法口诀。

学科课程框架　构建思维丰富的课程体系

依据"灵动数学"课程基本理念，在实施基础课程的同时，聚焦"灵动数学"课程目标，开发丰富数学学科拓展课程，构建相互补充、相互促进的课程体系，适应儿童个性发展的需求。为实现上述课程目标，我们建立我校数学学科框架。

一、学科课程结构

《义务教育数学课程标准（2011年版）》指出："义务教育阶段数学课程的设计，充分考虑本阶段学生数学学习的特点，符合学生的认知规律和心理特征，有利于激发学生的学习兴趣，引发学生的数学思考；充分考虑数学本身的特点，体现数学的实质；在呈现作为知识与技能的数学结果同时，重视学生已有的经验，使学生体验从实际背景中抽象出数学问题、构建数学模型、寻求结果、解决问题的过程"。[1] 我们依据"数学课标"，秉承学科课程哲学，结合儿童发展特点，具体分为"灵动数字""灵动图形""灵动统计""灵动实践"四大类。"灵动数学"课程结构图如下：

---

[1] 中华人民共和国教育部. 义务教育数学课程标准（2011年版）[S] 北京：北京师范大学出版社，2012：3—4.

```
┌─────────────────┬─────────────────┐
│ 口算达人         │                 │
│ 计算能手         │    看谁摸得准    │
│ 乘法口诀大pk     │    猜猜我是谁    │
│ 除法大聚会       │    巧拼七巧板    │
│ 笔算大通关       │    走进角的世界  │
│ 巧算24点         │    图形变形记    │
│ 灵动数字    灵动数字   灵动图形    │
│          "灵动数学"课程            │
│          灵动实践   灵动统计       │
│ 走进超市                          │
│ 小小商店         数数谁最多        │
│ 身体尺           跳绳我最多        │
│ 制作日历         我是统计员        │
│ 玩转数独         了解好朋友        │
│ 神奇魔方         抽奖大转盘        │
│                 灵动统计          │
└─────────────────┴─────────────────┘
```

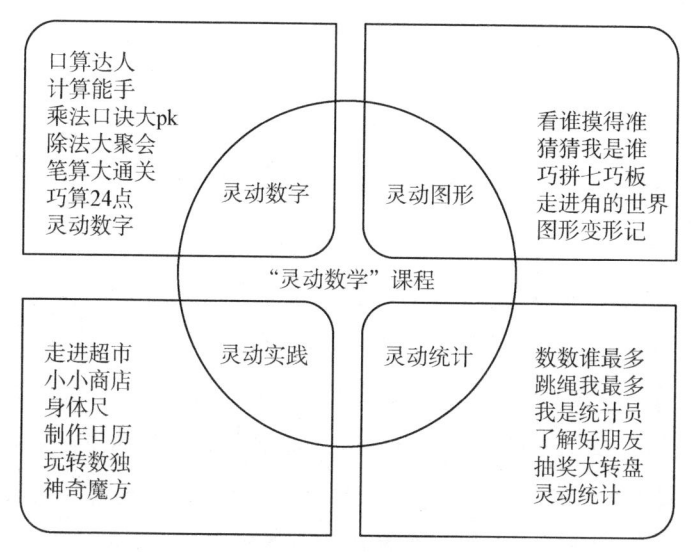

图 2-1-1 琥珀小学"灵动数学"课程结构图

1. 灵动数字。通过开展有趣的计算、巧算活动，丰富解题策略，提高儿童计算兴趣、计算能力、发展思维灵活性。开设的有"口算达人""计算能手""乘法口诀大 pk""除法大聚会""笔算大通关""巧算 24 点"等课程。儿童作为小学数学教育的主体，其学习兴趣直接决定了学习计算的积极性，而学习积极性的高低又决定了学习效果。在现实的课堂教学活动中我们也可以发现，当儿童对学习活动兴趣盎然时，就会产生强烈的求知欲望，学生就愿学、乐学、爱学。例如："巧算 24 点"教学时采用扑克牌游戏的导入，满足了每个人参与游戏的愿望，儿童马上就有了挑战的欲望；而且，数字的简单组合使其对完成游戏有极大的信心感，从而产生积极参与的欲望，并极大地调动了儿童的兴趣。通过"巧算 24 点"游戏，将加、减、乘、除四则混合运算的练习自觉愉悦地融入游戏当中，既培养了儿童的数学计算能力，也使其得到了成功感和满足感；同时，借此机会培养了儿童的主动探究以及合作交流的意识。总而言之，灵动数字课程不仅激发了学生的学习兴趣，而且有助于儿童更好地理解和运用知识。儿童从中不仅获得了知识，更重要的是获得了学习的快乐。让儿童在玩中学习、玩中领悟，从而给课堂以勃勃生机。

2. 灵动图形。根据儿童已有的生活经验和不同的认知规律，调动儿童多种感官进行探究活动，经历剪、拼、画等动手操作活动，体会图形变化的神奇，进一步发展儿童的空间观念。开设的有"看谁摸得准""猜猜我是谁"

"巧拼七巧板""走进角的世界""图形变形记"等课程。在学习这部分内容时图形表象的建立对于小学阶段的儿童来说还是有困难的，想要建构图形的正确表象，不能离开操作。如认识正方体、长方体、圆柱体、球体时，教师组织有趣的活动，在一个黑色袋子中放入所认识有关物体，让儿童们去摸一摸，在这样直接的感受中体验长方体、正方体、圆柱体、球体的特征，增加空间想象的能力。如认识长方形、正方形、三角形、平行四边形、梯形等基础图形时，教师组织多样的操作活动，让儿童折长方形纸片感受长方形和正方形的联系、用七巧板拼出各种有意思图形，再从这些图形中找到我们认识的平面图形，从而构建图形的表象，也提高了儿童动手操作能力和创新意识。

3. 灵动统计。依据《数学课标》中"统计与概率"领域内的阐述，我们注重发展儿童根据标准对事物或数据进行分析的能力，使其能对简单的数据收集和整理，能用自己的方式描述结果，并体会统计的价值，发展统计观念。开设的有"数数谁最多""跳绳我最多""我是统计员""了解好朋友""抽奖大转盘"等课程。从儿童熟悉的生活情境与兴趣爱好出发，唤起儿童主角意识。在教学分类统计时，让儿童小组合作，把小动物分类整理，在实际场景图上找到一个动物，就在下面摆一个动物，指名儿童到黑板前分类整理，有的儿童将小动物分类后摆成一堆一堆的，有的一个对一个排成一排一排的，有的从上往下排，有的从下往上排。通过对比摆法，儿童知道摆成一堆一堆的不能很快看出每种小动物各有多少只，而将小动物分类后一个对一个地排好，就能比较容易地看出每种小动物有多少只，这就是分类统计。通过独立操作的学习方式，使儿童感受数据的整理和分类过程，培养了分析整理数据的能力，初步认识了统计的思想和方法。在抽奖大转盘游戏活动时，统计红花、黄花和蓝花各有多少朵时，儿童通过用画"正"的方法分类整理汇报整理的结果，感受统计在日常生活中的应用，体会事件发生的不确定性，发展空间观念，提高了学习的积极性。

4. 灵动实践。实践活动有助于帮助儿童积累数学经验，体会数学知识间的内在联系，感悟数学与生活的内在联系。依托自主探究、小组合作等形式，为儿童提供参与社会实践活动的平台，感悟数学与生活的联系，发展应用意识。开设有"走进超市""小小商店""身体尺""制作日历""玩转数独""神奇魔方"等课程。根据教学需要，把教学空间由课内向课外延伸，让教学不受时间、人员、内容和空间的限制，只要能发展学生的能力，就可以为数学课所用。如在学习认识方向时，我们把儿童带出教室，让他们到学校操场进行小组合作，现场画图，在课中展示时便收到了意想不到的效果，儿童的思维超出了我们的想象，这节课把数学知识从课堂延伸到生活中，在生活中发展思维，在活动中不断创新，激发儿童的求知欲，引发儿童的创造天赋。

二、学科课程设置

"灵动数学"以课程目标的达成和核心素养的落实为出发点，围绕"让每个孩子有灵性地思考"的学科理念，除了基础课程之外，"灵动数学"课程设置如下所示（见表2-1-2）。

表2-1-2 "灵动数学"课程设置表

年级	课程	灵动数字	灵动图形	灵动统计	灵动实践
一年级	上学期	口算小达人	看谁摸得准	数数谁最多	走进小超市
	下学期	计算小能手	猜猜我是谁	跳绳我最多	逛逛小商店
二年级	上学期	乘法大PK	巧拼七巧板	我是统计员	比比身体尺
	下学期	除法大聚会	走进角的世界	了解好朋友	东西南北中
三年级	上学期	笔算大通关	周长是多少	统计分分类	操场有多大
	下学期	巧算24点	面积是多少	统计小达人	制作小日历
四年级	上学期	巧用运算律	图形大通关	运动与身体	怎样滚得远
	下学期	速算大通关	平移和旋转	小小气象员	数字与信息
五年级	上学期	好玩"小数点"	面积巧计算	奖牌谁最多	数独我最强
	下学期	寻找单位"1"	完美的圆形	我是分析师	神奇小魔方
六年级	上学期	生活中的%	图形变形记	抽奖大转盘	打折的学问
	下学期	寻找黄金比	绘制平面图	旅游巧计划	大树有多高

学科课程实施　走进灵动的数学实践

《义务教育数学课程标准（2011年版）》指出"数学学习应当是一个生

动活泼、主动的和富有个性的过程",这就要求"数学课程内容的组织,要重视过程,要重视直接经验的获得;数学课程的实施,要符合儿童的认知规律,贴近学生的实际,有利于儿童体验与理解,思考与探索"。为此,"灵动数学"课程依据学科课程理念、课程目标、课程设置,结合我校现状,师生特点,从五个方面设计"实施与评价",即:"灵动课堂""灵动社团""灵动节日""灵动生活""灵动创作",旨在践行"让每个孩子有灵性地思考"的课程理念。

一、落实"灵动课堂",夯实学习基础

"灵动课堂"是智慧而有趣的学习过程,课堂上教师选择丰富的学习内容,制定灵活的学习方法,彰显灵动课堂的智慧和思考,构建自主学习氛围。"灵动课堂"设定多元的学习目标,引导儿童不断地发现问题,科学自主地探究,自然地深入思考,灵活地解决问题。因此,"多元""自主""思考""灵活"就是"灵动数学课堂"的关键词。

(一)"灵动课堂"的实施方案

"灵动课堂"的学习目标是多元清晰的,学习内容是丰富多样的,学习方式是民主互助的,学习效果是学用结合、全面发展的。

1. "灵动课堂"的目标多元清楚。课堂目标的设定是教师的教与儿童的学的核心部分,是课堂中师生学习与活动的导向标。课堂目标一旦确定了,整个学习活动就要遵循它的轨道,有条不紊地行进。多元的目标丰富而不杂乱,开放而不松懈,自主又有合作,充分体现了"灵动课堂"的课程理念和现今的教育模式。

2. "灵动课堂"的内容丰富多样。就数学学科本身的特点而言,若学习内容过于刻板、枯燥,会降低儿童的学习兴趣和效果。因此为儿童提供大量丰富并且有趣的各种素材,为儿童创造更多自主学习的机会,就显得十分重要,让拥有不同学习能力的儿童都能在"灵动课堂"上得到不同的发展。

3. "灵动课堂"的学习方法民主合作。在"灵动课堂"上,儿童拥有充分的话语权,有意识地逐步培养儿童乐于思考、敢于质疑、善于探究,归纳总结良好的思维习惯,让儿童在数学学习活动中感受到思维火花的碰撞并享受学习数学的乐趣。同时,儿童具有足够的参与权,实现师生互动、生生互

动，让儿童在互动交流中，培养他们的语言表达能力同时发展思维能力。

（二）"灵动课堂"的评价要求

"灵动课堂"的评价是多元的，可以是面向学生的评价，可以是学生的自我评价，也可以是学生之间的相互评价。儿童的自评更容易让儿童及时发现自身的优点和缺点，让儿童做到自我认识-自我教育-自我提高，培养他们的自我意识。而生生之间的互评，可以让儿童按照自己的意识客观的评价同学，既学习了同学的优点，也能发现不足，从而深刻地认识到问题所在。这样既符合儿童的成长特点，又有利于儿童的主动发展，增强儿童的自信心，使教师更深入地理解"灵动课堂"的理念，提升教师的专业素养，提高儿童的数学素养，实现师生相长。根据课型的不同，设计"灵动课堂"教学评价表（见表2-1-3）。

表2-1-3 "灵动课堂"教学评价细则表

授课教师：		学科：		课题：		
上课时间：		评课教师：		班级：		
评价要素	评价标准		等级			
			A	B	C	
教学目标	1. 教学目标明确，重难点突出情况。 2. 预设目标完成情况。					
教学过程	1. 教学环节有序、流畅。 2. 教学方法灵活、得当。 3. 儿童的自主探索、独立思考、合作交流情况。					
教学评价	1. 评价是否及时、有效。 2. 评价方式是否多元化、个性化。					
教学效果	1. 基础知识掌握和运用情况。 2. 解决问题的能力和思维发展、创新等能力。 3. 激发学习的兴趣和自信心。					
合作方式	1. 师生合作：教师和全体儿童、小组、儿童个人间合作情况。 2. 生生合作：两个儿童或两个小组间的合作。					

"灵动课堂"不仅可以锻炼儿童的语言表达能力、课堂观察能力以及动手操作能力，还可以培养儿童的创新思维能力，增强儿童学习数学的自信和乐趣。课堂中的教师走下讲台，成为了真正的课堂参与者、引领者，充分融

入到儿童中,儿童的求知欲和质疑能力也得到了不断提升。

二、打造"灵动社团",感受数学魅力

"灵动社团"是我校结合教材和校本课程设置的实践活动,儿童在活动中可以自然习得,灵动社团活动,大大提高了儿童学习数学的兴趣,激发了内在的积极性和主动性,培养了动手能力和思维能力。

(一)"灵动社团"的实施方案

"灵动社团"为了培养和提高儿童的学习兴趣,开展各种形式的活动。教师根据校本课程的定位方向以及自己的擅长领域确定社团主题和内容,儿童根据现有的水平以及兴趣爱好选课报名,以尊重儿童为前提,综合报名情况和实际情况,确定社团人员名单。"灵动社团"课程安排如下(见表2-1-4)。

表2-1-4 "灵动社团"课程表

年级	社团名称	社团内容
1—2年级	数学绘本社团	数学小趣事
3—4年级	数学扑克社团	巧算24点
5—6年级	数学魔方社团	魔方大还原

数学绘本社团对于一、二年级的儿童来说是最受欢迎的社团,在绘本社团中,教师会就一本绘本故事展开,引导儿童思考其中反映的数学问题,鼓励儿童敢于挑战这些问题,儿童不仅能了解到有趣的数学小趣事,还能学到有用的数学知识。学期末,教师会组织阅读分享会,鼓励儿童找出自己最喜欢的一本书或在阅读中积累的知识经验,说感受,谈想法。广泛地阅读数学绘本能够发展儿童的思维,拓宽儿童的数学视野,逐步形成良好的数学阅读习惯。

扑克牌社团运用扑克牌或自制扑克牌开发的系列小游戏,并将所学的数学知识与扑克牌游戏有机结合起来。三、四年级的儿童已经具有一定的计算能力和混合运算的方法,社团中侧重培养儿童对24点游戏的兴趣,了解24点的游戏规则,并能用扑克牌进行24点的速算。学期末开展有趣的24点打擂台,组织儿童进行巧算24点大pk,儿童在参与社团活动中,既发展了计算

能力，又激发了学习数学的乐趣和自信心。

数学魔方社团是由教师讲授魔方构造，特点及还原方法，儿童动手操作魔方，通过学习和练习最终还原魔方。还原魔方的过程是一个集观察、思考、记忆、动手于一体的过程，且在这个操作过程中保持高度集中的注意力，手眼协调快速操作。五、六年级的儿童已经具备一定的数学思维，在还原魔方的过程中，可以进一步提高学生的数学思维能力，为今后数学学习、建构数学模型打下基础。

（二）"灵动社团"评价方法

"灵动社团"评价方式体现在师生活动情况是否自主积极，合作互动情况、活动效果等方面。"灵动社团"的评价标准如下（见表2-1-5）。

表2-1-5 "灵动社团"的评价标准表

评价要素	评价标准	评价结果 A	B	C
出勤情况	1. 课前考查出勤率。 2. 及时向我校和班主任反馈出勤情况，并了解没出勤原因。			
活动情况	1. 自主积极参与活动。 2. 生生合作，师生互动情况。			
活动效果	1. 自主性情况，能否得到锻炼。 2. 活动中是否有作品或者获奖情况。			
活动记录	1. 及时记录。 2. 及时上传我校资料库。			

"灵动社团"活动的丰富性，让儿童有更多自主、自由选择权；"灵动社团"活动的趣味性，让儿童学习更加积极、主动；"灵动社团"活动的合作性，让儿童探索实践能力变得更强，走得更远。"灵动社团"成为学习共同体，让儿童之间、师生之间可以相互学习，共同成长。

三、举办"灵动节日"，营造数学氛围

我校根据儿童的不同发展阶段，有目的、有组织地设置符合各个年级的"灵动节日"，将严谨的数学知识变成各种灵动的活动，使儿童们看到数学的"有趣"，树立学好数学的信心以及对数学产生亲切感，并热情高涨地融

入到数学知识的海洋中，从而提高儿童的数学素养以及营造出热爱数学、乐于思考、钻研数学的文化氛围。

（一）"灵动节日"的实施方案

"灵动节日"是给儿童搭建一个学数学、玩数学的平台，也是为了营造浓厚的数学氛围以及丰富校园数学文化而设置的数学节日。我校设定每年的3月为"灵动节日"，儿童自觉参与活动，实现了儿童之间、师生之间的有效互动，从而体现了"民主"与"互动"的原则；同时，营造了浓厚的数学文化氛围，并且提供了平台以供儿童展示自身的智慧。"灵动节日"课程设置安排如下（见表2-1-6）。

表2-1-6　"灵动节日"课程表

时间	年级	节日名称	课程内容
3月	一年级	口算节	口算达人
	二年级	口诀节	口诀之巅
	三年级	分数节	多彩"分数条"
	四年级	速算节	巧算之法
	五年级	方程节	方程之谜
	六年级	百分数节	解说百分数

"灵动节日"的开展，以各年级为单位，同年组的老师根据不同年龄特点与学习水平，共同商讨制定出以数学学科内容为基础，联系生活并能对儿童进行综合、有效的思维和能力拓展的内容。数学节日的举办应尊重儿童的主体地位和主体人格，培养儿童自主性、主动性，发展儿童的思维，培养儿童的数学素养。例如：低年级组的"口算节""口诀节"，主要是以本学期教材为重点，以突出儿童速算的"快""准""巧"为特点，适当变化题型。高年级组活动内容以数学综合应用知识为主，力求各样新颖，兼具知识性和趣味性，把单调的数学过程变为解决生活中趣味数学的活动，以提高儿童的数学思考和分析问题、解决问题的能力，从而让儿童走进生活，并在趣味中有所收获。每项活动内容均经历两个阶段。第一阶段是按照规定先开展初级入围活动，即班级选拔赛，每个孩子都参与；第二阶段为推选出优胜者参加校级角逐，再举行终极竞技活动。

（二）"灵动节日"的评价

为了有效提升儿童的核心素养、促进儿童的真正发展以及保证"灵动节日"的高效开展，我校根据儿童的年龄特征以及形式多样的活动制定出儿童自评、生生互评等多样化的评价体系。其中，儿童自评作为儿童自我诊断、矫正、完善以及实现的过程，能够对儿童的内在学习动力进行激发，从而促使其良好习惯与行为的养成，并且不断地进行自我检查与调整；而生生评价则是让儿童对他人的学习态度、课堂表现以及学习成果进行评价，从而了解自己的行为习惯，通过调整与学习养成良好学习习惯。"灵动节日"由主管领导、课程委员会老师和儿童代表组成评价小组，从活动内容、活动形式、活动过程、活动效果四个方面进行评价（见表2-1-7）。

表2-1-7 "灵动节日"评价标准表

评价要素	评价标准	评价等级 A	B	C
活动内容	1. 内容符合儿童的年龄特征与认知水平，科学合理。 2. 内容能够提升儿童的学习兴趣，具有趣味性。 3. 内容能够提高儿童解决问题的实践能力，贴合生活实际。			
活动形式	1. 以年级作为单位来组织开展。 2. 形式新颖。 3. 具有较强的吸引力。			
活动过程	1. 儿童高效有序，教师组织合理。 2. 儿童积极主动地参与，主体作用得到有效体现。 3. 儿童的能力得到提升。			
活动效果	1. 儿童兴趣得到培养，个性特长得到发展。 2. 儿童的思维空间得到拓展。 3. 儿童的创新意识得到提升。 4. 儿童的眼界得到开阔。			

"灵动节日"为儿童提供了一个精彩、民主、互动的舞台。旨在让儿童们重新认识数学，在玩的过程中体会到学习数学的乐趣。各种热闹数学节日的开展，既使儿童对数学的魅力以及学习数学的乐趣有了更加充分的感受；又让儿童在活动中感受到了数学与生活的融合，并且提升了思维。

四、感受"灵动生活",丰富数学文化

数学在我们生活中无处不在,"灵动生活"就是让儿童走出教室,走进生活,感受并体会数学学习与生活之间的联系,在生活中也能学到数学知识。灵动活动丰富了校园文化,提高了儿童的学习兴趣,使他们体会到生活处处有数学,感受到数学与生活的联系,并能用学到的知识解决生活中的问题。

(一)"灵动生活"的实施方案

"灵动生活"为儿童提供实践的平台,通过在生活中学习数学,在数学中体会生活,将数学学习与生活有效地结合起来,丰富儿童实践探究活动,加深对数学知识的理解和应用,促进对数学的帮助和学习。"灵动生活"依据孩子们的年级特点,结合数学学习,开设符合年龄段的课程,"灵动生活"课程安排如下(见表2-1-8)。

表2-1-8 "灵动生活"课程表

时间	年级	课程
9—12月	一年级	元角分超市
	二年级	时分秒赛跑
	三年级	年月日制作
	四年级	大转盘抽奖
	五年级	钉子板几何
	六年级	百分数折扣

(二)"灵动生活"的评价标准

"灵动生活"采用分组合作,探索实践,评价多元智能,如小组汇报、儿童自评、生生互评、师生交流总结等(见表2-1-9)。

表2-1-9 "灵动生活"评价标准表

评价要素	评价标准	评价等级 A	评价等级 B	评价等级 C
活动准备	1. 确定主题。 2. 小组分工,明确要求。			

续 表

评价要素	评价标准	评价等级 A	B	C
活动过程	1. 组织纪律和团队合作。 2. 根据要求认真思考、合理选择解决问题的方法并记录。			
活动总结	1. 小组汇报。 2. 儿童自评。 3. 生生互评。 4. 师生交流、教师总结。			

"灵动生活"通过共同合作、共同探究，在活动中儿童们用敏锐的双眼观察生活，从中体会到了数学的别样乐趣，自觉记录着瞬间的心灵感动。有学习的喜怒哀乐，有生活的点点滴滴，有团体合作的愉悦，同时学会从数学的角度去观察和分析问题，从而解决生活中的现象和问题，让儿童感受到了数学与生活的联系，激发了学习的兴趣，达到共同学习，共同成长的效果。

五、激发"灵动创作"，展示学习成果

"灵动创作"是结合数学知识，联系儿童生活，发现数学现象，展开联想和想象的创作，引导儿童用数学小日记、数学小论文、数学实验报告、数学微课等形式进行记录和研究。

（一）"灵动创作"的实施方案

"灵动创作"是师生合作、生生合作研发拓展内容，选择创作类型，进行专题研究，拟定实施方案的活动。不管哪种创作形式，都以儿童为主体，激发儿童主动发现、研究和思考的兴趣。让儿童不断经历、不断锻炼、不断积累，进而开拓儿童的数学视野，激发儿童主动发现问题、解决问题的能力，从而使儿童有灵性地思考。

1. 数学小日记。儿童的着眼点应该是身边的生活，因此记述儿童在生活中遇到的数学问题或数学现象就十分有意义。小日记的素材从日常生活中来，如买东西问题、搭配问题、测量长度等，引导儿童把所思所想写成数学小日记的形式。在这样的创作中，每个儿童将他们思考的过程记录下来，在此过程中儿童乐于发现、敢于提问，思维动起来了，能力也就提高了。

2. 数学小论文。创作的源泉是生活或学习中遇到的有意思的数学内容。儿童可以根据兴趣或者擅长点自由选择有研究价值的问题和内容。如"一个人一年大约吃多少粒大米""雪花的形状""玉米一圈有多少粒"等，根据研究的难易程度，可以由教师、家长带着儿童去发现、研究、实验。让儿童在"做中学"，再把所有研究的发现和结论，用数学小论文的形式记录下来。这样的研究活动，大大激发了儿童学习数学、研究数学的积极性，活动中根据自己的兴趣爱好进行自主选择，让儿童建立自信，增强儿童的合作意识，并形成对数学积极的态度，达到事半功倍的效果。

3. 数学微课。信息技术已渐渐进入中小学的课堂，大大地增加了课堂容量，也从根本上改变着数学学习方式。微课不同于传统的课堂，它是教师就一个知识点或一个数学题目，以视频的形式进行讲解，儿童在观看视频时可以根据自身情况有选择、有针对性地学习，在观看的过程中主动思考。陶行知先生说："教师的责任不在教，而在于教学生学。"让儿童当老师，是提高学习能力很好的途径，这种教学视频也可以由儿童制作完成。微课的内容可以立足于数学问题的辨析，数学现象的探究等，以微视频的形式呈现出来。儿童自己制作的微课、相互间的学习，让他们觉得很有趣，不但能加深对知识的理解和应用，还能提高学生的表达能力，也激发儿童进一步学习数学、研究数学的愿望。

（二）"灵动创作"的评价标准

通过数学小日记、数学小论文，数学微课等创作过程中，学生会自主发现问题，通过查阅资料，和家长、同学共同学习，探究其中的数学知识，数学规律，并归纳出有学科意义的结论，积累了有用的数学思考方法。"灵动创作"是以"重过程、轻形式"为评价原则，主要从内容结构，语言表达，创新亮点三个方面进行全面的评价，重在鼓励学生大胆创作，培养儿童养成学数学、用数学的好习惯（见表2-1-10）。

表2-1-10　"灵动创作"评价标准表

评价要素	评 价 标 准	评价等级 A	B	C
内容结构	1. 选题合适，选材新颖。 2. 内容充实，结构严谨完整。 3. 层次分明，结构清晰有条理。			

续 表

评价要素	评价标准	评价等级 A	B	C
语言表达	1. 文从字顺，表达清楚。 2. 有依据有论证，逻辑清晰。 3. 文字表达富有启发。			
创新亮点	1. 构思新鲜，具有实用价值。 2. 分析问题具有科学深度。 3. 解决问题方法独特。			

灵动创作活动为儿童提供一个用数学的语言解释数学现象和数学问题情感的机会。在自主创作的过程中，儿童语言表达能力、思维能力和创造能力都有很大的提高。

综上所述，"灵动数学"课程秉承"让每个孩子有灵性地思考"理念，通过"灵动数学课堂""灵动数学社团""灵动数学节""灵动数学文化""灵动创作"践行这一学科理念。该课程特有的"开放性"和"灵动性"，不仅较好的达成了数学课程目标，更丰富了课程内容的开发与实施，开阔了儿童的视野、拓宽了儿童的思维，有利于儿童数学核心素养的发展，让每个孩子在思考中有灵性地成长。

（撰稿者：许春林　周君　钱霞　叶玲玲）

第二节

美思数学：在思维创意中感悟数学之美

合肥市黄山路小学数学组现有教师21人，其中获得市级骨干教师称号者有2人，获得区级骨干教师称号者有1人，区级教坛新星2人，有4人参加蜀山区小学数学中心备课组并担任重要成员，多人曾多次在省、市、区各级举办的教育教学公开课、基本功大赛中荣获各类奖项。我校秉承"在思维创意中感悟数学之美"的课程理念，以教研组为基本单位，注重教育教学研究；通过听课、评课、磨课等形式不断更新完善课堂模式，更新课程内容，丰富授课方法；通过参加聚焦课堂比赛、说课比赛、信息化比赛、基本功大赛等赛事，磨炼教师专业素养，拓宽教师知识水平。以团队为核心，以学促研、以赛促教，使得数学组教师人人有专长、课课有精品，逐渐形成一套自己的教学特色和教育理念。我们依据《教育部关于全面深化课程改革落实立德树人根本任务的意见》《中共中央国务院关于深化教育教学改革全面提高义务教育质量的意见》《义务教育数学课程标准（2011年版）》等文件精神，推进我校数学学科课程建设。

学科课程哲学 让思维的火花在创意中迸发

一、学科性质

《义务教育数学课程标准（2011年版）》中明确指出："数学是一项专门研究数量之间关系和丰富空间想象的学科，同时它也是一门逻辑严密、思维严谨的科学。数学作为现代科学的基础学科，与人类现代社会的生产生活紧密相连，应用无处不在。"① 数学教育研究者王永春曾提出："数学作为一门培养人逻辑思维能力的学科，它在小学教育中的地位和作用是不可替代和动摇的。"②

数学是一门系统的学科，其核心就是数学思维。当学生以独特的思维活动对数学问题产生新的思考与看法时，就会摩擦出创意的火花，感受到别样的数学之美，从而提高学生欣赏美的能力，热爱数学，热爱生活。结合《义务教育数学课程标准（2011年版）》要求，小学阶段的数学课程是培养学生文化素养的基础课程，尤其是培养学生思维能力和创造能力。由于儿童爱思考、敢探索、勇表达的特点，我们希望借助本次课程的开发，建设与实施适合学生学习与发展的课程平台。通过"美思数学"课程的实施，能使学生在掌握必备课本知识和基本技能的基础上，着重培养学生的独立创新意识和动手实践能力、抽象思维能力、逻辑推理能力以及交流合作能力。在双基能力掌握的前提下，还要让学生在数学课程的学习中感悟一些数学的基本思想，积累数学学习经验，特别是思维经验和实践经验，从而促进学生的全面发展。

二、学科课程理念

基于《义务教育数学课程标准（2011年版）》的要求，并与我校"美思数学"课程哲学相结合，课程开发小组经过反复商讨，提出我校数学学科的核心概念为"美思数学"。"美思"共有三层含义，第一层含义：通过数学活动激发学生的数学思考和发散思维，促进学生数学思维的萌发；第二层含义："美思"是英文 maths 的音译，我们借用音译，寓意着我们的数学课程拥有原汁原味的数学美；第三层含义：让学生在观察、思考、概括等活动中感受数学的对称美、简洁美、抽象美和逻辑美。因此，"美思数学"在发挥学生主体性的同时，注重培养学生数学思维、鼓励学生自主创新，从而体会数学学习的快乐，感悟数学之美。

每一个学生都应当获得良好的教育，即人人学有价值的数学，人人都能

---

① 中华人民共和国教育部. 义务教育数学课程标准（2011版）[S]. 北京：北京师范大学出版社，2012：1—2.
② 王永春. 小学数学与数学思想方法 [M]. 上海：华东师范大学出版社，2014：5.

获得必需的数学;不同的人在数学上得到不同的发展。① 因此,我校依托"美思数学"的课程理念,在面向全体儿童的同时,兼顾儿童的个性发展,为儿童在数学学习的道路上提供保障。

"美思数学"美在当下也美在未来。教师的教学设计旨在让儿童积极主动地参与数学学习活动,这不仅着眼于儿童当下的基本知识与技能,更注重发展儿童未来学习的能力,为未来的发展奠定基础。

"美思数学"美在思考也美在思维。在数学学习中,坚持轻松活跃的学习氛围,鼓励儿童敢于想象、大胆创造,让每一个儿童都敢说、敢做、敢想、敢悟,让思维的火花在自由地交流、碰撞中迸发。

在课程实施过程中,我们不仅培养儿童学习数学的能力,更引导儿童"有数学的语言,有数学的眼光,更有数学的思维。"② 课程建立多维坐标体系,使儿童获得更多维度的发展,获得全面的知识与能力,提升数学核心素养。

(一)"美思数学"是育情感的学科

有情感的学科才有温度,因此,"美思数学"把情感融入数学学习的活动中。我们的课程安排不仅关注数学课本知识和基本技能,更关注操作经历和情感体验;在教学过程中,不仅重视活动经验的积累,更重视儿童内心的温度和情感的表达。

(二)"美思数学"是重思维的学科

有思维的学习才有深度,儿童数学思维的培养,是小学阶段最为重要的任务。教师善于挖掘教材中蕴含的数学思想和原理,然后渗透到教学中,使儿童的数学思维能力不断得到发展,最终达到数学素养的提升。

(三)"美思数学"是明思想的学科

有思想的发展才有高度。数学思想渗透在数学教学的方方面面。在培养数学思想的过程中,教师要注意使用符合儿童发展规律的方式方法,在平时的教学过程中,教师要引导儿童积极观察、分析、思考、推理,主动地发现知识中蕴含的思想。比如教学"圆的面积公式"这一课时,将圆形展开成长

---

① 中华人民共和国教育部. 义务教育数学课程标准(2011 版)[S]. 北京:北京师范大学出版社,2012:2.
② 史宁中. 数学基本思想 18 讲[M]. 北京:北京师范大学出版,2016:2.

方形这一方法，就包含了重要的转化思想。在以后的学习中，如果儿童已经忘却圆的面积与周长公式，还能通过这一转化的思想，重获知识。

（四）"美思数学"是乐创造的学科

有创造的培养才有提升。儿童创造能力的培养是当前小学数学的教育目标之一，而小学教育又是系统教育的基础，因此我们应该培养儿童敢于质疑、大胆猜想的意识。"美思数学"旨在问题解决的递进过程中不断地提升儿童的数学素养，在创造的过程中让儿童的思维得到发展与提升。

学科课程目标　让思维创意点亮精彩人生

《义务教育数学课程标准（2011年版）》指出：小学及初中阶段的数学课程，主要是培养儿童的各项素质。儿童在数学课程的学习过程中，必备的基础知识和基本技能得以不断形成和提高。[1] 儿童主动参与数学活动的过程中，从形象思维到抽象思维能力不断发展和丰富；并逐步学会了分析、推理和创新，各项能力得以进一步塑造和完善；儿童情感逐步发展、良好态度逐步形成，儿童积极主动地进行学习，身心愉悦地完成任务；儿童觉得数学学习有用，数学学科具有不可替代的价值。学习数学课程，应该为儿童的未来打下坚实的基础，对于他们以后的生活和学习存在重要的意义。基于数学学科核心素养的内涵和"美思数学"倡导的课程理念，我校精心规划制定了数学学科课程的总体目标和年级目标，让儿童的思维创意点亮他们的精彩人生。

一、学科课程总体目标

根据数学学科儿童核心素养的内涵和"美思数学"提倡的课程理念，我校以塑造与发展儿童的综合能力为导向，整体规划了数学课程内容的指导思想。现从以下四个层面开展实际阐述：

1. 知识技能。从平时生活经历中，提取数与代数的全过程，根据数的剖

---

[1] 中华人民共和国教育部. 义务教育数学课程标准（2011版）[S]. 北京：北京师范大学出版社，2012：8.

析、了解、计算等情境全过程，把握一定的数学基本知识和数学技能；了解整数、分数、小数、百分比、正负数，并了解区别他们的实际意义；了解常用的量，在实际的情境中，会用常用的量开展单位转换；学会估算，会主动运用运算率及运算性质进行简便计算，在图形的运动过程中，增强空间运动的观念；学会收集数据、整理数据，会根据数据分析解决实际问题；亲历课堂实验、参加课外综合实践活动，积累数学活动经验，综合利用数学知识、基本技能和数学方法等解决简单实际问题。

2. 数学思考。在数与代数的学习过程中培养数感、建立符号意识，体会数学思想，发展思维能力，并能够清晰表达对数学思考的过程和结果；在平面与立体图形的学习过程中初步形成空间观念，培养几何图形的周长、面积、体积计算能力，发展形象、抽象思维能力；在数据的收集、分析和整理中，体会到不同统计方法的重要性，并从中感受到随机现象；参与各种数学综合实践活动，在活动中形成和发展推理能力。鼓励儿童有创新的思维、有深度的思考，能清晰地用数学语言表达自己的观点，将数学知识激活并内化，从而达到共生、共进。

3. 问题解决。学会主动用数学的眼光发现问题、用数学思维思考问题，并能运用所学的数学知识创造性地解决问题，不断提高综合能力；在解决问题的过程中，感知并学会从多种途径中解决问题，学会合作，并逐渐形成合作交流意识；同时，评价与自我评价、反思与自我反思的意识也能初步形成。

4. 情感态度。经历数学活动的过程，在活动过程中主动参与、主动体验、主动感受，体会数学学习成功的喜悦，进一步激发学习数学的浓厚兴趣；经历主动与他人合作和沟通的过程，提高解决问题的能力，树立克服困难的信心，养成良好的思维习惯，有创新意识。在学有所成时，学会总结与反思，并体会和感知"美思数学"、创意数学所带来的魅力。

二、学科课程年级目标

基于上述总体目标，依据数学教材、教参并结合学校实际，我校教研组共同厘定了六个年级的课程单元目标。这里，我们以二年级下学期为例，说明学科课程的具体目标（见表 2-2-1）。

表2-2-1 "美思数学"课程二年级下学期目标表

单元 \ 目标	二年级下学期目标
第一单元 《有余数的除法》	1. 理解有余数除法的含义。 2. 学会用除法解决相关简单实际问题。
第二单元 《时、分、秒》	1. 认识时、分、秒表示的时间并体会其实际意义。 2. 掌握三者间的进率，会读钟面上的时刻，知道经过的时间。
第三单元 《认识方向》	1. 用八个方位词正确描述物体间的位置关系。 2. 能根据一个方向判断其他方向。
第四单元 《认识万以内的数》	1. 正确读、写万以内的数并比较大小。 2. 了解数位顺序，掌握数的组成。 3. 能写出接近整百、整千数的近似数。
第五单元 《分米和毫米》	1. 感受实际长度，知道相邻单位间进率。 2. 能选择合适的单位，会单位换算。
第六单元 《两三位数的加法和减法》	1. 会口算两位数的加减，会三位数的加减法笔算。 2. 正确解答两步计算的实际问题。
第七单元 《角的初步认识》	1. 认识感知角、直角基本特征。 2. 经历观察或操作，会区分直角、锐角和钝角。
第八单元 《数据的收集与整理》	1. 会收集、整理、描述和分析生活中的简单数据。 2. 从实践活动中了解收集数据的方法，能描述数据。

总之，"美思数学"课程总目标与年级目标在课程设计和教学组织活动中，相互渗透，有机融合，成为一个整体，共同为培育儿童学科核心素养服务。

学科课程框架 建构美思数学的学习图景

我校依据《义务教育数学课程标准（2011年版）》以及儿童的学情特点，设立了多元化的"美思数学"课程框架，主要满足每个儿童的个性化学习需求，使儿童经历自主学习、自主探究、动手实践与合作交流的探究过程；塑造儿童动手操作技能、运用实践能力和协作自主创新能力；让每一个儿童的逻辑思维都足以绽放，进而感受数学之美。

一、学科课程结构

依据《义务教育数学课程标准（2011年版）》中对四大领域内容的诠

释，秉承学科课程哲学，我校将课程具体分为"美思运算""美思创意""美思统计"和"美思体验"这四种类型，使儿童的学习有据可依，同时建构出"美思数学"的学习图景，现将具体课程结构呈现如下（见图2-2-1）。

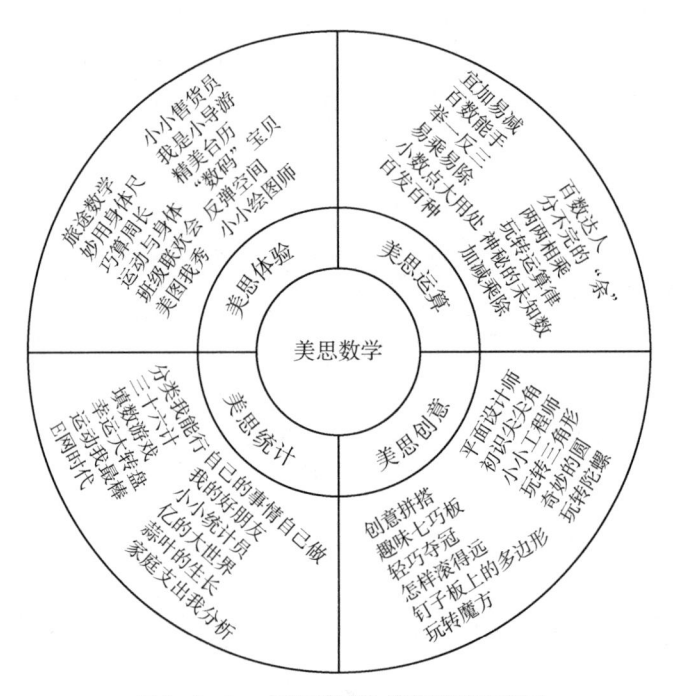

图2-2-1 "美思数学"课程结构示意图

  1. 美思运算。通过开展有趣的速算、巧算等游戏和主题活动，激发儿童的计算兴趣。在改变传统计算方式的同时，达到提高儿童计算能力、锻炼儿童思维敏捷性的目标。为此开设的课程有"宜加易减""分不完的'余'""两两相乘""玩转运算律""小数点大用处"和"百发百中"等。

  2. 美思创意。为了提高儿童的动手实践能力和空间想象能力，同时符合儿童现有的生活经验以及认知规律，让儿童经历动手剪、拼、画等操作活动，体会图形之间的联系与变化，感受图形之美。开设的课程有"创意拼搭""趣味七巧板""轻巧夺冠""玩转三角形""奇妙的圆"和"玩转魔方"等。

  3. 美思统计。为了发展儿童的数据统计分析意识，让儿童在处理具体问题的过程中，经历搜集数据信息、处理数据信息和剖析数据信息的整个过程，掌握搜集、整理和分析数据的方法。开设的课程有"分类我能行""我的好朋友""小小统计员""幸运大转盘""运动我最棒"和"E网时代"等。

4．美思体验。"学以致用"，学习的最终目的是应用于生活，与此同时，为了培养儿童的问题意识、应用意识、创新意识以及解决实际问题的能力，我校开设了"综合与实践"相关的课程，使儿童体会到生活中处处有数学，感受生活与数学的内在联系。开设的课程有"旅途数学""妙用身体尺""精美台历""'数码'宝贝""反弹空间"和"美图我秀"等。

二、学科课程设置

基于儿童未来发展所需要的关键能力和必备品格，我校依据《义务教育数学课程标准（2011年版）》，除了基础类课程外，数学教研组根据不同年级儿童的年龄特点设计和开发拓展类课程，具体设置如下（见表2-2-2）。

表2-2-2 "美思数学"课程设置表

年级	课程	美思运算（数与代数）	美思创意（图形与几何）	美思统计（统计与概率）	美思体验（综合与实践）
一年级	上学期	宜加易减	创意拼搭	分类我能行	旅途数学
	下学期	百数达人	平面设计师	自己的事情自己做	小小售货员
二年级	上学期	百数能手	趣味七巧板	三十六计	妙用身体尺
	下学期	分不完的"余"	初识尖尖角	我的好朋友	我是小导游
三年级	上学期	举一反三	轻巧夺冠	填数游戏	巧算周长
	下学期	两两相乘	小小工程师	小小统计员	精美台历
四年级	上学期	易乘易除	怎样滚得远	幸运大转盘	运动与身体
	下学期	玩转运算律	玩转三角形	亿的大世界	"数码"宝贝
五年级	上学期	小数点大用处	钉子板上的多边形	运动我最棒	班级联欢会
	下学期	神秘的未知数	奇妙的圆	蒜叶的生长	反弹空间
六年级	上学期	百发百中	玩转魔方	E网时代	美图我秀
	下学期	加减乘除	玩转陀螺	家庭支出我分析	小小绘图师

总之，"美思数学"课程框架是充分依据义务教育基础课程、我校特色拓展课程以及儿童的实际情况进行设立的。课程为儿童的全面发展提供支持，

为建构"美思数学"提供学习图景。

学科课程实施　走进丰富多彩的美思乐园

"美思数学"课程依据学科课程理念，围绕学科课程目标，结合我校实际，将实施重基础、有层次、多样性、综合性的数学课程，落实对儿童数学素养的培养。在课程内容的实施过程中，注重教学的方法和手段，强调全过程的把控。同时，以儿童为第一视角，通过优化课堂设计，精选课堂内容，重视儿童的直观感受和直接经验，创造充分的时间和空间让儿童经历观察、疑问、猜测、实验、推理、计算、验证等学习活动过程，让儿童思维的火花在创意中迸发。课程坚持以学习为中心，让儿童建构学习共同体，在实践操作、自主探究、合作交流中，体会数学的无穷魅力。为实现这一理念，我校从"美思课堂""美思数学节""美思之旅""美思赛事"和"美思社团"这五个方面实施课程，让儿童走进丰富多彩的美思乐园，真实领略数学学习之美。

一、构建"美思课堂"，夯实数学课程

"美思课堂"即思维开放的数学课堂，致力于使儿童思考更深入，头脑更灵活，从而体验数学思维之美。"美思课堂"设立符合儿童发展的教学目标，设计多彩有趣的内容，采用创新灵活的教学方法，以儿童为主角，为儿童创设充分发散思维、开拓创新的机会，营造教师与儿童和谐、宽松、共进的学习氛围。

"美思课堂"是儿童的课堂，因此我校根据儿童的思维特性设计出符合儿童学习认知规律的课堂活动。"美思课堂"坚持注重五个维度：设计有精度、内容有广度、思考有深度、过程有温度、效果有高度。

1. 设计有精度。认真备课是上好课的基本条件，教师要精心规划每一节课并做好充分的准备。同时，还要结合儿童的认知水平与现有的学习状态，创设情境，激发课堂兴趣，调动儿童积极性，引发儿童思考，鼓励儿童根据教学内容进行大胆创造并积极内化。这样的课堂才能层层递进，精彩纷呈，使儿童学有所得。

2. 内容有广度。为了让儿童喜欢数学课堂，在内容选择上，要为儿童提供大量符合时代背景、贴近生活和符合儿童年龄特征的素材，设计有情节和游戏性的互动环节，创造更多的自主学习机会。促进每一位儿童在不同层面上获得相应的发展。

3. 思考有深度。数学要教会儿童学会思考，这是数学教学最基本的目标，也就是着重发展儿童的思维。教师要努力使儿童在学习中深刻领悟数学学习的本质，重概念和方法，弃花哨形式，由浅入深，层层递进。儿童在学习中逐步领悟知识的内涵，跟随教师走向更深层的境界，进行更深入的思考。以此，来促进儿童深度思维的发展，数学问题的数学性也由此凸现出来。

4. 过程有温度。在课堂学习过程中，教师有意识地培养儿童认真严谨、积极思考、合作交流、反思质疑的学习习惯，也在活跃的课堂气氛中与儿童相互对话、相互启发。数学课堂不再是培养只会学习的人，更重要的是培养会思考、会质疑、懂生活的人。因此，我们的"美思课堂"也变得有温度了。教师在教授知识的过程中同时渗透相关思想品德教育，让儿童用真情去理解数学知识的真谛。当把单纯的数学知识与生活实际结合起来时，让儿童真切地感受到数学知识其实就在我们身边，感受数学知识的实际意义和无穷魅力，从而使儿童达到学以致用的目的，感受数学之美。

5. 效果有高度。数学学习要重视过程和技能的转化，也就是学习效果的获得。课堂上，教师要求儿童学习目标明确，引导儿童积极主动地参与到教学过程中，做到参与面广、参与率高。儿童通过"美思课堂"不仅做到扎实推进知识内化，有效操作技能提升，情感态度价值观等也能得到正确的引导和培养。儿童在日后的学习中，不仅掌握了解决数学问题的方法，更掌握了学习的思维与能力。

二、开办"美思数学节"，营造数学氛围

"美思数学节"是我校数学学科的传统活动，以"分享学习成果，展现最佳自我"为宗旨，每学年举办一次，为全体儿童提供展示和提升自我的平台。此项活动激发了儿童学习数学的积极性，树立了学好数学的自信心，感受到数学的趣味和魅力，使他们体会到数学知识就隐藏在我们的生活中。"美

思数学节"的创办同时也丰富了校园数学文化，营造出人人热爱数学、钻研数学的浓厚氛围。

"美思数学节"以多种活动形式为载体，本着全员参与的原则，根据儿童的年龄特征，安排不同年级不同活动主题及内容。一年级"数学手抄报"，二年级"巧手搭建"，三年级"24点游戏"，四年级"数独游戏"，五年级"玩转魔方"，六年级"数学小微课"。

1. 数学手抄报。参与者以一年级儿童为主，活动分为两个阶段：第一阶段为创设阶段，一年级儿童根据"我心目中的数学"开展手抄报创作，然后在班级内评选出优秀作品；第二阶段为评审阶段，儿童根据已学习的各种平面图形，综合绘画出各种图案，并配有文字说明。由班级其他儿童投票选出优秀作品，和手抄报优秀作品一同代表班级在"美思数学节"当天展出。此项活动重在培养儿童的创新思维，使儿童感悟数学图形的形态之美，体味数学与生活的紧密联系。

2. 巧手搭建。此项活动在二年级儿童中展开，这项活动也分为两个阶段：第一阶段，规定时间内，儿童根据所给图形拼搭出相应的图案；第二阶段，不限定时间，儿童自由拼搭出创意图案，并为自己的图案进行解说。通过此项活动，可以提高儿童的动手操作能力，锻炼儿童的发散思维能力，发展空间观念，同时也发展了儿童的逻辑思维能力和语言表达能力。

3. 24点游戏。参与者以三年级儿童为主，活动分为两个阶段。第一阶段：儿童根据教师给定的3张扑克牌，利用加减乘除等不同的计算方法，得出数字24；第二阶段：请部分儿童家长参与到活动中，儿童与家长之间，相互出牌，看谁可以既快又准确的计算出得数。通过24点游戏，锻炼了综合计算能力，提高了计算速度，增强了儿童的数感，儿童的思维在快速计算中也得到了充分发展。通过此项活动，不仅提高了儿童的计算速度和能力，还增强了儿童与父母间的亲子关系，让父母成为儿童共同学习的伙伴。

4. 数独游戏。此项活动在四年级儿童中开展，分为两个阶段。第一阶段：在各班级内开展，儿童在规定时间内完成不同级别的四宫格、六宫格的数字填写活动；第二阶段：在年级内开展，儿童在规定时间内，完成九宫格稍大数字的填写，看谁填得又多又好。通过数独游戏，可以激发儿童的思维、开发儿童的智力、锻炼儿童的逻辑推理能力，培养儿童的数感，让枯燥的数字变成趣味数学游戏，让儿童真切地感受到数学的神奇之美。

5. 玩转魔方。参与者以五年级儿童为主，活动分为两个阶段。第一阶段：儿童集中观看魔方表演，并请有经验的儿童分享活动技巧；第二阶段：儿童在规定时间内，将不同的魔方一面或多面复原。此项活动的目的在于锻炼儿童的记忆能力、动手操作能力以及思维拓展能力。

6. 数学小微课。活动以高年级儿童为主，分两个阶段，以作品展示为主要表现形式。第一阶段：在班级中进行，儿童根据数学课本中某一知识重点或难点创作出微课或微视频。第二阶段：在年级中展开，儿童可以根据小学数学阶段某一领域的递进学习创设出微视频，如从立体图形抽象到平面图形的学习等。此项活动也可以多个儿童，小组合作的形式完成。其中的优秀作品将代表班级在"美思数学节"当天展示。教师根据课题难易程度、主题契合度，作品精良水准以及受喜爱程度，评选出优秀微课并颁发奖状。此项活动着重培养儿童在实际情境中，发现问题并解决问题的能力，同时也建立起儿童合作化、科技化、信息化、现代化的校园文化氛围。

三、开展"美思之旅"，推进数学实践

读万卷书，行万里路。"美思之旅"是以旅行研学为活动方式，让儿童在自然和社会生活中亲身体验与感悟。"美思之旅"是以教师为指导、儿童为主角的富有挑战性的学习课程，也是儿童在研学中发现、探究并解决问题，追求卓越的体验式课程。"美思之旅"对于授课教师来说，在某种程度上也相当于一次挑战。它要求教师根据儿童的认知特点把生活中的问题抽象成数学模型，同时充分挖掘背景知识，做好指导者。在研学课程中，常常不仅涉及数学这一门学科，还牵涉到多学科融合，这些对教师来说也是一个很大的挑战。因此，在儿童不断追求卓越的过程中，教师的能力也得到了极大的锻炼和发展。在面临困难、解决困难的过程中，儿童与教师互相成就，互相提高。

"美思之旅"不仅可以运用儿童已学过的知识来解释生活中的现象和问题，还能在实践中巩固我们已学过的知识，培养儿童独立、合作的意识与探索、实践的能力，从而让儿童的数学核心素养得到全面提升。

"美思之旅"作为儿童数学学习的室外课堂，根据儿童的年龄特点以及

所具有的知识基础和学校周边的社会资源，设置研学活动方案，引导儿童对所学的学科知识进行应用与拓展，发现一些值得研究的新问题。

活动前，教师与儿童一起确定研学主题，然后让儿童通过调查、访问、查阅资料等形式了解相关知识，教师再围绕研学主题上一节活动指导课，让儿童充分交流、讨论，为研学之旅做好充分准备。

活动中，儿童能够结合自身的兴趣选择有研究价值的数学问题，以团队合作的方式积极开展探究。教师引导儿童主动地运用数学观点进行分析思考，发现生活中的数学美，鼓励儿童从不同的角度进行观察，提炼出有价值的问题，综合运用所学知识，结合操作实践、展开探究，最终解决问题。

活动后，儿童可以用多种形式记录活动体验，并在小组、班级或学校等场所进行多层面的交流与分享。儿童在研学活动中学习积累了丰富的经验，激发了思维，培养了合作意识、创新精神和实践能力。原本知识性的课堂教学开始向发展性的实践体验式教学转变，儿童在实践中获得全面发展。

四、举行"美思赛事"，激发数学兴趣

一成不变的数学课堂模式枯燥乏味，也容易因缺少激情让儿童感到厌倦，而学科竞赛具有灵活性、挑战性和趣味性，可以很好地激发儿童的学习潜能和参与热情。除了课堂上学习的数学知识以外，每位儿童还掌握着各种不同的课外知识技能。为了更进一步激发儿童学习数学的兴趣，学校定期举行"美思赛事"，为儿童搭建学习、挑战、展示的平台，帮助儿童拓宽思路，增强逻辑推理能力、感受学无止境，提高儿童的数学素养。

活动赛事以年级为单位，以每学年数学学科综合知识为内容，以提高儿童的竞争意识和知识运用的能力为目标开展竞赛。比赛内容与生活密切联系，具有综合性，富有生活化，能有效地拓展儿童的思维及各方面能力。

1. 运算小达人。依托本学期计算教学内容，以口算、心算要求的特点"准""快""巧"为得分点，题型适当变化。一至三年级重点考察口算、速算的能力，四至六年级则侧重口算、巧算的能力。比赛采用笔试的形式，先以班级为单位，班内进行初赛，每班选拔出 5 名儿童，然后代表本班参加年级决赛，在限定时间内完成运算题目，争夺"运算小达人"称号。

2. 解题大擂台。数学综合应用知识竞赛是以"培养儿童如何解决数学问题的能力"为切入点，使儿童形成解决问题的基本策略，提高儿童提出问题、分析问题和解决问题的能力，不断提高儿童数学素养的活动，使儿童树立数学知识从生活中来、到生活中去的理念。命题做到难易结合（基础题占60％，难题占30％，挑战题占10％），兼具层次性和趣味性，体现数学知识和生活实际的紧密联系。

3. 我的数学我"命题"。鼓励儿童对数学书和练习中的数学题目进行改编，也可以自己创设情景自主命题。独立命题，这对儿童来说是个很大的挑战，不仅考察儿童的数学能力，还考察儿童的语言表达能力，促使儿童在掌握知识的基础上，挑战自我、追求卓越。

4. 数学"演讲家"。为增强儿童数学语言的表达能力和感染能力，丰富校园数学文化内容，我们定期举行数学故事演讲比赛。演讲内容取材于数学学科，可以是关于某位数学家成长的经历，也可以是他们的趣闻轶事或者益智故事、数学童话等。

五、成立"美思社团"，发展数学爱好

"美思社团"是数学课堂的拓展延伸，它以教师特长为依托，结合儿童的知识层次和兴趣爱好，借助直观形象的动手操作和思维开发，解决生活中遇到的数学问题。教师在社团的教学过程中可以得到很好的自我提高，儿童和教师在社团学习的过程中同时也是一种互相向对方学习的过程，老师学习儿童的创新，儿童学习老师的方法，在这样的学习过程中，教师和学生一起进步。在教学活动中，教师要为儿童营造一种相对宽松和谐、自由探索的学习氛围，在这样的氛围下，老师和儿童之间是一种平等的关系，和谐的学习伙伴，在探索知识过程中找到彼此的长处。社团不仅给儿童搭建了一个展示自我的平台，同时也是增进教师、儿童之间情感的纽带。

根据一到六年级儿童数学学习的不同特点，以儿童为本位，开展丰富多彩的数学社团活动，满足儿童个性发展需求，培养儿童的不同兴趣爱好。在社团活动实施过程中，遵循以儿童为主体，教师指引活动方向，充分发挥儿童个体与团队协作精神，师生共进，让每个儿童都能在活动中得到不同的发展，感悟数学别样的美。

1. 趣味操作类。美思搭建社团、美思七巧社团。社团主要面对低年级儿

童，以低年级儿童的年龄特点为依托，以小组为单位进行操作，培养儿童的团队合作能力。教师对儿童的创意搭建和拼图做相应的记录，组织儿童以小组为单位分享自己的创意作品，让儿童变身课堂小讲师，感受站在讲台上带来的自信，也让其他儿童感受创意拼搭带来的图形之美。

美思搭建社团，将生活中真实的场景加入创意设计中，百变的造型可以激发儿童的奇思妙想，培养儿童的空间想象能力和探索精神，在娱乐的同时培养他们的动手操作能力、观察能力和思维能力。教师需要合理地引导儿童学会通过用数与形这两个大方面来认识了解数学这一科目。期间儿童会有不同的创意，在这个过程中教师也能从儿童的作品中概括发展得出自己的想法和见解。

美思七巧社团在依图样拼摆或创意拼摆的过程中，使儿童熟悉各图形的特征，以及不同形状图形之间的几何关系，教师也要教授儿童一定的拼图原则和方法，让儿童在丰富多彩的图形世界里感受到不一样的乐趣。结合儿童爱动爱玩的天性，通过拼一拼、做一做等活动，引导他们探究图形世界的奥秘，学会借助拼搭图形思考并解决问题，发展空间观念。

2. 逻辑思维类。美思扫雷社团、美思数独社团。社团主要针对中高年级儿童，让儿童在游戏中结合思考，在思考中感受数学的乐趣。

数独是一个古老的数字游戏，它不仅能有效地激发儿童对数字的兴趣，也能增进儿童的分析、推理能力，培养儿童的数感。数独的玩法表面逻辑简单，实际数字排列方式灵活多变，具有新颖性、挑战性。教学过程中教师可以组织师生趣味比拼，在过程中感受儿童的逻辑思维，构建师生学习共同体。

扫雷考验儿童的计算推理能力，锻炼儿童的分析能力和逻辑推理能力，培养儿童的耐心和细心。老师在课堂中随机加入各小组的扫雷游戏中，感受儿童的推理能力。

3. 拓展研究类。美思图形社团、美思悦读社团。社团主要针对高年级儿童，社团教师引导儿童在已学过的知识基础上小组探究延伸知识。感受数学中图形的对称，运动变化之美，在小学与初中之间自主构建桥梁，感受数学知识的广度和深度，增强儿童的探究精神。

美思图形社团以图形的相关知识为课题开展，每次课堂针对一种图形，在课前提前告知儿童需要研究探讨的图形种类，让儿童以学习小组为单位，在课前查阅相关资料，结合学习过的内容做好整理收集。课堂上通过教师的引导，每组选择一位代表，汇报自己小组的研究内容。教师在每组代表汇报结束后，进行整理归纳，师生共同学习补充，完善各组儿童的研究内容。

"美思社团"是一个依托教师特长、综合儿童知识层次和学习兴趣的活动平台。儿童和教师在社团小组活动中互教互学，锻炼了组织、合作等能力。

综上所述，"美思数学"是以儿童思维的生长为出发点，课程设置严谨、有序。为了规范课程实施，推进课程的深入执行，保障课程的全面推进和开展，在数学教育教学过程中，我们重视学科专业思想引领，创立系统的组织建设与制度建构，注重内涵发展，设立专业的多元评价，同时学校也会根据实际需要提供必要的经费与物质保障，使得课程建设逐步规范化、体系化、特色化。"美思数学"课程的设置是面向全体儿童的，是以儿童的发展为前提的，因此课程的设置也会根据儿童的需求与生长点不断改进和完善，从而让儿童与教师共同成长。

（撰稿者：胡小善　袁露露　余国飞　朱江坤　陈园　周美枝）

第三章

协同：数学作为社会性实践

儿童的认知差异与全人发展之间的矛盾是刻不容缓的难题，协同学习倡导"和而不同"的理念，是缓解这一矛盾的新的学习方式，也是践行数学作为社会性实践的有效途径。协同学习致力于多样化的数学课程，真实的问题情境，让儿童能够在探索数学奥秘的过程中，通过合作交流、动手实践等活动，充分发挥同伴群体的协同作用，从而学会尊重他人、学会分享、学会承担、学会对话，最终实现共同进步。

长期以来，课程实践中的巨大矛盾就是相同的课程目标和内容，却要用来满足个性不同、学习能力不同的儿童。正如"盲人摸象"，这充分体现了学习过程中儿童认知的差异性。如何才能求同存异，发挥个体的优势，这就需要构建一种新的学习方式，协同学习正是在这样的背景下应运而生。

协同学习，顾名思义就是指小组学习成员集中各方面力量，互相配合，共同完成一个任务的学习方式。它与合作学习、协作学习有所不同，协同学习更强调多个学习者发挥各自的认知特点，实现冲刺与挑战的学习。正如佐藤学所说：协同学习是与集体学习、合作学习相并列的小组学习方式，它强调模仿他人的思考过程或方法，并将其作为脚手架以达到更高的程度。[1] 数学作为社会性实践，协同学习是践行社会性实践的有效途径。

数学作为社会性实践，协同学习应致力于通过真实的问题情境，让儿童能够在探索数学奥秘的过程中，学会尊重他人、学会分享、学会承担、学会对话，最终实现共同进步。基于此，潜山路学校提出了"思由趣引，趣由思生，思趣共生"的"思趣数学"学科理念，主张在现实问题情境中，让思维的种子开启儿童的趣味人生。该校创建的"五环节"教学，设立挑战性课题，构建相互倾听关系，展开高层次的思考与探究，通过同他人的协作和多样的思想碰撞，实现了同教材的相遇与对话，同他人的相遇与对话，同自己的相遇与对话。儿童在一个和谐民主的团体中，通过表达、交流和质疑，获得对知识更高层次的理解，真正实现了协同学习。

数学作为社会性实践，协同学习也会受到课程内容、课程形式、学科特点以及学习环境等因素的影响。鉴于此，翠庭园小学提出"智动数学"，主张用智慧数学成就灵动的儿童，为此设计了"智动课堂""智动工作坊""智动数学节""智动之旅""智动社团"，致力于通过多样的特色数学课程，帮助儿童挖掘生活中的数学，为儿童创设更多合作交流、动手实践等活动机会，充分发挥同伴群体的协同作用，激发儿童的认知冲突，增强儿童的探索欲望，发展儿童的动手实践能力和创新应用能力。

总之，数学作为社会性实践，协同学习是践行社会性实践的有效方式。

---

[1] 佐藤学，于莉莉. 基于协同学习的教学改革——访日本教育学者佐藤学教授［J］. 外国中小学教育，2005，(7)：1—7.

协同学习是倡导"和而不同"的群体学习方式，儿童通过协同学习，不仅学会了数学知识，也深刻地体会到数学与现实生活的联系、数学整体内容之间的联系以及数学与其他学科之间的联系，促使儿童在积累社会实践经验的同时，提升了数学素养和社会实践能力。

（撰稿者：何娟　李运烨）

第一节

思趣数学：构建思趣互生的学习愿景

合肥市潜山路学校数学组现有 23 名数学教师，师资队伍优良，年龄结构合理，专业影响深远。其中 1 名特级教师、1 名省级教坛新星、1 名合肥市名师工作室领衔人、1 名合肥市学科带头人、5 名合肥市骨干教师和 3 名蜀山区骨干教师等。近年来，我校数学教师屡次在国家、省市区各类别比赛中荣获不同等级的奖项。我们依据《教育部关于全面深化课程改革落实立德树人根本任务的意见》《中共中央国务院关于深化教育教学改革全面提高义务教育质量的意见》《义务教育数学课程标准（2011 年版）》等文件精神，推进我校数学学科课程建设。

学科课程哲学 蕴含思维趣味的数学

一、学科性质

《义务教育数学课程标准（2011 年版）》指出：数学是研究数量关系和空间形式的科学，数学作为对于客观现象抽象概括而逐渐形成的科学语言与工具，不仅是自然科学和技术科学的基础，而且在人文科学与社会科学中发挥着越来越大的作用。[①]

数学用思维开启儿童的趣味人生，趣味之花在思维中开放，思维之果在

[①] 中华人民共和国教育部. 义务教育数学课程标准（2011 年版）[S]. 北京：北京师范大学出版社，2012：1.

趣味中采摘。数学学习是需要主动建构和个性发展的学习，学习兴趣是学习动机中最凸显、最活跃的成分，对数学学习起到推进和内驱的作用。学习过程应重在引发儿童的学习兴趣，唤醒求知的欲望，把教学的逻辑起点设定为学习兴趣的激发，调动学习积极性，启发主动思考，在富有趣味性和探索性的活动经历中发展思维，积淀丰富的数学活动经验，品尝思维的趣味性，在趣味盎然中体会学习的价值。简而言之，数学学习要以儿童的身心发展规律、情感需求和认知经验为基础，将趣味性和思维性有机结合，让儿童在趣味中思考，在思考中感受数学的乐趣。数学是蕴含思维趣味的，数学课程要用思维开启儿童的趣味人生。

二、学科课程理念

《义务教育数学课程标准（2011年版）》强调数学课程应致力于实现义务教育阶段的培养目标，要面向全体学生，适应学生个性发展的需要，使得人人都能获得良好的数学教育，不同的人在数学上得到不同的发展。[①] 因此，我校在教学实践中提出了"思趣数学"的学科课程理念，"思"是数学学习中由表及里的思维活动过程，"趣"是数学学习的动机和远在追求，数学的学习是思趣互生的过程。这一学科课程旨在追求"趣引思，思生趣，思趣互生"的境界，引导和帮助儿童在趣学、乐思的相辅相成中不断提升数学学科素养，让儿童在思索中得以发展，感受思维的魅力，在趣味中得以成长，体会学习的乐趣。

（一）"思趣数学"是融乐趣、享趣味的数学

数学学习需要从激发儿童兴趣的角度来撬动，让数学变得好玩，从而唤起儿童的好奇心，带动数学学习。"思趣数学"课程体系根据儿童的认知需求和身心发展特点，设定成系列的合乎儿童认知发展规律和教育规律的课程安排，将静态的学科知识动态化、趣味化，引导儿童在趣中学，领略到好玩数学的魅力。

"思趣数学"的出发点和落脚点是更深度地发掘数学中的趣，引导孩子

[①] 中华人民共和国教育部. 义务教育数学课程标准（2011年版）[S]. 北京：北京师范大学出版社，2012：2.

们发现数学的美，在做数学、思数学中享受学数学、用数学的快乐，从而从内心真正感受到数学世界的无限美好和精妙。

（二）"思趣数学"是促思考、明思想的数学

数学思考是组织开展数学活动和构建数学结论不可或缺的环节，儿童只有通过思考才能把外在的知识转化为内在的收获，领会到学习的意义和价值。"思趣数学"的核心旨在培养儿童的思维能力，引导儿童养成乐思考、勤思考、善思考的思想自觉和行为自觉，真正使儿童的数学思维内化于心。

"思趣数学"的理念旨在引导儿童在快乐学习中体会数学知识之间、数学与其他学科之间、数学与生活之间的密切联系，从而培养他们积极主动运用数学思维方式进行独立思考。教师应适时、科学、有效地渗透数学思想，寓教于乐，注重培养孩子们的乐学、善思品行，为儿童的终生学习和未来发展奠定基础。

（三）"思趣数学"是重明辨、慎从善的数学

"思趣数学"强调训练明辨性思维能力，始于判断、重在推理、归于解析、循序渐进，从而让孩子们能够主动思考数学问题，严密推想数量之间的关系，敢于质疑、勤于探索，最终能独立作出分析、研判和评估，有效激发儿童解决数学问题的潜在动力。

学习数学需要择善而从的意识，在与自身和他人的学习互动中学会分析、判断、比较，不断平衡自身的认知能力，进而选择合适自身发展诉求的学习要素。"思趣数学"在课程实施过程中努力为儿童营造民主、平等、开放、和谐、包容的学习环境，帮助儿童学会多角度、多层次、多面立体地甄别学习情况，优化学习方式和手段，看待和解决学习中呈现的各类情况和问题。

（四）"思趣数学"是落实践、升素养的数学

"思趣数学"注重引导儿童形成应用意识，培养儿童将学习所得融合、内化并进一步迁移，自如地将数学知识和数学思想运用到现实生活，享受应用数学的价值，体验获得数学成功的乐趣。

儿童数学素养是一种综合能力，不仅包括具有数学基本特点的思想品质、还应涵盖关键发展的能力以及情感、态度和价值观，需要在不断学习和应用过程中逐渐形成和发展。数学学习不仅培养了人的逻辑思维能力，也在

儿童个人和他人协同交往等方面有着显著的影响和作用。"思趣数学"在课程开展中引导儿童数学地看待事物，提高对事物进行数学抽象的能力，发展敏锐的洞察力和严谨的推理能力，学会自我反思、醒悟和调节，学会与他人沟通、合作和交往，用数学素养影响其个人素养的形成，作用于其人生观、价值观和世界观的塑造。

总之，"思趣数学"课程致力于追求善思、乐学、趣享的境界，通过学习过程，达到"思、学、用"互融共合的愿景，促进儿童数学学科素养的发展，对儿童全面、持续、和谐发展有着重要的意义。

学科课程目标　用思维体验趣味人生

《义务教育数学课程标准（2011年版）》提出的课程目标是："通过义务教育阶段的数学学习，学生能：1. 获得适应社会生活和进一步发展所必需的数学的基础知识、基本技能、基本思想、基本活动经验。2. 体会数学知识之间、数学与其他学科之间、数学与生活之间的联系，运用数学的思维方式进行思考，增强发现和提出问题的能力、分析和解决问题的能力。3. 了解数学的价值，提高学习数学的兴趣，增强学好数学的信心，养成良好的学习习惯，具有初步的创新意识和科学态度。"[1] 基于数学学科核心素养的内涵和"思趣数学"倡导的课程理念，我校设置了数学学科课程总体目标，利用兴趣引发思维，运用思维体会乐趣，开启儿童的趣味人生。

一、学科课程总体目标

依据《义务教育数学课程标准（2011年版）》，[2] 并结合"思趣数学"的课程理念，我们将"思趣数学"课程总体目标分解为知识技能、数学思考、问题解决、情感态度四个领域。

1. 知识技能：在"思趣数学"的学习中，经历数与代数的抽象、运算与

---

[1] 中华人民共和国教育部. 义务教育数学课程标准（2011年版）[S]. 北京：北京师范大学出版社，2012：8.
[2] 中华人民共和国教育部. 义务教育数学课程标准（2011年版）[S]. 北京：北京师范大学出版社，2012：8—9.

建模等过程，掌握其基础知识和基本技能；经历图形的抽象、分类、性质探讨、运动、位置确定等过程，掌握其基础知识和基本技能；经历在实际问题中收集和处理数据、利用数据分析问题获取信息的过程，掌握统计与概率的基础知识和基本技能；参与综合实践活动，积累基本数学活动经验。

2. 数学思考：在"思趣数学"的学习中，注重建立核心概念，发展数学思维；注重体会统计方法的意义，发展数据分析观念；注重参与数学实践活动，发展推理能力；注重学会自主思考，发展数学的基本思想和思维方式。

3. 问题解决：在"思趣数学"的学习中，积极挖掘数学的应用价值，儿童能够独立或与他人合作运用数学知识解决实际问题，在此过程中深入理解数学，获得分析和解决问题的基本方法，形成应用数学的意识和习惯，培养其团结协作的精神。

4. 情感态度：以"思趣数学"为主线，创造性开展课程活动，营造浓厚的学习氛围，激发学习动力，引领儿童亲近数学、热爱数学；自主获取正向激励，磨炼攻克难关的品质；依循数学的特点，融合数学的意义，在学数学、用数学中增进思想和情感的认同。

二、学科课程年级目标

基于上述总体目标，依据数学教材、教参和学校实际，我们厘定了六年的课程目标。以三年级上学期为例，说明学科课程的具体目标（见表3-1-1）。

表3-1-1 "思趣数学"课程三年级上学期目标表

单元＼目标	三年级上学期目标
第一单元《两、三位数乘一位数》	1. 能正确笔算两、三位数乘一位数。 2. 能解决有关"倍"的实际问题。
第二单元《千克和克》	1. 感受并建立千克和克的质量观念。 2. 知道千克和克的进率并会换算。
第三单元《长方形和正方形》	1. 认识长方形和正方形的特点。 2. 能正确计算长方形和正方形的周长。
第四单元《两、三位数除以一位数》	1. 能正确笔算两、三位除以一位数。 2. 会用除法解决两步计算的实际问题。
第五单元《解决问题的策略》	1. 会从条件出发解决一些实际问题。 2. 增强解决问题的策略意识。

续 表

单元 \ 目标	三年级上学期目标
第六单元 《平移、旋转和轴对称》	1. 知道平移、旋转和轴对称的特征。 2. 增强空间观念，发展形象思维。
第七单元 《分数的初步认识（一）》	1. 初步理解分数的意义。 2. 会计算同分母分数加、减法。

学科课程框架　构建思趣互生的学习愿景

为实现课程目标，我校结合校情和儿童特点，设立了多维度、多元化的"思趣数学"课程框架，分年级、分学段、分知识类别和课程类别等方面设立相关课程安排。基础课程旨在引导儿童理解和掌握基本数学知识、数学技能、数学思想和数学方法，重在夯实学习基础，解决想学、会学的问题；拓展课程贴近儿童发展需要，在深度和广度上培养儿童探究意识，激发学习兴趣，促进儿童个体性和全面性协同发展。基础课程和拓展课程均结合数学学科的特点进行教学，引导儿童经历操作实践、自主探究和合作交流等学习过程，适应儿童发展的需要。

一、学科课程结构

《义务教育数学课程标准（2011年版）》指出：义务教育阶段数学课程的设计，充分考虑本阶段学生数学学习的特点，符合学生的认知规律和心理特征，有利于激发学生的学习兴趣，引发学生的数学思考；充分考虑数学本身的特点，体现数学的实质；在呈现作为知识与技能的数学结果的同时，重视学生已有的经验，使学生体验从实际背景中抽象出数学问题、构建数学模型、寻求结果、解决问题的过程。[1] 因此"思趣数学"以学科课程哲学为遵承，结合儿童的身心发展特点及我校的教育教学目标而自主开发，对数学学科领域适度拓展，将课程具体分为"思趣运算""思趣图形""思趣统计""思

---

[1] 中华人民共和国教育部. 义务教育数学课程标准（2011年版）[S]. 北京：北京师范大学出版社，2012：3—4.

趣综合"四大类（见图3-1-1）。

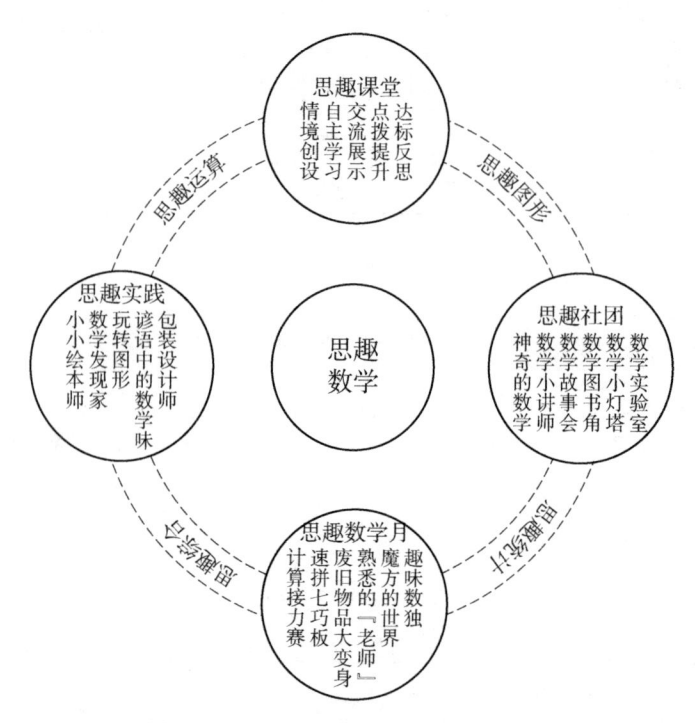

图3-1-1 "思趣数学"课程结构示意图

1. 思趣运算。主要以数的运算为基础，将运算和趣味活动有机结合。开设的课程有"计算小能手""速算大比拼""神奇的计算"和"妙算专家"等。"数与代数"是小学数学基础课程的重要范畴，开设的拓展课程与"数与代数"相关联，重点是为遵循儿童的认知和感知规律，循序建立儿童的数感，理解运算的算理，提高儿童的运算能力，丰富儿童的运算经验，培养儿童形成优良的运算习惯，在运算中掌握合理又简便的运算途径去思考和解决问题。

2. 思趣图形。内容主要以图形与几何为基础而设立的相关创新课程，开设的课程有"图形小达人""七巧板的魅力""作图小行家"和"奇妙的圆"等。"图形与几何"是小学数学的重要组成部分，开设的拓展课程体现"图形与几何"的内容，重点是为了发展儿童空间感知，引导儿童利用几何的直观优势化解复杂问题。在活动中促进儿童的动手操作能力，发展初步的创新意识和创造能力，这些相关课程的开发和推广在数学学习过程中发挥着重要作用。

3. 思趣统计。"统计与概率"是小学数学基础课程的重要内容，开设的拓展课程与"统计与概率"相关联，主要有"分类小帮手""时间小管家""幸运大赢家"和"善用统计"等。通过课程的实际操作，引导儿童经历先收集数据，再利用数据分析问题，最终获取信息的过程，使儿童能够灵活运用数据整理后呈现的方式，体会用数据进行表达与交流的作用，感受数据蕴含的信息，领会统计的价值。

4. 思趣综合。内容设计上紧密联系生活实践，进而解决现实中的数学问题。开设的课程有"身边的数学""购物达人""年历的制作"和"不安分的小数点"等。"综合与实践"同样是小学数学基础课程的重要方面，开设与"综合与实践"相关课程的目的是通过实践活动，引导儿童感受数学与日常生活的联系。体会数学在实际生活中的"神奇功效"，在解决问题的过程中进一步领悟数学。

二、学科课程设置

除基础类课程外，"思趣数学"以课程目标的实现和核心素养的形成为出发点和立足点，基于四大领域内容，并结合我校的教学特色及师生的实际情况，开发创建出相应的课程，具体拓展课程设置如下（见表3-1-2）。

表3-1-2 "思趣数学"拓展课程设置表

年级	课程	思趣运算 （数与代数）	思趣图形 （图形与几何）	思趣统计 （统计与概率）	思趣综合 （综合与实践）
一年级	上学期	口算小达人	小小建筑师	我会整理	身边的数
	下学期	计算小能手	贴图高手	分类小帮手	购物达人
二年级	上学期	平均分的妙用	七巧板的魅力	我的好朋友	身上的"尺子"
	下学期	大数我会用	角的秘密	班级小访问	有趣的推理
三年级	上学期	自制口算台历	图形设计师	身边的数学	五彩缤纷"分数条"
	下学期	巧算乘除法	小小测绘师	时间小管家	年历的制作
四年级	上学期	神奇的计算	作图小行家	小小统计员	简单的周期
	下学期	巧用运算律	三角形的奥秘	幸运大赢家	一亿有多大

续 表

年级 \ 课程		思趣运算（数与代数）	思趣图形（图形与几何）	思趣统计（统计与概率）	思趣综合（综合与实践）
五年级	上学期	生活中的正负数	面积推理师	妙用统计	不安分的小数点
	下学期	有趣的等量关系	奇妙的圆	巧用统计	球的反弹高度
六年级	上学期	妙算专家	表面积的变化	善用统计	假设和替换谁更行
	下学期	单位"1"的陷阱	圆柱和圆锥的世界	统计高手	策略大师

学科课程实施　构建协同学习的数学学习过程

数学课程实施只有符合儿童的认知规律，才能有利于理解体验、思考探索，发现数学，感受数学。为此，"思趣数学"课程依据学科课程理念、课程目标、课程设置，结合学校现状和师生特点，从四个方面设计"实施与评价"，即"思趣课堂""思趣社团""思趣数学月"和"思趣实践"，旨在践行"趣引思，思生趣，思趣互生"的课程理念。"思趣数学"使儿童在协同学习的过程中提升数学学科素养，对儿童的全面、持续、和谐发展有着重要的意义。

一、构建"思趣课堂"，让师生同生共长

思趣课堂是我校学习借鉴"学习共同体"理念与课堂实践范式，依托我校创设的"五环节"课堂导学模式，构建的一种新型课堂文化，旨在提升儿童学习素养为核心的教育实践新形式。"思趣课堂"面向全体儿童，实现课堂转型，力图坚守"思趣数学"的课程理念，在课堂中体现互动、民主、合作、交流、成长等文化核心，教师注重唤醒儿童已有的知识经验，积极搭建教与学的桥梁，引导儿童积极参与、交往互动，提升儿童学习能力，让课堂教学从以教师经验为基准的、封闭的、单向的"空中楼阁"转变为以儿童个体认知为起点的、开放的、互动的立体空间。在"思趣数学"的课堂中使儿童体会思考的乐趣，让儿童在倾听、交流和思考中快乐成长，教师适时反思教学实施的各个方面，自省自查，师生双方相互交流、相互沟通、相互启发、相互促进。

（一）"思趣课堂"的实施方案

"思趣课堂"组织形式灵活多样，坚持集中开展与分组实施相结合；教与学的出发点从课堂教学转变为"导学单"助学；学习过程从先知识记忆后完成练习转变为先自主阅读材料后达成目标；课堂形态从教师讲、儿童听的讲坛转变为师生共同倾听、交流、展示和探究的论坛；教师教学活动从说转变为听；教学评价从试卷评判转变为多角度评定。"思趣课堂"通过以下协同学习的五个环节来实现：

1. 创设情境。教学情境是指教师在教学过程中创设的情感氛围，是课堂教学的基本要素，精妙的情境创设能够激发儿童学习热情，有利于提升学习效果。为此教师一定要系统地深入备课，选择合适的教学素材，精心进行教学设计，设定合理的教学目标，创设不同的教学情境，唤起儿童学习兴趣，使儿童形成良好的求知心理，能够主动地参与对所学知识的探索、发现和认识，进而把外驱动力转变为内需动力，满足情感上的求知需要。

2. 自主学习。课堂学习时，儿童需对照教师发放或公布的自学提纲、指导或自学思考题等学习材料进行充分自学，自主找出学习难点和疑点。通过自学环节，对学习内容做到初步了解，能够领悟理解知识要点、解题技能和思考方法，并会用自己的语言表达、描述和总结所学内容。自学完成后能够发现问题，确定易混点、模糊点，积极动脑思考研究。

教师在引导儿童自学过程中，首先要科学评判儿童自学能力，逐步引导儿童掌握自学的方法，提升自学能力，同时在儿童自学时适时适度进行巡回指导，集中提示或点拨共性问题；其次要使学习内容和重难点的把握处在"儿童现有的发展水平"和"儿童在教师和同伴帮助下能够达到的可能发展水平"，因此要在深入理解教学内容内涵的基础上设置恰当的自学探究问题，引导儿童理解掌握教学内容中所蕴含的思想方法，达到良好的自学效果。

3. 交流展示。该环节实施采用以下步骤：第一步，每次教学均成立四人或六人学习小组，儿童分组合作，讨论解疑，教师主动参与小组交流，与儿童共同讨论。通过小组活动，儿童能够展示解答问题的过程，反映对知识和思想方法的理解和领悟程度，这是儿童相互学习，共同促进的关键环节，让儿童在交流中随时找到心理支持和倾听对象。分组交流中每组活动由小组长负责，组织组员围绕问题进行交流、讨论辩论，总结本组优秀的解题方法、思路或规律，以便集体交流时展示本组想法。小组交流时教师要成为倾听的示范者，深入小组了解儿童学习和交流情况，及时收集儿童不懂的问题或交流中生成的问题，加强针对性指导。第二步，在小组交流结束之后，教师根据学情组织各小组分享学习成果，继续深入讨论儿童自学和小组交流中出现的"普遍性"问题和"代表性"问题，解决延伸出的新问题。

交流展示环节设置使得生生之间、师生之间拥有了更多对话机会，让生生之间、师生之间的相互学习成为可能，也让儿童自主、协同学习成为常态，帮助师生在协同对话中获取知识。儿童在此环节过程中以语言为媒，以思考为引，借助与同伴之间的互助关系，不断进行反思性思维和社会化实践的发展，提升了儿童与他人和谐共生的能力。

4. 点拨提升。儿童在相互交流启发后，仍不能解决、不能理解或理解不够深刻的地方，教师再给予有效指导和恰当点拨，因此设置了点拨提升环节。教师要能倾听、会倾听、善倾听，精准把握点拨时机、点拨内容、点拨程度，语言要精简，直奔问题，深刻透彻点拨。教师点拨一是要充分肯定儿童表现，鼓励儿童再接再厉；二是要客观点评问题，分析原因，引导儿童转换思路；三是要对儿童难以理解的问题，做出准确形象回答，便于儿童掌握；四是对重点问题进行答疑解惑，帮助儿童掌握蕴含其中的知识点；五是要根据各小组反馈的讨论结果和表现适时恰当评价，鼓励儿童积极参与。

在此环节中教师应在课前和课中把握好教学内容和儿童学情，用对用好教学手段，逐条分类整理各小组反馈的问题，对儿童学习情况进行全面点拨，正确引导儿童表达想法，适时对各小组情况进行评价，通过组组间表现对比，调动儿童参与积极性，让课堂因交流而精彩，因互动而升华。

5. 达标反思。在课堂最后的达标测评环节，儿童通过独立完成达标检测的活动，得以检查本节课的学习情况。儿童做完检测练习后，小组内先结对互相查改，之后在小组长的监督下及时纠错修正。各小组检查核对后，由各小组长向教师汇报本组儿童的解答情况，以便教师掌握儿童的学习效果，为后续教学内容开展提供可预期的学情铺垫和准备，也为教师反思本节课的教学提供反馈。

课终的达标测评练习应充分揭示教学内涵，体现知识内容，突出教学重难点，提升教学内容所蕴含的思想方法，具有典型性、代表性和举一反三的效果。检测练习的呈现，要符合儿童的认知规律，有合理的梯度、层次性和吸引力，能够激发儿童的学习和探究欲望，为进一步的学习做好情感和知识上的准备。这一环节是儿童学习效果的检验，是发现错误、纠正错误、达到共同进步的重要手段。

总之，在"思趣课堂"中，儿童的主体作用得以充分发挥，学习活动的开展符合了儿童认知规律，充分调动了参与热情，使儿童掌握良好的知识与技能，培养了创新实践能力，师生、生生之间具有愉悦的感情沟通和交流，尊重、快乐、融合、互助等多重元素在课堂中充分体现。

(二)"思趣课堂"评价标准

成熟的评价体系不仅能够反映教师的教学内容处理情况和儿童学习接受情况，也能够以评促教，以评激学，更加有利于教师深刻领略"思趣数学"课程理念，提高教学素养，引导自身和儿童通过评价对照发现学习的优与缺。多角度、多层次评价也更符合儿童的认知特点，有利于调动儿童积极性，更好地达成教学相长。

二、开设"思趣社团"，让数学多姿多彩

数学是一个花团锦簇、色彩斑斓的万花筒，缤纷且奇奥，数学学习可以利用多种方式和途径展现数学的美好与妙趣，既可反映数学的实质，也可寓教于乐，趣味盎然。"思趣数学"针对儿童的认知规律和心理特征，将数学实践活动与数学教学内容相结合，以小组合作探究的形式设立各类"思趣社团"，不同的社团可以有选择地确定本社团的活动主题，制定实施计划，活动组织突出"思""趣"特点，使儿童在喜闻乐见中增长知识、培养兴趣，启发儿童建立数学思维。

(一)"思趣社团"的实施方案

思趣社团尊重儿童的主体地位和人格，培养儿童的主体性和主动性，把数学知识融于社团各项活动中，把单调的学习过程变为艺术性活动，让儿童在活动中有乐趣、有思考、有合作、有展示、有发展，真正实现做数学、玩数学、学数学。思趣社团给儿童提供了丰富的选修类课程（见表3-1-3），给予儿童充分的选择权，由儿童自由选择，以尊重和发展儿童为前提，经过各方面协调安排，确定社团的组织教师以及儿童名单。

表3-1-3 "思趣社团"课程表

年级＼项目	社团名称	活 动 内 容
一年级	神奇的数学	了解数学的起源，体会数学的奥妙
二年级	数学小讲师	心中有数学，人人都是小讲师
三年级	数学故事会	用数学小故事演绎数学的大精彩
四年级	数学图书角	小小的图书角，大大的数学奥秘
五年级	数学小灯塔	站在灯塔上，感受数学味
六年级	数学实验室	通过实验方法和手段，进行数学探究和建模

（二）"思趣社团"评价标准

社团活动开展要体现综合运用学科知识的水平，活动内容既不能局限于课本，也不能脱离课本，需要围绕生活现象，利用数学知识，针对实际问题，探究数学本质。"思趣社团"的评价方式从社团和儿童两个评价角度入手，通过评价社团组织和组员参与的情况，来衡量社团开展是否符合前期愿景，了解儿童在社团活动的参与度，便于教师及时调整社团活动内容、社团组织结构和发展进程（见表3-1-4）。

表3-1-4 "思趣社团"评价表

社团名称：		课　　题：		
指导教师：		社团成员：		

评价项目	评价要点	分值	得分
活动组织	社团名册及活动过程记录详实	10	
	活动主题、内容、形式的合理性和创新性	10	
	活动方案设计的可操作性	10	
	活动照片和儿童作品留存完整度	10	
	教师指导提供有效的支持性	10	
组员参与	参与活动积极性及表现	10	
	活动中提出活动的猜想、建议	10	
	活动中会与别人交流合作	10	
	会用多种方法收集、处理信息	10	
	掌握活动的知识和技能	10	

三、创立"思趣数学月",家校共育谱新章

《义务教育数学课程标准(2011年版)》指出在整个数学教育的过程中都应该培养学生的应用意识,综合实践活动是培养应用意识很好的载体。[①] 我校针对儿童身心发展的不同阶段特点,每年将12月创立为"思趣数学月",设置各个年级不同的"思趣数学月"系列主题活动,邀请家长积极参与其中,和儿童共同协作,体验精彩纷呈的活动项目。这一活动形式不仅使儿童体验到"学数学,其乐无穷,用数学,无处不在"的数学魅力,同时家校共育形成了教育内容的互补,也保证了教育方法、教育措施、教育理念的科学性和系统性。"思趣数学月"这一平台将家校紧密地联系起来,实现了学习共同体所期望构建的和谐家校关系,谱写出家校合作共育的新篇章。

(一)"思趣数学月"的实施方案

1. 创设"思趣数学月"。以数学知识为基础提升小学数学的趣味化,需要通过系统性的趣味数学活动激发儿童的学习积极性,启迪智慧,培养创新意识和应用意识。为此,我校将每年的12月定为"思趣数学月",开展一系列的数学趣味活动。

2. 确定活动目标和活动方式。思趣数学月期间我校分层次、分学段地开展丰富多彩的数学活动,通过创设恰当的活动情境,激发儿童的参与兴趣,扩展儿童获取知识的空间,改变儿童的学习方式,让儿童的主体参与意识和创新意识得到提升。基于以上目标,我校数学教师集思广益,制定了符合学情、校情的数学月活动目标、方式和展示方法(见表3-1-5)。例如低段的儿童利用"计算接力赛""速拼七巧板"等活动提升计算能力,发展空间观念;中段的儿童通过"废旧物品大变身""趣味数独"锻炼儿童的动手操作能力,领略数学思考的魅力;高段的儿童手握"变幻多端的魔方",设计"千变万化的图形",观察、分析能力得以提升,提高了数学的素养。

[①] 中华人民共和国教育部. 义务教育数学课程标准(2011年版)[S]. 北京:北京师范大学出版社,2012:7.

表 3-1-5 "思趣数学月"各年级安排表

活动\年级	活动目标	开展方式	成果展示
一年级	把计算和体育运动相结合,在趣味中促进儿童计算能力,让孩子乐中算、算中乐。	全员以接力方式参与,从A跑到B,每人答一道口算题再折返,看统一规定时间内班级的口算正确率。	口算接力跑,按照口算正确率评定等次。
二年级	以七巧板为载体,锻炼手脑协同能力,激发创新创造意识,培养空间想象力,提高审美观。	速拼七巧板:集速度、设计、美观等于一体的拼搭过程。	速拼七巧板比赛。七巧板拼搭图案展示。
三年级	在儿童已有空间想象能力及已学立体图形和平面图形的基础上,利用生活中的废旧物品,创造成新的作品。亲子合作,增进情感交流。	废旧物品小创作:从生活中选材,增强环保意识,并从中发现美,创造美。	设立作品展示区域。大屏幕课间轮播儿童作品。设立创意及制作奖项等。
四年级	利用数独的游戏规则,培养儿童的逻辑推理能力。	趣味数独:开展认识数独、469技巧法学习、综合练兵等三个层次的活动。	举行数独比赛,并评定相应奖项。
五年级	用玩魔方的形式提高空间思维能力,提升动手能力。	"魔方教室"活动;"魔方一面复原"班级赛;"魔方六面复原"年级赛。	多种形式打造校园魔方文化。
六年级	在已学知识的基础上,结合数与代数,空间与几何,统计与概率等学习内容,以综合性的方式整合所学知识点,具有知识性、趣味性与创造性。	开展"解题小能手"的答题竞赛。	设置相关比赛,并颁发相应奖项。

3. 合理安排实践方案。在明确各年级不同的数学月活动方案目标、内容和展示方式的基础上,数学月自12月的第一周延续到第四周,周周有活动,周周有新意,周周有精彩(见表3-1-6)。每年数学节的活动内容会依照儿童实际的发展需求作出适时地调整,一到六年级的活动安排循序渐进,儿童能够连贯、系统地运用所学知识参与活动,体验活动的乐趣,真正体验"好玩"的数学,体会数学"好玩"。

表 3-1-6 "思趣数学月"活动时间表

时间 \ 活动安排	活动年级	活动内容
第一周	一年级	口算接力赛
	二年级	速拼七巧板
第二周	三年级	废旧物品大变身
	四年级	趣味数独
第三周	五年级	魔方的世界
	六年级	解题小能手
第四周		成果展示，颁发活动证书

4. 家校合作促教育。家校合作，各美其美，既"合"又"作"。数学月活动拓展了家校合作的新渠道，活动中师、生、家长既有分工、更有合作，良性互动，切实做到一切为了儿童，为了儿童一切。活动中尤为突出的是数学月中的家长进课堂——"熟悉的'老师'"，每个班级均会在数学月中邀请各行各业的家长走进数学课堂，发挥自身职业优势，为同学们带来一堂堂别开生面的数学课，虽是熟悉的面孔，却演绎着不一样的精彩。数学月中的家长"老师们"帮助学校拓展了课堂教育的形式，引导儿童了解到更多数学课堂以外的知识。

（二）"思趣数学月"的评价标准

"思趣数学月"同一时段却有着不同的活动内容，活动要求也依据儿童的学段特点而有所差异，因此评价标准需从多角度、多方面、多层次去考量儿童的活动能力，综合考察儿童的数学素养、团结协作、语言表达等能力。评价以激发儿童学习兴趣为主旨，以促进儿童全面发展为目标，同时也为教师挖掘活动素材，展望数学活动前景提供帮助。因此需设定契合活动目标和发展方向的评价表（见表 3-1-7）。

四、开展"思趣实践"，让学习回源生活

理论与实践的辩证关系，同样适用于数学问题，让数学重归生活是一种趋势和共识。"思趣实践"重视儿童实践体验，鼓励儿童回归生活，帮助孩子

表 3-1-7 "思趣数学月"活动评价表

年级：		活动时间：	地点：	
活动内容：		组织教师：	评价教师：	

项目 年级	多元评价			
	评价标准	儿童评价	教师评价	家长评价
一年级	1. 是否参与并体会到美妙和精彩？	☆☆☆☆	☆☆☆☆	☆☆☆☆
	2. 是否鼓励你提升口算能力？	☆☆☆☆	☆☆☆☆	☆☆☆☆
二年级	1. 是否能准确说出七巧板的组成？	☆☆☆☆	☆☆☆☆	☆☆☆☆
	2. 是否能用七巧板拼出指定的图形？	☆☆☆☆	☆☆☆☆	☆☆☆☆
	3. 是否能用七巧板创造出新的事物？	☆☆☆☆	☆☆☆☆	☆☆☆☆
三年级	1. 在收集材料和创造的过程中是否与家长进行了良好的亲子互动？	☆☆☆☆	☆☆☆☆	☆☆☆☆
	2. 是否能用废旧物品独立创造？	☆☆☆☆	☆☆☆☆	☆☆☆☆
四年级	1. 是否能明确基本的数独填写方法？	☆☆☆☆	☆☆☆☆	☆☆☆☆
	2. 是否能在给定时间内填写不同难度的数独？	☆☆☆☆	☆☆☆☆	☆☆☆☆
五年级	1. 是否能明确魔方复原步骤？	☆☆☆☆	☆☆☆☆	☆☆☆☆
	2. 是否能在给定时间内复原魔方？	☆☆☆☆	☆☆☆☆	☆☆☆☆
六年级	1. 是否能积极思考并解答？	☆☆☆☆	☆☆☆☆	☆☆☆☆
	2. 是否能在解答中体会到美妙精彩？	☆☆☆☆	☆☆☆☆	☆☆☆☆
综合评价				

体会"数学既来源于生活，又应用于生活"。通过动手实践训练儿童的数学思维，培养儿童多重综合能力，使儿童从实践中体验数学与生活的联系，体会数学的应用价值和创新价值。

（一）"思趣实践"的实施方案

"思趣实践"通过开展"实践"数学活动，使儿童更新学习和思考的观念，提高对数学实践活动的认识，培养儿童团结协作意识、判断分析能力和勤思善思习惯。

1. "思趣实践"是课堂教学的衍生。以学过的数学内容为活动素材，有目的地拓展延伸，注重构建开放型教学，引导儿童探索、发现、交流与合作。例如可以利用"玩转图形""包装设计师"等实践形式激发儿童灵活运用图形、演变图形的欲望，锻炼儿童的动手操作能力，发展儿童的空间观念，帮助儿童直观地理解数学，运用数学。

2. "思趣实践"要结合学习内容开发生活中的数学资源，设计实践研究专题，引导儿童在实践中体验。例如通过"数学发现家""谚语中的数学味"等实践主题指导儿童去调查、收集材料，从而发现问题，进而思考探讨问题，以撰写小论文或调查报告的形式展示出实践成果。经历此项活动，儿童收集数据、分析说明、实验探究的能力得到充分的提升和发展，真正实现数学来源于生活、应用于生活。

3. "思趣实践"可以针对现有的学习内容，结合生活实际，引导儿童尝试开展数学绘本的制作活动。实践中可以举办"小小绘本师"活动，激发儿童根据实际生活的情境，将身边喜闻乐见的与数学相关的人和事用画笔一一绘制出来，既给予儿童美的享受，又贴近儿童生活，也抒发了儿童学习数学的心理感受和情感体验。

（二）"思趣实践"的评价标准

"思趣实践"的活动评价首先要关注儿童知识和技能应用的水平，同时把握儿童情感与态度的表现层次；其次要研判儿童实践运用的结果，同时观察儿童在实践过程中的转变；再次要重视儿童现阶段能力的培养，同时展望儿童后续发展的远景。评价的主要目的是为了全方位地掌握儿童的数学学习过程，以便激发儿童的后续学习和改进教师的教学。以下是"思趣实践"评价表（见表3-1-8）。

表3-1-8 "思趣实践"评价表

评价项目	评价内容	评价等级（优秀/良好/合格）		
		自我评价	同学评价	教师评价
情感态度	参与活动的积极性			
	主动提出设想或建议			
	不怕困难和问题			
合作交流	主动与同学配合			
	倾听同学的观点和想法			

活动年级： 活动成员： 指导教师：
活动主题： 活动内容： 记录人：

续　表

评价项目	评 价 内 容	评价等级（优秀/良好/合格）		
^	^	自我评价	同学评价	教师评价
	对班级和小组的学习作出贡献			
	研究的结果是否满意			
学习技能	活动方案构思新颖			
	实践方法、方式多样			
	会用多种方法收集、处理信息			
实践活动	积极动脑、动口、动手参与			
	学会梳理收获，提升经验			
成果展示	调查报告、实验结果			
	绘本故事、摄影等			

综上所述，我校基于数学学科核心素养的内涵，厘定了"思趣数学"的课程哲学，在课程哲学的统领下，旨在追求"趣引思，思生趣，思趣互生"的课程理念，帮助儿童更好地用数学的眼光去探求客观世界，用思维开启儿童的趣味人生，使儿童善思、乐学，兴趣盎然地享受数学的美好。

（撰稿者：王璐　王俊　尹文娟　李昆　朱蓉蓉　李华　宁华　石悦辰）

第二节

智动数学：让灵动智慧成就数学学习

合肥市翠庭园小学现有数学教师33人，其中市级学科带头人1人，市级骨干教师1人，区级骨干教师5人，高级教师3人。近几年来，我校数学教师教学成果累累，共获得国家级奖项7项，省级奖项12项、市区级奖项21项；多项课题研究荣获国家、省、市级成果奖，这些成绩无不体现着翠小数学团队强大的实力。翠小学子思维敏捷、善于探索、勇于表达；翠小教师爱生乐教、勤于研究、敢于创新，师生们优秀的学习品质和工作风格为我们数学课程开发提供了有利的保障。我们依据《教育部关于全面深化课程改革落实立德树人根本任务的意见》《中共中央国务院关于深化教育教学改革全面提高义务教育质量的意见》《义务教育数学课程标准（2011年版）》等文件精神，推进我校数学学科课程建设。

学科课程哲学　让灵动智慧充满数学学习

一、学科性质

《义务教育数学课程标准（2011年版）》指出："数学是研究数量关系和空间领域的科学。在人类社会历史进程和日常学习生活中，数学发挥着非常重要的作用，数学作为对于客观现象抽象概括而逐渐形成的科学语言与工具，不仅是自然科学和技术科学的基础，而且在人文科学与社会科学中发挥着越来越大的作用……数学课程是培养人民科学素养的基础性课程，具有基础性、普适性和发展性。"①

《义务教育数学课程标准（2011年版）》中指出："培养学生的创新意识和实践能力。"②基于儿童热爱思考、勇敢表达、乐于探究的特点，我们更希望儿童能够学以致用、学思共生。数学学习是需要主动建构和个性发展的学习，学习兴趣是学习动机中最凸显的成分，学习兴趣对数学学习起到推进和内驱的作用，学习过程中应在具体实践、操作、探究过程中引发儿童的学习兴趣，唤醒求知的欲望，把数学学习的起点设定为学习兴趣的激发，调动儿童的学习积极性，并把数学兴趣导向并转化为思维发展的动机，引发儿童思考，并在数学思维发展的过程中收获富有趣味性和探索性的活动经历，积淀丰富的数学活动经验，品尝数学智慧的趣味性，在趣味盎然中体会学习的价值。因此，将数学学科课程理念定位为"智动数学"，聚焦现实世界，着眼未来发展，提升思维品质，增强实践能力，让灵动智慧充满数学学习。

二、学科课程理念

"智动数学"是充满智慧的数学，数学智慧以其奇异性、精妙性、缤纷性向儿童展示着美妙的风采，数学智慧具有创造性、趣味性和应用性，是儿童学习数学的一种内驱动力。"智动数学"是充满灵动的数学，儿童自觉地将自己的所思、所感、所悟灵活地运用到现实生活中，发展应用意识，提高应用能力。

"智动数学"的出发点和落脚点就是更深度地发掘数学中的智慧和乐趣，引导儿童发现数学的美，在做数学、想数学中享受学数学、用数学的快乐，体验成功的喜悦，从而从内心真正感受到数学世界的无限美好和精妙。

（一）"智动数学"：乐开口，言于表

数学思想是数学的灵魂，它不仅是影响数学学科得以发展的核心因素，儿童从学会到会学、会用，进而能创造、会创新，数学思想贯穿始终。数学思想要通过数学语言来体现，儿童愿意主动开口表达，第一点是儿童要有自

---

①② 中华人民共和国教育部. 义务教育数学课程标准（2011年版）[S]. 北京：北京师范大学出版社，2012：1.

己的想法、观点或思想、感情；第二点是儿童能够比较准确、清晰地用自己的语言将其内心的想法表达出来；第三点是有人倾听并进行互动和交流反馈。在"智动数学"的实施过程中，我们致力于培养儿童用准确、清晰、有条理的语言进行数学思想表达的能力，呈现解决问题的策略与思路，感悟数学思想、数学语言的魅力。

（二）"智动数学"：多动手，感于行

动手操作是数学中最常用、最直接的实践活动，对数学学习有着重要的作用。动手操作不仅可以让儿童获取大量的感性知识，使抽象的数学知识形象化，而且可以进一步深化对知识的理解和掌握。儿童在学习数学的过程中，可以主动参与到指定的数学活动，通过动手操作、观察想象、推理总结等发现研究对象的某些变化规律，抽象出数学概念和结论。

（三）"智动数学"：善思考，辨于心

独立思考能力是最核心、最根本、最重要的学习能力，儿童只有通过深度思考，才能把外在的知识转化为内在的能力，学习才是有意义的、有价值的。"智动数学"将始终把培养儿童的思考能力放在首位，让儿童经历理解、分析、判断、推理等数学学习过程，在思辨中让思维得到发展与提升。数学思考是组织开展数学活动和构建数学模型非常重要的环节，思考能力是数学学习中最核心、最根本的能力，儿童通过勤思考、善思考的学习才能领会学习的意义和价值。"智动数学"的核心旨在培养儿童的思维能力，引导儿童养成乐思考、勤思考、善思考的思想自觉和行为自觉，真正使儿童的数学思维内化于心。

（四）"智动数学"：重笃行，合于一

"笃行"的意思是：学习的最终目标就是学有所获，学有所乐，学有所用，使所学知识运用到实际生活中，真正做到"知行合一"，这也是我们一直在追求的数学应用意识和学用交融的境界。"智动数学"注重培养儿童将学习所得融合、内化、迁移的能力，自如地运用到现实生活，享受应用数学的价值。

培养儿童数学素养是学习数学的根基需求，儿童数学素养不仅包括具有数学基本特点的思想品质，还应涵盖关键发展的能力以及情感、态度和价值观的集中体现，这些素养需要在不断学习和应用过程中逐渐形成和发展。数

学学习不仅培养了人的逻辑思维能力，发展非智力因素，而且启蒙了辩证唯物主义的观点，提升科学文化素质，对于儿童个人和他人协同交往等方面都有着显著的影响和作用。总之，"智动数学"课程让儿童在思考中成长，感受数学的神奇魅力，使儿童在乐开口、多动手、善思考、重笃行的学习过程中感受数学的智慧和灵动，提升数学素养。致力于追求智慧、灵动的学习境界，促进儿童数学学科素养的发展，达到学用交融，知行合一的目标。

学科课程目标 让学生感知运用数学的魅力

《义务教育数学课程标准（2011年版）》指出：通过义务教育阶段的数学学习，儿童能获得适应社会生活和进一步发展所必需的数学的基础知识、基本技能、基本思想、基本活动经验；体会数学知识之间、数学与其他学科之间、数学与生活之间的联系，运用数学的思维方式进行思考，增强发现和提出问题的能力、分析和解决问题的能力；了解数学的价值，提高学习数学的兴趣，增强学好数学的信心，养成良好的学习习惯，具有初步的创新意识和科学态度。[1] 基于数学核心素养的内涵和"智动数学"倡导的课程理念，我校制定了数学课程的总体目标，利用兴趣引发思维，运用思维体会乐趣，开启儿童的趣味人生，让儿童感受到数学的魅力。

一、学科课程总体目标

根据数学学科儿童核心素养的内涵和"智动数学"提倡的课程理念，我校以塑造与发展儿童的综合能力为导向性，整体规划了数学课程内容的总体目标。[2] 现从以下四个层面开展实际阐述：

1. 知识技能：在"智动数学"的学习中，让儿童在探索整数、分数、小数、百分数的过程中，培养儿童的计算能力，建立数感、符号意识，发展形象、抽象思维能力；儿童在平面与立体图形的学习过程中初步形成空间观

---

[1] 中华人民共和国教育部. 义务教育数学课程标准（2011年版）[S]. 北京：北京师范大学出版社，2012：8.
[2] 中华人民共和国教育部. 义务教育数学课程标准（2011年版）[S]. 北京：北京师范大学出版社，2012：8—9.

念，培养几何图形的周长、面积、体积的计算能力；儿童经历数据的收集、整理和分析的过程中，初步学会对搜集数据进行汇总、排序、分组和简单分析，积累初步的搜集、整理和分析数据的经验。

2. 数学思考：在"智动数学"的学习中，培养儿童的数感，建立符号意识，体会数学思想，发展思维能力，并能够清晰表达出数学思考的过程和结果；在数据的收集、分析和整理中，体会到不同统计方法的重要性与多样性，发展数据分析的理念，积累基本的活动经验；鼓励儿童有创新的思维、有深度的思考，能清晰地用数学语言表达自己的观点，将数学知识激活并内化，从而达到共生、共进。

3. 解决问题：在"智动数学"的学习中，积极挖掘数学的应用价值，儿童能够独立或与别人合作利用数学知识解决实际问题，通过观察、猜想、实验等数学活动，培养儿童的合理推理和演绎推理能力；让儿童在学习过程中学会合作交流，培养他们的创新意识，并在此过程中更好地了解数学，获得分析和解决问题的基本方法，形成应用数学的意识和习惯，培养团结协作的精神。

4. 情感态度：在"智动数学"的学习中，儿童经历学习的过程，学会主动参与学习、主动体验情感、主动感受生活，体会数学学习成功的喜悦，进一步激发儿童学习数学的浓厚兴趣；经历主动与他人合作和沟通的过程，提高解决问题的能力，树立克服困难的信心，养成良好的思维习惯。在学有所成时，儿童学会总结与反思，并体会和感知"智动数学"所带来的魅力。

二、学科课程年级目标

基于上述总体目标，依据数学教材、教参和学校实际，我们厘定了六年的课程目标。这里，我们以三年级下学期为例，说明学科课程的具体目标（见表3-2-1）。

表3-2-1 翠庭园小学"智动数学"课程三年级下学期目标表

单元\目标	三年级下学期目标
第一单元《两位数乘两位数》	1. 掌握整十数的乘法口算和估算，两位数乘两位数的笔算。 2. 能解决二步连乘的实际问题。

续　表

目标＼单元	三年级下学期目标
第二单元《千米和吨》	1. 结合具体的生活情境感知认识千米和吨。 2. 体会千米和吨在生活中有广泛的应用。
第三单元《解决问题的策略》	1. 了解从问题想起的分析数量关系的策略。 2. 感受从问题想起确定解题过程的分析推理思路，培养分析、推理等思维能力。
第四单元《混合运算》	1. 在解决现实问题的过程中，经历抽象出混合算式的过程。 2. 理解混合运算的意义和运算顺序，能准确进行运算，体会混合运算与生活的密切联系。
第五单元《认识年月日》	1. 认识年月日，并学会之间转换关系。 2. 认识24时记时法，了解与普通记时法间的联系和转换。
第六单元《长方形和正方形的面积》	1. 认识面积意义及单位。 2. 会正确计算长方形和正方形的面积。
第七单元《分数的初步认识（二）》	1. 进一步认识分数的意义。 2. 通过制作多彩的"分数条"，加深对分数大小的判断力。
第八单元《小数的初步认识》	1. 结合长度和人民币的单位，利用直观，认识一位小数的含义。 2. 感受十分之几和一位小数之间的联系。
第九单元《数据的收集和整理》	1. 初步学会汇总数据，并根据数据分析分布情况。 2. 通过上学时间数据的简单统计分析，体会运用数据进行表达和交流的作用，感受数据蕴含信息。

学科课程框架　建构灵动智慧的数学学习图景

依据"智动数学"课程基本理念，结合儿童的身心发展特点及我校的教育教学目标而自主开发，对数学学科领域适度拓展，在实施基础课程的同时，聚焦"智动数学"课程目标，开发丰富数学学科拓展课程，构建相互补充、相互促进的课程体系，以趣引思，思中享趣，使儿童爱上数学，享受数学。

一、"智动数学"课程结构

"智动数学"的课程框架依据《义务教育数学课程标准（2011年

版）》，结合儿童发展特点，建构数学学习图景，将课程具体分为"智动之数""智动之形""智动之率""智动之践"四大类，建构充满灵动智慧的数学学习图景。"智动数学"课程结构见下图（图3-2-1）。

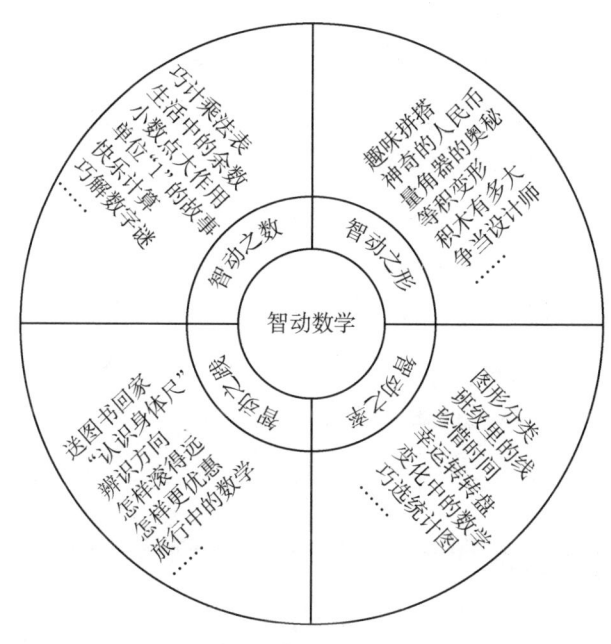

图3-2-1 "智动数学"课程结构示意图

1. 智动之数。内容为数的运算为基础以及与运算相关联的趣味游戏等。开设的课程有"快乐计算""生活中的余数""巧解数字谜""小数点大作用""圆周率知多少"等。"数与代数"是小学数学基础课程的重要范围，"数与代数"相关联的拓展课程的开设，重在儿童数感的建立，儿童运算能力的发展，儿童学习数学兴趣的激励，更有助于儿童运算算理的理解，寻求合理简便的运算以及解决问题的途径。

2. 智动之形。内容为图形的拼搭、图形创造以及设计创造立体空间模型。开设的课程有"趣味拼搭""争当设计师""量角器的奥秘"和"校园平面图"等。"图形与几何"是小学数学基础课程的重要内容，开设"图形与几何"相关联的拓展课程，注重发展儿童的空间观念，经历拼搭图形的过程，体会图形之间的联系与变化，在活动中提高动手操作的能力，发展初步的创新意识，感受图形之美。

3. 智动之率。内容为数据的收集、整理、分析，初步感受简单的随机事件及其结果发生的可能性有大有小。开设的课程有"图形分类""巧选统计图""幸运转转盘"和"理财高手"等。"统计与概率"是小学数学基础课程的重要领域，开设"统计与概率"相关联的拓展课程，注重数据分析观念的发展，经历收集和处理数据、利用数据分析问题、获取信息的过程，掌握数据收集、整理和分析并得出合理结论（推测）的方法，能对数据进行合理归类，体验数据中蕴涵的数学信息或生活信息。

4. 智动之践。内容为创设生活情境，解决生活中真实存在的问题。开设的课程有"淘宝商店""怎样更优惠""数独奥秘"和"旅行中的数学"等。"综合与实践"也是小学数学基础课程的重要领域，开设"综合与实践"领域相关联的拓展课程，在于培养儿童综合应用数学知识来解决实际生活问题的意识，培养和发展儿童的问题意识、应用意识和创新意识，积累丰富的数学活动经验。

二、"智动数学"学科课程设置

"智动数学"以课程目标的达成和核心素养的落实为出发点，围绕"学用交融"的学科理念，除了基础课程之外，"智动数学"课程设置如下所示（见表3-2-2）。

表3-2-2 "智动数学"课程设置表

年级	课程	智动之数（数与代数）	智动之形（图形与几何）	智动之率（统计与概率）	智动之践（综合与实践）
一年级	上学期	快乐计算	趣味拼搭	整理书包	送图书回家
	下学期	计算能手	组合剪拼	图形分类	淘宝商店
二年级	上学期	巧记乘法表	趣搭七巧板	3D打印	认识身体尺
	下学期	生活中的余数	神奇的人民币	班级里的线	辨识方向
三年级	上学期	两两相乘	争当设计师	"正"字的用处	多彩的"分数条"
	下学期	趣味"24点"	测量的标准	珍惜时间	一年有多长
四年级	上学期	谁会算	量角器的奥秘	小小调查员	怎样滚得远
	下学期	巧解数字谜	探索内角和	幸运转转盘	一亿有多大

续 表

年级	课程	智动之数 （数与代数）	智动之形 （图形与几何）	智动之率 （统计与概率）	智动之践 （综合与实践）
五年级	上学期	小数点大作用	等积变形	班级联欢会	怎样更优惠
	下学期	圆周率知多少	圆规的"双脚"	变化中的数学	蒜叶的生长
六年级	上学期	谁是最佳射手	校园平面图	理财高手	旅行中的数学
	下学期	单位"1"的故事	积木有多大	巧选统计图	数独奥秘

学科课程实施　体验智慧灵动的数学学习历程

"智动数学"课程依据学科课程理念、课程目标和课程设置，结合学校实际情况，教师和儿童的特点，从五个方面设计"实施与评价"，即："智动数学课堂""智动数学工作坊""智动数学节""智动数学之旅""智动数学社团"，旨在践行"学用交融"的课程理念。

一、打造"智动课堂"，推动全面发展

"智动课堂"是智慧而有趣的学习过程，让我们不断追溯数学的本源。"智动课堂"设定多元的学习目标，选择丰富的学习内容，制定灵活的学习方法，睿智幽默的教学语言，彰显智动数学的智慧和趣味，构建和谐学习氛围。"智动课堂"旨在促进课堂转型，面向全体儿童，力图坚守"智动数学"的课程理念，在课堂中体现互动、民主、合作、交流、成长等文化核心，学习过程中教师注重唤醒儿童已有的知识经验，积极搭建教与学的桥梁，引导儿童积极参与、交往和互动，得此提升儿童的学习能力，让课堂教学从以教师经验为基准的、封闭的、单向的"空中楼阁"转变为以儿童个体认知为起点的、开放的、互动的立体空间。在"智动数学"的课堂中使儿童体会思考的乐趣，乐意并愿意投入到现实的、探索性的数学活动中去，让儿童在倾听、交流和思考中快乐成长，同时教师在参与儿童学习的过程中适时地反思教学实施的各个方面，自省自查，师生双方相互交流、相互沟通、相互启发、相互促进，在共同学习中得到共同发展。引导儿童不断地发现问题，自然地深入思考，灵活地解决问题。因此，"多元清晰""丰富鲜活""自主和

谐""灵动活泼"就是"智动课堂"的关键词。

"智动课堂"的学习目标是多元清晰的，学习内容是丰富鲜活的，学习方式是自主和谐的，学习过程是灵动活泼的。

1. "智动课堂"设制多元清晰的目标。多元的目标丰富而不杂乱，开放而不宽松，自主又有合作。精准制定目标和内容，各年级数学节活动的安排，要遵循儿童身心发展的顺序性与阶段性，否则充满智慧的数学可能会变得枯燥乏味，不能激发儿童兴趣；各年级数学活动的设置，要与儿童日常的数学学习紧密联系起来，否则有趣的数学活动可能会脱离儿童实际，成为无源之水、无本之木。

2. "智动课堂"设计丰富鲜活的内容。课前教师一定要系统地深入备课，选择合适的教学素材，精心进行教学设计，设定合理的教学目标，创设不同的教学情境，唤起儿童学习兴趣，使儿童形成良好的求知心理，能够主动地参与对所学知识的探索、发现和认识过程，进而把外驱动力转变为内需动力，满足情感上的求知需要。因此为儿童提供大量丰富而有趣的综合性素材显得尤为重要，这样使不同学习能力的儿童都能在"智动课堂"上得到应有的发展。

3. "智动课堂"体现自主和谐的环节。平等的师生关系，教师是儿童的朋友，对儿童遇到的困难及时进行指导，让课堂多些和谐的氛围。课堂中让儿童分组合作，讨论解疑，同时教师主动参与小组交流，与儿童共同讨论。通过小组活动，儿童能够展示自己解答问题的过程，反映自己对知识和思想方法的理解和领悟程度，这是儿童相互学习，共同促进的关键环节，让每一位儿童在交流中可以随时找到心理支持和倾听对象。交流展示的环节设置使得生生之间、师生之间拥有了更多的对话机会，让生生之间、师生之间的相互学习成为可能，也让儿童自主、协同的学习成为常态，真正落实了教师为主导，以儿童为主体，师生在协同对话中获得知识的获取和吸收。

4. "智动课堂"呈现灵活多样的方法。传统的讲授法是最普遍的教学方法，但形式单一，缺乏趣味性，在"智动课堂"上，教师需根据学情组织各小组分享学习成果，继续深入讨论儿童自学和小组交流中出现的"普遍性"问题和"代表性"问题，解决可能延伸出的新问题。儿童在此环节过程中以语言为媒，以思考为引，借助与同伴之间的互助关系，不断进行反思性思维和社会化实践的发展,提升了儿童与他人和谐共生的能力。为此我们开展了"我是小老师""小小辩论赛""思维大聚会""小组大比拼"等多种教学活动。

"智动课堂"中,"智"不仅能体现儿童的智慧,还能培养儿童的各种能力,"动"不仅是儿童学习了各种知识技能,更重要的是能把这些知识技能转化为自己内在的能量,并行之有效地运用在实际生活中。

二、设立"智动工作坊",领略数学魅力

"智动工作坊"的成立,汇聚了数学教师和优秀儿童的智慧,是教师和儿童共同成长的沃土。旨在满足儿童对数学奥秘的探索,让儿童通过"工作坊"在数学素养上有更大的提高,共同领略数学的魅力。

"智动工作坊"是由骨干教师带头,引领年轻教师和儿童中数学爱好者形成的学习共同体。他们研发拓展课程内容,设置专题活动,进行数学专题研究,拟定实施计划,商讨评价方案,与儿童代表对话,对"智动数学课程"建设起到了积极推动的作用。

1. 借助数学活动,遴选工作坊成员。工作坊的教师都是各个年级的骨干教师,在各种数学活动中,对儿童进行观察、测试,在3—6年级中,筛选出优秀儿童,组成研究小组,每个小组有骨干教师带领,每周五下午进行数学研究活动。

2. 自主研究,确定专题。工作坊的成员要进行大量的数学阅读,对所学的数学知识掌握运用灵活自如。在数与代数、图形与几何、统计与概率、综合与实践的四个领域中,选择出不同的知识点作为研究的专题。儿童根据自己的兴趣特长进行自主选择,让儿童建立信心,并形成对数学热爱的态度。

3. 研究形式的多元化。"智动数学工作坊"丰富的专题内容拓宽了儿童知识面,儿童感受到了数学的深奥与魅力。在研究的过程中,工作坊的成员不但要大量阅读书籍,还要上网查找资料。通过工作坊的带领和培养锻炼,增强了儿童克服困难的信心。

总之,"智动工作坊"每次开展活动内容虽然不尽相同,活动形式也丰富多彩,但目标均旨在提高教师的专业能力、培养儿童的核心素养。

三、设立"智动数学节",激发学习兴趣

"智动数学节"提高了儿童的数学素养,激发出儿童热爱数学、钻研数学的兴趣。《义务教育数学课程标准(2011年版)》指出在整个数学教育的过程中都应该培养儿童的应用意识,综合实践活动是培养应用意识很好的载体。我校针对儿童身心发展的不同阶段特点,有目的、有计划、有组织地开展"智动数学节",设置各个年级不同的"智动数学节"系列主题活动,同时邀请家长积极参与其中,和儿童共同协作,体验精彩纷呈的活动项目。这一活动形式不仅使儿童体验到"学数学,其乐无穷,用数学,无处不在"的数学魅力,同时家校共育形成了教育内容的互补,也保证了教育方法、教育措施、教育理念的科学性和系统性。"智动数学节"这一平台将家校紧密地联系起来,实现了学习共同体所期望构建的和谐家校关系,谱写出家校合作共育的新篇章。

数学节不但有其特殊的意义,也承载了许多数学文化。因此,我们也设立了"智动数学节",为儿童提供展示自己智慧的平台,营造了浓厚的数学文化气息,提升了数学素养。数学节的内容不是固定不变的,教师可以根据实际情况,重新创设有意义的节日内容。"智动数学节"实施过程要有仪式感,采用小组合作、家校联合的方式进行。

四、建立"智动数学之旅",充实数学生活

理论与实践的辩证关系,同样适用于数学问题,让数学重归生活是一种趋势和共识。"智动数学之旅"重视儿童实践体验,鼓励儿童回归生活,帮助儿童体会"数学既来源于生活,又体现在生活"。通过动手实践训练儿童的数学思维,培养儿童多重综合能力,使儿童从实践中体验数学与生活的联系,体会数学的应用价值和创新价值。数学在生活中处处可见,从生活中来,终将回到生活中去。我们引导儿童走进生活,把所学的数学知识应用到生活中,去解决生活中的实际问题。

"智动数学之旅"是源于生活实践,又高于生活实践,并反过来作用于生活实践的一种研学之旅。它是机动多变的,参与的人员广泛,有教师、儿童、家长,还有部分社会人群。"智动数学之旅"通过开展数学实践活动,使儿童更新学习和思考的观念,提高对数学实践活动的认识,培养儿童团结协

作意识、判断分析能力和勤思善思习惯。"智动数学之旅"是课堂教学的衍生，又不同于普通的数学课。在活动中要以学过的数学内容为活动素材，有目的地拓展延伸，注重构建开放型教学，引导儿童探索、发现、交流与合作，使不同的儿童得到不同的发展。

1. 观察生活，提出问题。发现问题，提出问题是开启"智动数学"大门的钥匙，引导儿童联系生活学数学，处处用数学的眼光发现数学问题。让儿童对生活感到惊喜，原来生活中这么多地方都有数学，每个儿童准备一本"问题本"，随时把生活中发现的问题记录在"问题本"上，以便在某一个时刻激发自己的灵感。

2. 研究生活，分析问题。没有思考，就没有真正的数学学习。借助儿童分享的"问题本"，从中选择有研究价值的数学问题，并引导儿童主动地运用数学观点思考、分析，通过观察比较、操作实验，帮助儿童找到问题的原因，明白其中的道理，从而体验学习的快乐和数学的魅力。

3. 用于生活，解决问题。独立解决自己遇到的实际问题是"智动数学"最终的目的。引导儿童把课堂中学习的知识进行吸收转化，达到实践应用，从数学中学到实际的生活能力，用于解决生活中的问题。

五、设立"智动数学社团"，领略数学神奇

"智动数学社团"给儿童搭建了一个展示自己的平台，满足了儿童对数学知识的高度热情，激发了儿童与数学之间的浓厚的感情，我们的数学社团在不知不觉中将儿童引入神奇的数学世界。既可反映数学的实质，也可寓教于乐，趣味盎然。"智动数学"针对儿童的认知规律和心理特征，将数学实践活动与数学教学内容相结合，以小组合作探究的形式设立各类"智动社团"，不同的社团可以有选择地确定本社团的活动主题，制定本社团的实施计划，社团活动的组织突出"智慧""灵动"特点，使儿童在喜闻乐见中增长知识、培养兴趣，启发儿童开拓数学思维。

我们不仅有基础类和多样的嵌入类课程，也提供了丰富的选修类课程，充分尊重儿童的选择权。开学初，"校本课程委员会"和数学工作坊的教师选定本学期的社团课程，在校园网上发布，儿童通过网络选课报名，以尊重儿童为前提，经过各方面协调，确定社团的任课教师以及儿童名单。

"智动数学社团"活动，激发了儿童学习数学的兴趣，培养了儿童的数学核心素养，增进了同学间的友谊。

六、开展"智动数学比赛"，促进思维提升

"智动数学比赛"立足于激发儿童学习、钻研数学知识的兴趣，使儿童逐步形成勇于实践、敢于创新的思维和良好品质，拓展儿童的知识面，提高儿童的数学素养，发展儿童的个性特征，开展智动数学学科竞赛活动。

比赛是儿童很感兴趣的一种学习方式，因此"智动数学比赛"立足数学学科特点，结合儿童兴趣爱好，引导儿童在比赛中探究数学，在实践中收获乐趣，发展儿童特长。

1. 数学阅读大比拼。阅读不仅是语文学习的重要途径，也是数学学习的重要方法之一。有效的数学阅读可以帮助儿童更好地理解生活中的数学，可以丰富儿童的数学语言系统，可以开阔儿童的数学视野。因此，我们积极引导儿童阅读数学课外读物，以逐步形成良好的数学阅读习惯。

数学教师根据不同年级儿童的阅读兴趣和需求，精选适合本年级儿童阅读的数学读本，每周找时间交流数学阅读的心得，让儿童在享受数学阅读的过程中储存知识，更储存由此而来的快乐与充实，加强理解与感悟。

2. 小小计算王。口算是数学中重要的组成部分，是儿童学习数学的基础，也是儿童应该具备的基本技能。通过口算比赛的组织、实施和总结，激发儿童口算的兴趣，同时提高儿童的口算、估算能力，使儿童具有必备的、扎实的口算基本功。学校以相应年级现行教材内容为主，一至三年级侧重口算、速算能力的比赛，四至六年级侧重口算、巧算能力的比赛。从而落实课标所提出的"重视口算，加强估算，提倡算法多样性"的要求，展现儿童的风采，对提高全体儿童的计算能力起到良好的推动作用。

3. 解决问题小能手。"问题是数学的心脏"，数学教学如何有效地完成"问题解决"，对儿童而言，是一种综合的数学学习能力，也是综合性、创造性地解决新的情境中数学问题的过程。

解决问题比赛，是培养儿童认真严谨的学习态度，丰富儿童的学习生活，点燃儿童的学习激情，拓展儿童的学习渠道，提升儿童核心素养的数学活动。通过"数学阅读大比拼""小小计算王""解决问题小能手"等数学比

赛活动，激发全校儿童学习、钻研数学知识的兴趣，拓展儿童的知识面，提高儿童的数学素养。

综上所述，"智动数学"课程秉承"学用交融"理念，通过"智动数学课堂""智动数学工作坊""智动数学节""智动数学之旅""智动数学社团""智动数学比赛"践行这一学科理念。该课程特有的"智慧性"和"灵动性"，不仅较好地达成了数学课程目标，更丰富了课程内容的开发与实施，丰富了儿童的视野，拓宽了儿童的思维，有利于儿童数学核心素养的发展，让我们的数学课堂充满智慧和灵动。另外，课程方案的实施，还需要课程管理作为保障，才能进一步推动课程的发展。

（撰稿人：汪洋　汪婷　吴伟兵　章海峰）

第四章

建构：数学作为伦理性实践

数学作为伦理性实践，是认识自身的优势与劣势、培育对于数学的兴趣与爱好、找回失落的自尊感、探索更好的自我模式的手段，其实质是儿童的情意结构在"平衡——不平衡——新的平衡"的循坏中不断建构。儿童作为知识建构者不仅反映了儿童积极主动参与学习的一种精神状态，而且也体现了儿童学习能力不断提升的一种渐进过程。教师作为积极引导者，不仅让儿童学习了知识，还让儿童体验到了成功的乐趣，磨炼了克服困难的意志。

"建构"来源于建筑术语，原指建筑起一种构造，还指建立起一些抽象事物。对于学习而言，则是指学习的主体将客体抽象化、概括化，并形成自己的观念、认识、思维的过程。建构主义认为，人们在大脑中都存在已有的图式，即对事物的性质、规律以及该事物与其他事物之间的内在联系达到的深刻理解。当这种已有的图式不足以对周围的事物进行解释时，学习者在改变原有图式的动机下，就会获得学习。

　　佐藤学认为学习是一种认识自我的伦理性实践，即认识自身的优势与劣势，培育对于学习的兴趣与爱好，找回失落的自尊感，探索更好的自我模式。[①] 因此，数学作为伦理性实践其实质是儿童数学图式不断建构的过程，也就是儿童的情意结构在"平衡——不平衡——新的平衡"的循环中不断建构新的数学图式。其中，儿童是主动建构者，教师是积极引导者。

　　儿童作为主动建构者，不仅反映了儿童积极主动参与学习的一种精神状态，而且也体现了儿童学习能力不断提升的一种渐进过程。在数学课程的实践过程中，要主动收集并分析相关的信息和资料，把周围事物尽量和自己的已有经验相联系，并对这种联系进行认真的思考。在思考的过程中，儿童既可以自己和自己对话，也可以和同伴进行协同学习，从而重新认识自我，体验获得成功的乐趣，磨炼克服困难的意志，树立学好数学的自信心。华府骏苑小学每年举行的"灵慧数学节"，根据不同年级儿童的实际情况，设置不同的主题，儿童通过与已有经验的联系，主动探索、积极思考，在一次次的失败中走向最终的成功，磨炼克服困难的意志；在长廊展览中与同伴进行讨论、辩论，更好地认识自己的优势与不足，从而探索更好的自己。

　　教师作为积极引导者，应激发儿童的学习兴趣，激发儿童形成数学学习的动机，并且在儿童已有经验的基础上，启发儿童去发现规律、纠正错误、改变认识，重新建构并赋予新知识某种新的意义。而安居苑小学的"本真溯源周"立足于教材中的"你知道吗"这一趣味课程内容，在儿童阅读教材的基础上，形成自己的理解，再通过查阅资料、社会调查等活动形式来补充、完善自己的理解。每学期的这个过程可以引导儿童更深层次地追寻数学的起源，了解数学的演变过程，感受数学名人的伟大，从而激发儿童对数学学习

---

① 佐藤学. 课程与教师 [M]. 钟启泉，译. 北京：教育科学出版社，2003：376—378.

的热爱，体验数学学习的乐趣。

总之，数学作为伦理性实践，通过儿童的主动建构和教师的积极引导，儿童收获的不仅仅是知识，更多的是在主动建构知识的过程中，情意结构发生了改变。儿童体验到成功的乐趣，磨炼了克服困难的意志，从而重新认识自我，真正实现了自身的伦理价值。

（撰稿者：张梅娜　李运烨）

第一节

灵慧数学：建构灵慧的数学学习图谱

合肥市华府骏苑小学创办于 2007 年，目前学校数学学科组共 23 人，师资结构合理、业务精湛、理念先进，拥有合肥市骨干教师教师 4 人，蜀山区骨干教师 4 人，高级教师 3 人。近年来，华小的数学教师在参加各级各类比赛中，获国家级奖项 5 人，省级奖项 7 人，市级奖项 10 人。这些成绩的取得充分体现华小数学团队强大的实力。我们依据《教育部关于全面深化课程改革落实立德树人根本任务的意见》《中共中央国务院关于深化教育教学改革全面提高义务教育质量的意见》《义务教育数学课程标准（2011 年版）》等文件精神，推进我校数学学科课程建设。

学科课程哲学　充满灵性和智慧的数学

一、学科性质

《义务教育数学课程标准（2011 年版）》中指出："义务教育阶段的数学课程是培养公民素质的基础课程，具有基础性、普及性和发展性。数学课程能使学生掌握必备的基础知识和基本技能，培养学生的抽象思维和推理能力，培养学生的创新意识和实践能力，促进学生在情感、态度价值观等方面的发展。"[1]

---

[1] 中华人民共和国教育部. 义务教育数学课程标准（2011 年版）[S]. 北京：北京师范大学出版社，2012：1—2.

数学是灵性的。新常态下的数学教学，改变了中国过去那种传统的、静态的教学管理模式，依托数学实践性活动，赋予数学以生机。一个个彰显个性、有灵性的个体通过数学实践性活动，解决生活中的数学问题，获得了基本技能和基本能力，塑造了具有灵气的生命体。

数学是智慧的。数学是伴随人一生的、培养并提高儿童的思维和创新能力、奠基儿童品质的科学。儿童利用获得的数学知识，能解决一些简单的实际问题，提升核心素养，发展自己的智慧。

数学课程是一种数学实践活动教学，通过这样的实践性教学培养儿童抽象思维能力、逻辑推理能力以及创新意识。同时提升儿童乐于思考、善于质疑、勤于探究等良好品质，进而能促进儿童在情感、态度和价值观等方面的发展，为今后的学习、工作和生活奠定重要基础。

二、学科课程理念

《义务教育数学课程标准（2011年版）》指出："数学教学要面向全体学生，适应学生个性发展的需要。"[①] 因此，我校数学组将数学学科课程理念定位为"灵慧数学"。"灵"，是灵敏、机灵；"慧"是聪明、智慧。"灵慧数学"旨在促发每个儿童成为有灵性的人。我校"灵慧数学"课程的实施，积累了儿童的数学实践性活动经验，丰富了儿童的数学学科素养，形成儿童必备的人格品质。

（一）"灵慧数学"培慧智

慧智，可以深刻地认识人、事、物、社会、宇宙、现状、过去、将来，拥有思考、分析、探求真理的能力。"灵慧数学"在面向全体儿童进行教学设计过程中，对于不同兴趣、爱好、性格、特长等的儿童，做到因材施教，有的放矢，重在培养提高儿童的综合能力，提升发展儿童的素养，形成个体的智慧。

（二）"灵慧数学"促慧思

德摩根说过："数学发明创造的动力不是推理，而是想象力的发挥。"

---

① 中华人民共和国教育部. 义务教育数学课程标准（2011年版）[S]. 北京：北京师范大学出版社，2012：2.

"灵慧数学"的教学是一种创新的教学形式,是在教学活动中,教师不断地设疑、不断地启迪,儿童不断地思考、不断地释疑的过程。在这一思维活动过程中,儿童脑洞大开,发展了发散性思维。

(三)"灵慧数学"提慧能

《义务教育数学课程标准(2011年版)》指出:"数学教学是数学活动的教学。"[①] 我校的"灵慧数学"为实现育人目标,开发了一系列数学实践性活动,让儿童在数学实践性活动中进行观察、操作、猜测、验证等思维实践活动,积累他们的数学活动经验。刘家霞教授也指出:"数学活动经验就是儿童在经历数学活动过程中获得的对于数学的体验和认识。"数学实践活动教学是培养儿童具有发现问题、提出问题、分析问题并解决问题的能力,开拓儿童的创新思维,提升儿童的实践能力。

(四)"灵慧数学"乐慧创

苏霍姆林斯基说过:"在儿童的精神世界里有一种强烈的需求——总想自己是发现者、探索者。""灵慧数学"是通过实践活动,让儿童积极参与活动,经历活动的发生、发展、形成过程,感受在活动中创造的价值,体验数学创造带来的乐趣。

总之,"灵慧数学"课程通过培慧智、促慧思、提慧能、乐慧创的学习,促进儿童数学核心素养的形成,让每个儿童成为有灵性的人。

学科课程目标 让儿童体验数学的灵动

《义务教育数学课程标准(2011年版)》指出:数学课程能使学生获得适应社会生活和进一步发展所必需的数学的基础知识、基本技能、基本思想、基本活动经验。[②] 为此,我们确定我校数学的课程目标。基于数学学科核心素养的内涵和学校"灵慧数学"倡导的课程理念,设置了数学学科课程总体目标,让儿童体验数学的灵动。

[①] 中华人民共和国教育部. 义务教育数学课程标准(2011年版)[S]. 北京:北京师范大学出版社,2012:1.

[②] 中华人民共和国教育部. 义务教育数学课程标准(2011年版)[S]. 北京:北京师范大学出版社,2012:8.

一、学科课程总体目标

依据《义务教育数学课程标准（2011年版）》提出："数学课程应该致力于现实义务教育阶段的培养目标，要面向全体学生，适应学生个性发展的需要，使得：人人都能获得良好的数学教育，不同的人在数学上得到不同的发展。"[1] 我校将"灵慧数学"课程总体目标分为知识技能、数学思考、问题解决和情感态度四个维度。[2]

1. 知识技能：经历数与代数的抽象、运算与建模等过程，掌握数与代数的基础知识和基本技能；经历图形的抽象、分类、性质探讨、运动、位置确定等过程，掌握图形与几何的基础知识和基本技能；经历在实际问题中收集和处理数据、利用数据分析问题获取信息的过程，掌握统计与概率的基础知识和基本技能；参与综合实践活动，积累综合运用数学知识、技能和方法等解决简单问题的数学活动经验。

2. 数学思考：建立数感、符号意识和空间观念，初步形成几何直观和续表运算能力，发展形象思维与抽象思维；体会统计方法的意义，发展数据分析观念，感受随机现象；在参与观察、实验、猜想、证明、综合实践等数学活动中，发展合情推理和演绎推理能力，清晰地表达自己的想法；学会独立思考，体会数学的基本思想和思维方式。

3. 问题解决：初步学会从数学的角度发现问题和提出问题，综合运用数学知识解决简单的实际问题，增强应用意识，提高实践能力；获得分析问题和解决问题的一些基本方法，体验解决问题方法的多样性，发展创新意识；学会与他人合作交流；初步形成评价与反思的意识。

4. 情感态度：积极参与数学活动，对数学有好奇心和求知欲；在数学学习过程中，体验获得成功的乐趣，锻炼克服困难的意志，建立自信心；体会数学的特点，了解数学的价值；养成认真勤奋、独立思考、合作交流、反思质疑等学习习惯；形成坚持真理、修正错误、严谨求实的科学态度。

---

[1] 中华人民共和国教育部. 义务教育数学课程标准（2011年版）[S]. 北京：北京师范大学出版社，2012：2.
[2] 中华人民共和国教育部. 义务教育数学课程标准（2011年版）[S]. 北京：北京师范大学出版社，2012：8—9.

二、学科课程年级目标

基于上述总体目标，依据数学教材、教参和校本课程，我们厘定了"灵慧数学"课程年级目标。下面以四年级上学期为例，说明学科课程的具体目标（见表4-1-1）。

表4-1-1 "灵慧数学"课程四年级上学期目标表

单元 \ 目标	四年级上学期目标
第一单元《升和毫升》	1. 掌握升和毫升，知道它们之间的进率，会进行单位换算。 2. 初步了解测量容量的方法。
第二单元《两、三位数除以两位数》	1. 能正确笔算两、三位数除以两位数。 2. 理解运用连除法解决实际问题。
第三单元《观察物体》	1. 认识物体的前面、右面和上面，初步培养学生空间观念。 2. 通过"完好如初"游戏活动，进一步培养空间想象能力。
第四单元《统计表和条形统计图》	1. 认识理解简单的统计表和条形统计图。 2. 理解平均数的意义，会求简单数据的平均数。 3. 设计"快乐出发"活动，培养学生收集整理数据的能力。
第五单元《解决问题的策略》	1. 知道列表整理条件和问题的策略，合理确定解题思路并按步骤解决。 2. 学会有条理地思考，培养初步的数学思维能力，增强应用意识。
第六单元《可能性》	1. 知道事件发生的确定性和不确定性，能列举某一事件发生的所有可能结果。 2. 感受可能性是有大有小的，并能对一些简单现象作出定性描述。 3. 利用所学知识制作"幸运大转盘"，体会数学知识在生活中的广泛应用。
第七单元《整数四则混合运算》	1. 知道中括号，能根据三步混合运算的运算顺序正确进行计算。 2. 能解决简单的实际问题，发展数学思维，增强应用意识。 3. 设计"巧填运算符号"游戏，发现数学魅力。
第八单元《垂线和平行线》	1. 认识射线、直线和角；掌握角的分类，掌握量角、画角；认识并掌握画垂线和平行线。 2. 培养几何直观，发展空间观念。

学科课程框架　建构灵慧的数学学习图谱

《义务教育数学课程标准（2011年版）》指出：数学教育既要使学生掌握现代生活和学习中所需要的数学知识与技能，更要发挥数学在培养人的思维能力和创新能力方面的不可替代的作用。[1] 为了实现上述课程目标，我校建立数学学科课程框架。

我校"灵慧数学"课程一方面以国家基础课程为依托，奠定儿童自己未来学习、工作和生活的基础；另一方面聚焦学科目标和学科素养开发丰富的拓展课程，进而适应个别儿童终身发展的学习需求。两者相互交融、相互影响，使儿童通过与事物、与他人、与自身对话的实践中构建数学学习共同体，使每个儿童都能在数学上得到全面而又个性的发展。

一、学科课程结构

"灵慧数学"课程依据《义务教育数学课程标准（2011年版）》中四大领域内容，即"数与代数""图形与几何""统计与概率""综合与实践"，结合本校学生发展特点，将我校课程具体分为"灵机妙算""慧美图形""慧制统计""灵动实践"四大类，建构灵慧数学学习图谱。"灵慧数学"课程结构见下图（见图4-1-1）。

1. 灵机妙算。内容为数的运算能力以及和运算方法相关联的趣味教学游戏等。开设的课程有"加减有理""计算达人""你追我赶""费尽心机""觅迹寻踪""比比皆是"等。"数与代数"是小学数学基础课程的重要领域，开设与之相关联的拓展课程，旨在提高儿童的运算能力以及学会用更简便的方法解决数的计算问题。

2. 慧美图形。内容为拼搭图形、变换图形，以及设计发展创造多维空间分析模型。开设的课程有"有趣的拼搭""边边角角""奇思妙想""还原设计师""化繁为简""多维空间"等。"图形与几何"是小学数学基础课程的重要

---

[1] 中华人民共和国教育部. 义务教育数学课程标准（2011年版）[S]. 北京：北京师范大学出版社，2012：1.

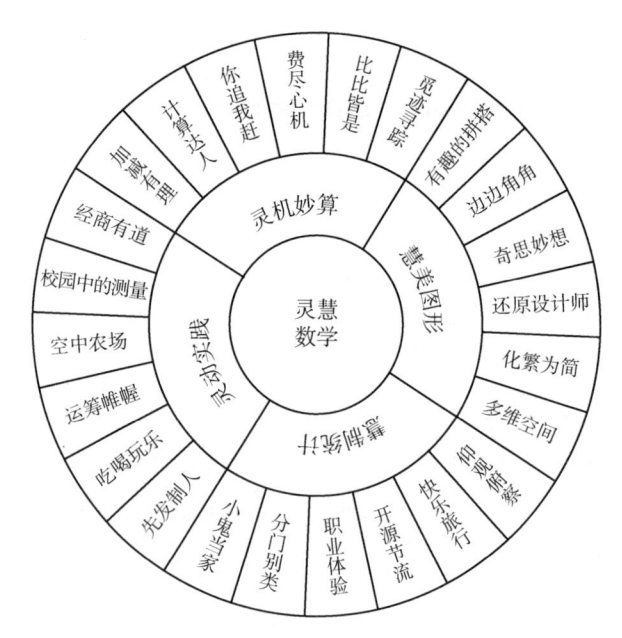

图 4-1-1 "灵慧数学"课程结构示意图

领域，开设与之相关联的拓展课程，经历拼搭图形的过程，感受图形之间的联系与变化。在拓展课程中儿童感受图形之美的同时，提高动手能力和创新意识，形成空间观念。

3. 慧制统计。内容为数据的分类、收集、整理、描述、处理和推断，感受数据中蕴含的基本数学信息。开设的课程有"小鬼当家""分门别类""职业体验""快乐旅行""仰观俯察""开源节流"等。"统计与概率"是小学数学基础课程的一个重要领域，经历收集、整理和分析数据的过程，掌握其中的方法，提高在实际问题中对数据的处理能力。

4. 灵动实践。内容为创设生活情境，由儿童自主参与解决生活中真实存在的问题。开设的课程有"经商有道""校园中的测量""空中农场""运筹帷幄""吃喝玩乐""先发制人"等。"综合与实践"是小学儿童数学学习基础教育课程的重要研究领域，开设和"综合与实践"相关联的拓展活动课程，通过实践活动不断积累经验，培养数学学习的兴趣与爱好，在与同伴互相学习的过程中充分认识自身的优势和劣势，探索更好的自我。

二、学科课程设置

除了国家基础课程之外，"灵慧数学"以课程目标的达成和核心素养的落实为出发点，基于四大领域开发相应的课程，具体拓展课程设置如下（见表4-1-2）。

表4-1-2 "灵慧数学"课程设置表

年级	课程	灵机妙算（数与代数）		慧美图形（图形与几何）		慧制统计（统计与概率）		灵动实践（综合与实践）	
		课程名称	课程内容	课程名称	课程内容	课程名称	课程内容	课程名称	课程内容
一年级	上学期	加减有理	分与合	有趣的拼搭	立体之美	小鬼当家	收纳小达人	经商有道	买年货
	下学期		百数能手		平面之美		采购小能手		小小商店
二年级	上学期	计算达人	横式之谜 拍七令	边边角角	快乐七巧板	分门别类	超市管理员	校园中的测量	身体尺
	下学期		竖式之谜		角的王国		了解好朋友		测定方向
三年级	上学期	你追我赶	抢1游戏 清0游戏	奇思妙想	巧剪窗花	职业体验	小小裁判员	空中农场	农场的周长
	下学期		巧算24点		创意钟面		小小调查员		农场的面积
四年级	上学期	费尽心机	巧填运算符号	还原设计师	完好如初	快乐旅行	快乐出发	运筹帷幄	幸运大转盘
	下学期		巧算专家 巧算内角和		美丽图案		人在囧途		我是大侦探
五年级	上学期	觅迹寻踪	数独	化繁为简	一分为二	仰观俯察	天气的变化	吃喝玩乐	今日菜谱
	下学期		寻找完美数		合二为一		蒜叶的生长		班级联欢会
六年级	上学期	比比皆是	树叶中的比	多维空间	"图"有其表	开源节流	促销策略	先发制人	魔方竞速
	下学期		大树有多高		体积中学问		财源广进		绘制平面图

学科课程实施　搭建伦理性实践的数学学习过程

"灵慧数学"课程依据学科课程理念、课程目标、课程设置，结合学校现状、师生特点，从六个方面设计"实施与评价"，即"灵慧课堂""灵慧数学节""灵慧社团""灵慧之旅""灵慧论坛""灵慧数学工作坊"，旨在践行"促发每个儿童成为有灵性的人"的课程理念。"灵慧数学"充分发挥儿童数学学习的主观能动性，引发儿童的数学思考，引导儿童培慧智、促慧思、提慧能、乐慧创，培养富有数学灵性的孩子。

一、建构"灵慧课堂"，让智慧生根发芽

"灵慧课堂"是以"创设情境、互动对话、展示交流、自主探究、平等和谐、拓展延伸"为核心的数学课堂，"灵慧课堂"通过创设具体的生活情境，启发儿童探寻与生活实际的联系，促发儿童在思考、探究、合作、交流、反思的过程中，获得基础知识、形成基本技能、发展数学思维，提升儿童的核心素养。

（一）"灵慧课堂"的实施方案

"灵慧课堂"能够发展儿童的核心素养，提升儿童终身发展的能力，以师生学习活动为载体，实现课堂的自主、合作、探究的平等和谐的课堂。"灵慧课堂"是师生在共同互动中，获得儿童发展的过程，是开发有价值数学活动的教育基地。

1. "灵慧课堂"是创设情境的课堂。在教学实践中，教师在备课时要立足儿童已有的经验基础，充分考虑儿童的兴趣，根据学习内容，全方面搜集利用各种不同形式教学资源（文本文档、音视频、实物模具等），从导入开始，创设一定的生活问题情境，激发儿童学习数学的兴趣，帮助儿童走进课堂。

2. "灵慧课堂"是互动对话的课堂。在有趣的问题情境中，教师适时、适当引导儿童积极交流、展开讨论，与文本对话知道文本的题意，与同伴对话，共同促进提高，与老师对话，解决心中的疑惑。在这样的互动中，儿童的思维能力、数学语言的表达能力以及同伴协作的协同能力都得以提升，同

时儿童能够完成对所学知识的重构，对所学内容正确且全面地理解。

3. "灵慧课堂"是展示交流的课堂。儿童是学习的主体，学习的过程不是孤立的。在学习过程中，每个孩子都会获得相应的知识，从而提升自我能力。与全班同学进行展示交流，既是一种成果的展示，也是一种考验，更是一种锻炼。"灵慧课堂"里，教师积极评价儿童在展示交流中反馈出的方法策略、情感态度及价值取向，同时也鼓励儿童自我反省、自我纠正、自我提高。

4. "灵慧课堂"是自主探究的课堂。儿童是学习的主体，是活动开展的主体，是学习过程的感悟主体，也是活动的体验者。在学习的自我活动中，教师是不能代替儿童的。在活动中，儿童的观察、操作、分析与思考是需要亲自感受的。儿童遇到的问题是通过在自我探索中，同伴互助、协作中获得问题的解答，从而体验一种探究的快乐，最终达到学习的目标。

5. "灵慧课堂"是平等和谐的课堂。儿童在课堂学习中，与教师、同伴是平等的、和谐的。儿童学习过程中，教师是引导者，教师有意识地培养儿童乐于思考、勤于思考、勇于质疑、敢于挑战的良好品质。儿童在师生、生生合作探究中，感受学习的乐趣，体验获得成功的喜悦。

6. "灵慧课堂"是拓展延伸的课堂。拓展与延伸是考察儿童知识能力与儿童综合素养的一种重要途径，是对学习内容的检测，也是评价教学目标的体现，更是对师生共同学习发展的延展，真正体现了教学相长。以儿童的生成作为"蓝本"，在独立建构的基础上，思维相互碰撞，逐步对知识进行完善。通过交流展示，更加清晰明朗的知识网络在师生共促中逐步形成。

总之，"灵慧课堂"坚持以儿童为主体，鼓励儿童在自主思考、积极探究、合作交流中获得直接活动经验，并有效地运用到实际生活中。

（二）"灵慧课堂"评价标准

多元化的评价途径更符合儿童的成长特点，多角度、多维度的评价方式可以培养儿童的兴趣，增强自信心，有利于儿童主动积极发展。教师提高自我认识，优化教学方法，提升专业素养，更深入地理解"灵慧课堂"的核心思想，让课堂丰富起来，实现师生共同成长。基于上述分析，建立以下评价标准。根据课型的不同，"灵慧课堂"教学评价表设计如下（见表4-1-3）。

表 4-1-3　"灵慧课堂"教学评价表

授课人		时间		地点	
课题				评价人	
项目＼标准	评价标准			评价方式	
				基本符合	基本不符合
教学目标	*（1）符合课程标准和儿童实际情况				
	（2）可操作的程度				
学习条件的准备	（3）适宜的学习环境				
	*（4）学习资源的准备				
	（5）学习活动的设计				
学习活动的指导与调控	*（6）教师指导有效性和指导范围				
	（7）教学过程掌控的有效情况				
交流反馈	（8）交流反馈的方式				
	*（9）交流反馈的效果				
儿童活动	（10）儿童参与活动的积极性				
	*（11）儿童参与活动的广度				
	（12）儿童参与活动的深度				
课堂气氛	*（13）课堂气氛的宽松度				
	（14）课堂气氛的融洽度				
教学效果	*（15）问题解决的广度				
	（16）灵活有效地解决问题				
	（17）教师、儿童的情绪体验				
其他					
教学特色					
评课等级和评语					

二、玩转"灵慧数学节"，让数学魅力彰显

"灵慧数学节"秉持"有趣、创新的数学"的理念，通过一系列的数学活动，为不同年级的孩子提供了展示自我价值和数学智慧的平台。儿童在不同阶段通过与同伴的交流、互学，感受数学的魅力，享受学好数学带来的乐趣、用数学知识不断创新的乐趣，使自己在数学上获得更大的发展。

（一）"灵慧数学节"的实施方案

"灵慧数学节"有着特定的含义，其目的是为了纪念我国古代伟大的数学家祖冲之，让学生记住我国特有的数学文化。依据 3 月的特殊意义，我校每年 3 月份设立了"灵慧数学节"，为儿童提供展示自己智慧的平台，营造了浓厚的数学文化气息，提升了数学素养。数学节分四个阶段依次进行。

第一阶段：数学节启动和征集数学节节徽、吉祥物。我校每年的 3 月启动数学节，并在全校儿童中征集每年数学节节徽、吉祥物。让每一个儿童参与其中，营造学习数学的气氛，培养主人翁意识。

第二阶段：创意 DIY。数学要结合生活实际、符合儿童身心发展规律，才能够最大限度地激发儿童的兴趣。所以根据每个年级儿童的实际情况，设置不同的 DIY 主题，在班级中进行评比。

第三阶段：竞技 PK。通过设置符合每个年级儿童实际情况的活动内容，在年级内进行评比。

第四阶段：闭幕式。汇总各年级获奖情况，依据学校数学组制定的细则，对获奖的个人及团体进行表彰，充分利用校园网和公众号进行新闻报道。

"灵慧数学节"在 3 月初准时拉开帷幕，分为四个阶段逐层实施。"灵慧数学节"的开展，使儿童循序渐进地获得不同的数学体验，让儿童在感同身受中理解不同数学活动的奥妙所在。基于课标，我校制定了符合校情的"灵慧数学节"课程实施表（见表 4 - 1 - 4）。

表 4 - 1 - 4 "灵慧数学节"课程实施表

项目 时间	课程目标		课 程 内 容
第一阶段	启动仪式		全校征集数学节节徽、吉祥物
第二阶段	创意 DIY	一年级：平面之美	团队合作，完成一件创意头饰，要求嵌入数字元素。每班选取 5 幅代表作品参加年级评比，展示并解说头饰的制作过程以及数字元素的寓意。
		二年级：角的王国	根据所学角的知识，每人独立设计一份数学手抄报，要求主题鲜明，版面整洁、美观。每班选取 5 幅代表作品参加年级展示、评比。

续表

项目 时间		课程目标	课程内容
		三年级：创意钟面	根据学生所获得的钟面知识，利用卡纸或硬纸板创意的制作一个钟面，呈现几何图形或动画图案。每班选取5幅代表作品参加年级展示、评比。
		四年级：美丽图案	利用轴对称、平移或旋转的知识，设计出一副美丽的平面作品，要求作品构思新颖、富有创意。每班选出5名优秀者组成班级代表队，参加年级评比。
		五年级：合二为一	利用易拉罐、硬纸板、塑料、木材、金属等废旧物品，围绕《梦想的家园》这一主题，完成建筑模型的创建、拼装。每班选取5幅代表作品参加年级展示、评比。
		六年级：绘制平面图	团队合作，根据所学的位置与方向知识，通过实地测量、小组讨论后，绘制校园平面图，要求表示出校园各建筑、绿植、运动器材等的相对位置关系，然后在班级内集体交流，回家再向家长介绍我们的校园。
第三阶段	竞技PK	一年级：收纳小达人	小组竞赛，通过分类、叠放，完成学习用品、生活用品的收纳任务，培养儿童的专注力及生活自理能力。用时最少、分类正确并叠放整齐的前3组获胜，参加年级比拼。
		二年级：竖式之谜	限时10分钟进行竖式计算，正确率高者获胜，以提高儿童对计算题的重视，锻炼专注力和心理素质，为计算能力的提高奠定基础。每班选出5名优秀者参加年级评比。
		三年级：巧算24点	根据所学的四则运算知识，各班进行巧算24点活动，用加、减、乘、除及括号把4个数凑成24点，在规定时间内想出方法最多的人获胜。每班选出3名优秀者组成班级代表队，参加年级评比。
		四年级：幸运大转盘	结合Scratch软件，分组合作，设计一个幸运大转盘，让儿童理解随机数并掌握随机数的用法，同时促进数学与信息学科的融合。每班选取一幅优秀作品参加年级评比。

续 表

项目 / 时间	课程目标	课程内容
	五年级：数独	在九宫格中填入1—9几个数字，使每一行、每一列、每一宫内都不出现重复数字，填写正确并用时最少者获胜，以培养儿童的思维能力和逻辑推导能力。每班选取一名优秀者参加年级评比。
	六年级：魔方竞速	使用三阶魔方，两人一组进行PK，互相拧乱对方的魔方，参赛者对魔方进行一面复原或六面复原，用时最少者获胜，培养儿童的观察能力、分析能力、思维能力以及动手能力。每班选出3名优胜者参加年级评比。
第四阶段	闭幕式	对获奖个人及团体进行表彰，及时进行新闻报道。

（二）"灵慧数学节"的评价标准

"灵慧数学节"依据各年级的活动和儿童的年龄特征，构建科学合理的评价体系，能保证节日课程高效地开展，促进儿童数学的发展。每个阶段的活动由本年级教师负责，每个阶段的活动都有具体的活动方案，包括活动目的、活动形式、活动安排、评价标准。"灵慧数学节"的评价有两个途径：一是通过文化长廊的形式进行。每个阶段的活动都会筛选出优秀作品放在文化长廊展示，供大家欣赏。二是通过项目表演，邀请评委老师评比（见表4-1-5）。

表4-1-5 "灵慧数学节"评价表

年级		时间		内容		
成员				评价老师		
标准 / 项目	评价标准			评价方式		
				A	B	C
活动内容	与学科课程相契合，满足儿童个性化需求。					
	既有趣味性又富含创新性，充分体现"趣味、创新的数学"宗旨。					
	活动内容合理、贴合实际，符合学龄特点和认知水平。					

续 表

标准\项目	评 价 标 准	评价方式 A	B	C
活动形式	以年级组为单位组织开展,可以文化长廊展示作品。			
	通过项目表演,突显在"乐中学"的学科理念,表演、展示等将活动与智慧相结合。			
活动过程	能认真做好活动前期的准备工作。			
	能根据活动内容完成活动要求和任务。			
	能积极主动思考问题并勇于解决。			
	能主动与他人互助合作,交流分享。			
活动效果	独立思考并能解决问题,活动体验有真实性。			
	知识上横向有拓宽,纵向有拔高,用知识解决问题的能力得到提高。			
	创新意识和探究能力得到增强。			
综合评价				

三、创设"灵慧社团",让能力绽放光彩

"灵慧社团"的创设目的是激发学生学习数学的兴趣,让学生在对数学知识的探索中爱上数学,从而拓展到他们在生活中对数学的探索与应用。我校"灵慧数学社团"形式多样,内容丰富,贴近儿童生活实际,使学生在"学数学、做数学、玩数学"的社团核心理念下的数学实践中找到自身的优势,找回在数学课堂上失落的自尊感。每个学年开学前,学校的数学教师根据每个年级学生数学发展的兴趣和不同需求以及每个年级的数学教材内容确定本学期的社团活动课程,并在校园中发布社团招募令,学生先自愿报名,教师再依据社团的要求从中录取合适的社员,并于每周五下午利用两节课的时间在各个年级开展数学社团相关活动。

(一)"灵慧社团"的实施方案

"灵慧社团"是校园文化生活的展现,它是针对每个年级的儿童特点以及对知识的掌握程度设置的个性化课程体系,在学校校园文化活动中扮演重要的角色。"灵慧社团"主要是在数学教材内容的基础上,开展与数学活动有

关的社团活动，在活动的过程中能够培养孩子学会发现问题、提出问题、思考问题，最终达到有效解决问题的目的，同时在这一过程中也提升了孩子独立思考与团结协作的能力。

1. 紧扣数学教材确定活动题材。结合数学教材精心策划、设计社团活动内容，活动题材与儿童生活经验紧密联系，这样能让儿童在实践探究中获得新的体验和能力的提升。

2. 坚持"一课一主题"原则设计活动内容。活动要遵循"一课一主题"原则，与课堂同步教学不同，但又与课堂同步教学内容有关联，如将教材中的"课题学习"用于数学社团活动中。

3. 兼顾活动的趣味性与实效性。数学社团活动有一定的实效性，在儿童能够获得数学知识的同时，也具有趣味性，能够有效促进儿童学习数学的主动性，并对儿童的学习有积极的启发性和教育意义。

4. 突出活动的基本过程。尽可能从儿童生活经验中找出与之关联的生活情境，教学过程中尽可能突出"从问题情境出发、建立模型、应用与推广"的基本过程，培养儿童自主探究问题的能力和应用数学的意识。

5. 小组合作开展活动，展示成果。在每个年级的灵慧社团中，儿童根据要求自主选择小组成员，组成不同的学习小组，以小组合作的形式确定活动主题、活动方案和活动内容等，有序开展相关课程活动。每次社团活动结束时，小组成员对活动过程和成果进行整理，并集成有形成果，以小组汇报的形式在社团内进行分享、讨论、展示，并反思。

（二）"灵慧社团"评价标准

"灵慧社团"活动正常有序地开展，不仅很好地发展了儿童的数学思维，拓宽了儿童的数学眼界，还提高了儿童学习数学的热情和兴趣，让儿童在探索实践中获得数学思维品质的发展，真正获得数学的核心素养。"灵慧社团"不仅关注活动成果，更关注活动过程，不仅关注数学教材内容，更关注数学思维方法和解决问题的能力，所以"灵慧社团"以教师评价为主要评价方式，评价包括活动建立、活动过程、活动成果、档案管理四个方面，方便社团教师及时了解儿童的参与情况，并及时把握后续课程的活动方向。具体评价标准如下（见表4-1-6）。

表 4-1-6 "灵慧社团"评价表

时间		地点		社团名称		
社团成员				评价老师		
评价项目	评价标准			评价方式		
				优秀	良好	合格
活动建立	可行的活动制度；详细的活动计划；新颖的主题、内容和形式。					
活动过程	有效地激发学习兴趣；形成浓厚的学习氛围；详实的活动记录（包括活动照片、儿童作品和活动后的总结评价）。					
活动成果	展示形式多样、有针对性；内容符合社团特点；儿童得到有效发展；有借鉴价值的经验与反思。					
档案管理	活动档案规范、完整。					

四、乐享"灵慧之旅"，让实践脚踏实地

"灵慧之旅"即课程，就是倡导生活场景，鼓励孩子回归生活，在研学探究中通过发现并解决生活中的数学问题展开快乐学习。"灵慧之旅"旨在让儿童在课堂之外拓宽眼界、增长见识、培养兴趣、感悟不同的人文素养，全面提升儿童数学核心素养；"灵慧之旅"注重构建学习共同体，注重将数学与生活实际联系，注重儿童结合自身情况构建与数学有联系的知识经验，并将其有效运用到实践中去；注重儿童合作学习，通过积累经验、经历思考、交流体会，最终达到共同提高，共同成长的目的。

（一）"灵慧之旅"的实施方案

数学来源于生活，又服务于生活。陶行知先生曾说："生活即教育，社会即学校"。生活中处处有数学，教育者要创造机会让儿童走出课堂，走进社会大集体，感受生活中真正的数学，体会数学的魅力。"灵慧之旅"作为孩子数学学习的第二课堂，结合校内外不同资源，在儿童的年龄特征和已有知识经验的基础之上，组织儿童开展探索性实践活动，关注儿童数学学习过程中的信心、态度，使他们逐渐形成良好的数学学习习惯。另外，充满别样生机的旅途，也能促进儿童思维能力、情感与价值观的多元化发展。

通过结合儿童的年龄特点和年级课程目标，选取与生活息息相关的数学知识，分初级、中级和高级三阶段制定不同的"灵慧之旅"方案，引导儿童学以致用解决生活中的趣味问题。

初级阶段（一、二年级）——观察生活，发现问题。生活处处有数学，发现问题是开启"灵慧之旅"大门的钥匙。在"灵慧之旅"中，引导儿童在生活中密切联系数学，乐于用数学的眼光探索身边的事物，及时发现与数学有关的问题，如认识玩具店里摆放的不同形状的立体模型，发现超市物品标签上的单价，观察商场电梯的运动方向……有发现就要有记录，儿童自制"随手记"本，记录何时何地发生在身边的疑惑问题和趣味发现。

中级阶段（三、四年级）——研究生活，思考问题。深入地思考问题是"灵慧之旅"通往成功的唯一道路，没有思考，就没有真正意义上的数学学习。如：自行车、汽车的车轮为什么都是圆的？能不能改成正方体形状呢？全班同学去游乐园划船，怎样安排使每个人都能坐船又省钱呢？超市促销活动哪种方案购买更省钱？购买彩票获奖的概率有多大？农场菜地面积怎样分配更合理……借助儿童分享的问题，选择儿童有研究价值的数学问题，分成小组，引导儿童自主运用数学观点分析问题、设计解决问题的思路，在真实情境下，通过师生构建学习共同体，打造有效的数学活动，经历高效的实践探索，最终在体验数学学习的乐趣中获得自身的提升与成长。

高级阶段（五、六年级）——用于生活，解决问题。回归到生活中，解决实际问题是"灵慧之旅"的最终目的。五、六年级的儿童不仅具备较大的知识容量，而且还具有一定的组织能力，同时这个阶段孩子们富有想象力，教师要善于引导儿童把"储备"的知识进行吸收转化，以激发、促进、培养儿童的应用意识。研学之旅不再是简单的发现问题和思考问题的过程——活动前要根据研学主题收集相关资料，制定行之有效的活动方案；活动时教师要帮助儿童们按照制定的方案策划并实施活动，在实践活动中要根据情况进行及时调整，结合所学数学知识开展主题研究，以多种形式记录活动体验；活动后要及时反思总结活动方案中存在的不足之处，调整修改活动方案，形成研究问题的报告，为下次的研学之旅积累经验（课程表见表4-1-7）。

表 4-1-7 "灵慧之旅"课程表

项目 年级	时间	课程名称
一年级	9—12月	经商有道
二年级	3—6月	校园中的测量
三年级	9—11月	空中农场
四年级	9—12月	运筹帷幄
五年级	9—12月	吃喝玩乐
六年级	3—6月	先发制人

（二）"灵慧之旅"的评价标准

在实际生活中，只有丰富儿童的实践探究活动，才能加深对数学问题的理解与应用。"灵慧之旅"的评价以正面评价为主，采用儿童的自评、互评和师评相结合的方式，小组之间开展经验交流与成果展示等，激发儿童对数学的学习热情（见表4-1-8）。

表 4-1-8 "灵慧之旅"评价表

年级		时间		地点		
活动内容			指导老师			
标准 项目	评价等级			评价方式		
	优秀	良好	合格	自评	互评	师评
准备材料	积极、认真收集活动材料。采用多种途径收集，可以线上网络途径，也可以线下找图书资料等。	比较认真完成材料收集任务，但收集途径较单一，局限于书本和课后资料。	对于收集材料工作比较被动，缺少自己思考的部分，更多参考同学的劳动成果。			
提出问题	勇于提出不同的看法或有价值的问题，大胆尝试并清晰表达自己的想法。	有提出自己的不同看法，并尝试表达自己的想法。	没有提出和别人不同的问题，不敢尝试和表达自己的想法。			
解决问题	主动利用多种渠道搜集整理资料，并能够综合运用数学知识探究问题。	能够参与资料的收集整理，能够运用简单的数学自身探究简单的问题。	没有及时进行资料收集，不能够利用数学知识解决问题。			

续表

项目 \ 标准	评价等级 优秀	评价等级 良好	评价等级 合格	评价方式 自评	评价方式 互评	评价方式 师评
合作意识	小组内人人参与，信息资源能够共享互补，善于合作、交流，能够倾听他人的想法。	多数组员能积极参与小组活动，能够与人合作和简单的交流，听取他人的意见。	小组成员参与度不高，缺乏合作意识，资源不能共享，不能进行良好的沟通交流。			
活动效果	形成学习共同体的良好氛围，相互合作学习，共同提高。	基本能够合作学习，部分同学有所提高。	没有相互促进学习，没能得到共同成长和提高。			
我的收获：						
老师寄语：						

五、举办"灵慧论坛"，让学习回归本真

"灵慧论坛"旨在加强儿童数学语言的感受能力、表达能力，丰富儿童的数学知识和数学文化底蕴，体验数学的趣味性。儿童在搭建学数学、玩数学的平台中重新建构数学，玩转数学，在数学实践中找到自我价值。

（一）"灵慧论坛"的实施方案

"灵慧论坛"以"数学阅读""数学故事演讲""数学文艺会""数学擂台赛"等项目为论坛要素，提供一个课堂之外的数学活动舞台，让儿童在经历活动探索中，感受数学的魅力，使儿童有意识地提升自己的数学文化和数学思想。

1. "数学阅读"：数学阅读是儿童获取数学知识，发展数学思维的途径之一，同时也是儿童养成数学阅读习惯和掌握学习方法的重要方式，对发展儿童的数学学习能力有着重要的作用。数学阅读可以增强解题能力，加强对题目的理解，及时捕捉题目中有用的信息，加深思考层次；数学阅读可以提高学习主动性，数学相对而言比较枯燥、乏味，数学阅读可以增强对数学学习的兴趣，培养儿童积极主动地思考。为了丰富儿童的课外阅读，了解古今中外数学家的故事，我校特开展"数学阅读"活动。在阅读的过程中提出适当的问题，让儿童带着问题去读，从而使儿童从机械阅读转向意义阅读；教

师指导儿童在阅读中做好笔记,"好记性不如烂笔头",笔记是积累认知经验和提高认识水平的重要方式。数学笔记可以分为疑问性笔记和感触性笔记,疑问性笔记是在阅读中遇到困难时,感触性笔记是阅读中有所感、有所想;教师在阅读中注重与儿童的交流,善于把握契机并充分发挥主导作用,让儿童在交流中提高数学阅读能力;教师在知道阅读中适当增加课外延伸,提高儿童的兴趣。

2. "数学故事演讲":数学故事的历史源远流长,用儿童化、生活化、趣味化的语言,将数学问题融入其中不仅使儿童了解了知识背后的故事,更牢牢记住了知识本身,将数学与趣味紧密联系在一起,儿童眼中的数学不再是孤立的而是无处不在、无所不能的,让处在数字敏感期的孩子寓教于乐。数学教师每周五下午安排10分钟"讲故事"活动,每次两人,分享自己阅读的故事或阅读后的心得等。教师作为指引者,负责将儿童带入变化无穷的数学故事中。这些故事有的贴近儿童的生活,儿童就越容易接受;有的故事简单化,儿童由于年龄限制,对很多事物的理解还局限在具体化阶段,越简单具体的儿童越容易理解学习;有的故事趣味性很强,激发了儿童学习的积极性和主动性。儿童做讲故事的人,需要自己动手查阅资料、反复探究、积极思考、主动交流等,这过程不仅帮助儿童成为出色的小小数学故事家,还使他们从中体会到数学的无限乐趣。

3. "数学文艺会":为丰富儿童的课余生活,促进儿童主动学习数学、探索数学、自主解决数学问题,展现自己的数学风采,我校特开展"数学文艺会"活动。活动有"优秀作业展""趣味数字画展""趣味制作展""剪纸画展""数学家知识画报展""有趣的拼搭""立体图形秀"等。这些活动让同学们对数学有了新的认识、新的体验,从而更愿意亲近数学并感受数学的美妙,同时激发了儿童爱数学、学数学的热情,也提升了校园数学文化内涵。活动主要以年级组为单位,组织并实施,从中选出优秀作品以自主墙形式展现。

4. "数学擂台赛":挑战数学,体验数学的神奇,学校组织开展"数学擂台赛"。活动内容主要有"趣味七巧板比赛""过目不忘记忆比拼""极速二十四点比赛""数字华容道挑战赛""智慧题挑战榜"等。活动过程中气氛热烈、激情高涨,儿童都积极参与,乐于思考、勤于动手、勇于实践,在各项比赛中都赛出智慧、赛出水平。儿童通过这次比赛拥有更大的平台展示自我、挑战自我，校园里掀起了一股数学学习的热潮。活动分两个阶段，第一阶段由各年级组选定内容，班级进行评选，优胜者晋级。第二阶段，数学教研组成员组织以年级组为单位的校级擂台赛。

（二）"灵慧论坛"的评价标准

"灵慧论坛"的评价旨在增长儿童的数学知识，开拓数学视野，提高儿童对数学学习的兴趣，形成自主解决数学问题的意识，提升儿童可以利用数学知识解决这些问题的能力，促使儿童通过"灵慧论坛"不断发现自身在数学上的优势，弥补自身在数学领域的短板，找回自信。"灵慧论坛"的评价表如下（见表4-1-9）。

表4-1-9 "灵慧论坛"评价表

时间		地点		内容			
论坛成员			指导老师				
标准\项目	评 价 标 准			评价方式（优秀、良好、合格）			
				自评	互评	师评	家评
数学阅读	1. 材料准备充分、体现数学趣味性。						
	2. 阅读时间合理、有效。						
	3. 阅读形式多样，有新的体验。						
	4. 教师指导规范、有实效。						
数学故事演讲	1. 故事演讲生动、有趣，表达准确。						
	2. 故事深刻、有启发。						
	3. 数学小日记和手抄报的反馈真实、有感。						
数学文艺会	1. 数学作品主题鲜明，有自己的想法。						
	2. 文艺作品呈现方式灵活多样，有创意。						
	3. 具有知识性，趣味性。						
数学擂台赛	1. 时间的把握。						
	2. 正确率。						
	3. 思维的敏捷性。						

六、设立"灵慧工作坊",让创新释放溢彩

为了响应国家号召,落实教育方针,实现教育创新,更好地培养儿童的创新思维,提升儿童的创新能力,我校创建了"灵慧工作坊"。

(一)"灵慧工作坊"的实施方案

我校数学组邀请科学组加入,创建了"灵慧工作坊"。两大组一起制定活动方案,每周三下午的科学活动日进行工作坊活动。"灵慧工作坊"下设"3D打印工作坊""剪纸工作坊""串珠工作坊"。每个小工作坊都由两名数学教师和一名科学教师组成。

1. "3D打印工作坊"是利用3D打印机,在我校创客教室开展的一项现代技术的工作坊。儿童自己设计数学图形方案,并由自己操作打印网络平台。

2. "剪纸工作坊"是儿童根据自己设计的数学图案,利用彩纸、剪刀巧手裁剪出料的动手平台。

3. "串珠工作坊"是利用选购的相应配件或废物利用,儿童自己设计图案,自己动手制作的DIY作品的操作平台。

4. "灵慧工作坊"是学校从数学组挑选骨干且有特长的教师,与科学老师组团,利用各自的优势,合作开展的工作坊工作。

5. "3D打印工作坊""剪纸工作坊""串珠工作坊"主要在四、五年级进行,旨在培养儿童的动手能力、交流能力、小组合作能力、思维空间想象能力以及创新思维能力。从四、五年级儿童根据爱好、特长中挑选出来,满足儿童的多样性、个性化需求,提升儿童的创新能力。

(二)"灵慧工作坊"的评价标准

"灵慧工作坊"根据每次开展的情况,以儿童为中心,针对儿童的活动过程和活动成果,分别从过程性评价和综合性评价两方面进行。每次评价从自评、互评和师评来进行。因此,我校"灵慧工作坊"教师制定了活动评价标准,评价表如下(见表4-1-10)。

综上所述,"灵慧数学"秉持"促发每个儿童成为有灵性的人"的课程理念,尽可能地发展儿童在数学领域的自身优势,弥补自己学习数学的短板,挖掘数学学习的内在潜能,找回在数学课堂中遗失的自尊感。当然,课程方案的实施,落地生根,还需要学校课程管理作为保障,进一步推动课程的发

表 4-1-10 "灵慧工作坊"评价表

时间		地点		工作坊名称	
工作坊成员					
评价项目	评 价 标 准	评价方式 （优秀、良好、合格）		
		自评	互评	师评
活动过程	有制作前的设计方案，设计合理，有创新思维。能有效地激发学习兴趣，提升创新能力。详实的活动记录（包括活动照片、儿童作品和活动后的总结评价）。			
活动成果	能根据自己的设计，利用相应的工具，制作出作品。作品能体现创新点，能力得到提升，儿童得到有效发展；有借鉴价值的经验与反思。			
档案管理	活动档案规范、完整。			

展。总之，"灵慧数学"能够培慧智、促慧思、提慧能、乐慧创，在不断的自我探索中培养富有数学灵性的儿童。

（撰稿者：徐敏　许维贵　赵靳　张梅娜　丁娟娟　杨吟雪　杨晓洁　张春梅　李亚运）

第二节

本真数学：给予儿童追根溯源的动力

合肥市安居苑小学教育集团现有安居苑、天鹅花园、西城三个校区，71个教学班，近3000名学生，200余名教职工，数学教师有40余名，其中市级骨干教师5位、区级骨干教师9位。数学组教师锐意进取，深入研究教材、教法和儿童实际，不断深化课堂教学改革，在实施摸索中提出了"本真数学"的课程理念，在践行这一理念中，多位教师执教的优质课荣获国家级、省级、市级和区级奖励。师生们优秀的学习品质和工作作风为我校数学课程开发提供了有力的保障。我们依据《教育部关于全面深化课程改革落实立德树人根本任务的意见》《中共中央国务院关于深化教育教学改革全面提高义务教育质量的意见》《义务教育数学课程标准（2011年版）》等文件精神，推进我校数学学科课程建设。

学科课程哲学　数学学习回归本源

一、学科性质

《义务教育数学课程标准（2011年版）》指出："数学是研究数量关系和空间形式的科学……数学作为对于客观现象抽象概括而逐渐形成的科学语言与工具，不仅是自然科学和技术科学的基础，而且在人文科学与社会科学中发挥着越来越大的作用……数学课程能使学生掌握必备的基础知识和基本技能，培养学生的抽象思维和推理能力，培养学生的创新意识和实践能力，促进学生在情感、态度与价值观等方面的发展。"[1]

儿童学习数学所收获的不仅是知识与技能,如果儿童能自觉深入地思考,挖掘数学的本质,追寻数学的本源,并将所思、所悟加以融合、内化、迁移到现实生活中用来解决实际问题,儿童切实感受到学习数学的价值,其数学学科素养也必会得到提升,数学学习即回归本源。

二、学科课程理念

结合《义务教育数学课程标准(2011年版)》中指出的"培养学生的创新意识和实践能力"。[2] 通过给儿童提供充分的数学实践机会,在实践中激发儿童交流数学思维,让儿童基于现实引发思考,从知识本源深入思考,联系应用创新思考。因此,安小数学组将数学学科课程理念确定为"本真数学",把培养儿童的数学思维和实践能力、提升儿童的数学学科素养为根本出发点。

"本真"意为"本源,真相,本来面目"。本真数学的"本"可以理解为本源、本质、本位。"真"可以理解为真实、真为、真情。[3] 我们认为"本真数学"的理念是让儿童自觉地将自己的所思、所感、所悟灵活地运用到现实生活中,切实感受到数学的应用价值,提高儿童用数学思想和方法解决实际问题的能力。

(一)"本真数学"是引发深入思考的数学

新课标提出儿童要能运用数学的思维方式进行思考,所以我们将始终把培养儿童的数学思考能力放在第一位,在学习中能够认真分析深入思考,探索和发现数学知识的联系与区别,领悟数学学习的本真,并培养儿童从数学视角去分析问题,在深入思考中让儿童的思维得到发展与提升。

(二)"本真数学"是促使善于表达的数学

在教学中,教师会经常组织儿童进行全班交流、小组交流、同桌交流、个别交流等多种交流方式,其目的都是引发儿童表达自己想法的愿望,逐步

---

[1] 中华人民共和国教育部. 义务教育数学课程标准(2011版)[S]. 北京:北京师范大学出版社,2012:1—2.
[2] 中华人民共和国教育部. 义务教育数学课程标准(2011版)[S]. 北京:北京师范大学出版社,2012:1.
[3] 唐少雄. "本真数学"教学主张及构建实践[J]. 辽宁:小学数学教育,2019(7):7—10.

提高儿童的数学语言表达能力。但在儿童的互动和交流过程中，儿童的语言表达难免有啰嗦，词不达意，使数学课堂的探究活动时间被拖延，影响课堂教学效果。实施"本真数学"的过程中，培养表达与交流能力不仅是让儿童会说，更要培养儿童"说的简洁、准确""善于倾听别人意见""有效地交换信息"的能力、不断反思与自控的元认知策略。

（三）"本真数学"是引导积极实践的数学

这也是我们一直在追求的应用意识和学用交融的境界。"本真数学"注重引导儿童将学习所得融合、内化、迁移到现实生活中，让儿童切实感受到数学在生活中的价值。

总之，"本真数学"课程通过儿童经历思考、表达、实践的学习过程，提升儿童数学学科素养，达到学科育人的目的。

学科课程目标　追根溯源激发动力

《义务教育数学课程标准（2011年版）》指出的课程目标是："通过义务教育阶段的数学学习，学生能：1. 获得适应社会生活和进一步发展所必需的数学的基础知识、基本技能、基本思想、基本活动经验。2. 体会数学知识之间、数学与其他学科之间、数学与生活之间的联系，运用数学的思维方式进行思考，增强发现和提出问题的能力、分析和解决问题的能力。3. 了解数学的价值，提高学习数学的兴趣，增强学好数学的信心，养成良好的学习习惯，具有初步的创新意识和科学态度。"[①] 基于数学学科核心素养的内涵和"本真数学"倡导的课程理念，我校设置了数学学科课程总体目标，激发儿童追根溯源的动力。

一、学科课程总体目标

依据《义务教育数学课程标准（2011年版）》提出的"数学课程应致力于实现义务教育阶段的培养目标，要面向全体学生，适应学生个性发展的需

[①] 中华人民共和国教育部. 义务教育数学课程标准（2011版）[S]. 北京：北京师范大学出版社，2012：8.

要，使得：人人都能获得良好的数学教育，不同的人在数学上得到不同的发展。"[①] 我校将"本真数学"课程目标分为知识能力、数学思维、问题解决、学习品格四个方面。

1. 知识能力目标：基础知识的理解和基本技能的形成是学科核心素养生成的重要方面之一。在知识能力方面，创造机会让儿童经历探索从具体情境中抽象出数学符号的过程，理解算理后掌握基本的计算（估算）技能；探索并掌握一些基本图形的性质与判定，儿童学会文字语言、图形语言、几何语言三者的转化，培养初步的空间观念；联系实际使儿童经历数据收集和整理的全过程，初步掌握统计和概率方面的基础知识和基本能力。引导学校积极开设一些综合实践活动课程，儿童运用数学知识解决实际问题，从而积累学数学、用数学、创数学的活动经验。

2. 数学思维目标：引导儿童在数学"双基"的学习中，经历实验、观察、操作等活动发展猜想、类纳等数学思考方法，促进儿童抽象、推理和模型思想的构建；体会数学知识之间、数学与其它学科之间、数学与生活之间的联系，了解数学的运用价值，具备独到的数学思维的方式。

3. 问题解决目标：引导儿童留心观察日常生活或具体情境中存在的数学问题，并在此基础上提出更深层次的问题，有兴趣和意愿综合运用相关的数学知识加以解决；反思探索分析和解决问题的基本方法，体验问题解决方法的多样性，在比较辨析中提炼出有效方法；在问题解决的过程中，能够与他人合作交流，并能够清晰地表达自己的思考过程，加强与人合作的能力；通过元认知自觉反思解决问题的过程；能够主动利用课外数学阅读或其他网络渠道查阅数学资料。

4. 学习品格目标：在学习数学的过程中，提高儿童学习数学的兴趣，增强儿童学好数学的信心；养成良好的学习习惯，具有初步的创新意识和科学态度；培养与发展数学抽象、逻辑推理、数学建模、直观想象、数学运算、数据分析等数学学科核心素养，感受数学之美，对数学产生热爱和崇拜，保持对儿童的永久动力。

---

① 中华人民共和国教育部. 义务教育数学课程标准（2011版）[S]. 北京：北京师范大学出版社，2012：2.

二、学科课程年级目标

基于上述总目标，依据苏教版数学教材、教参和学校实际，我们厘定了六年的课程目标。这里，我们以四年级下学期为例，说明学科课程的具体目标（见表4-2-1）。

表4-2-1 "本真数学"课程四年级下学期目标表

单元 \ 目标	四年级下学期目标
第一单元 《图形的运动》	1. 能辨别图形的平移和旋转现象。 2. 理解图形运动的基本特征，培养空间观念。
第二单元 《认识多位数》	1. 认识亿以内的数。 2. 会比较大数的实际大小。
第三单元 《三位数乘两位数》	1. 掌握两三位数乘法的算法，能正确计算。 2. 会运用学到的知识解决实际问题。
第四单元 《用计数器计算》	1. 认识普通计算器，会用计算器计算相关算式。 2. 通过"数不胜数——探奥索隐"这一课程的学习，体会用计算器计算的应用价值。
第五单元 《解决问题的策略》	掌握"画图"这一解决问题的策略，能用相关策略解决实际问题，培养儿童的策略意识。
第六单元 《运算律》	1. 理解并掌握加法和乘法运算律。 2. 会运用运算律进行简便计算，提高运算能力。
第七单元 《三角形、平行四边形和梯形》	1. 熟悉这三种图形的基本特征，能规范度量和画出它们的高。 2. 借助"错落有致——巧数图形"这一课程，发展空间观念。
第八单元 《确定位置》	1. 会用数对表示平面图形上的点。 2. 通过"躬行实践——数字传情"这一课程的学习，感受数学的趣味性，激发学习热情。

学科课程框架　本真课程多彩建构

"本真数学"课程一方面充分依托基础课程，另一方面根据学科特点和学校的工作实际，开发了多样化的拓展课程，以建构丰富多彩的本真课程。本真课程培养儿童终身发展所需的关键能力，促进儿童思维生长，满足儿童个性发展需求，开发儿童的潜能和特长，使儿童获得更为全面的知识与能力，全面提升儿童的数学核心素养。

一、学科课程结构

"本真数学"课程依据《义务教育数学课程标准（2011年版）》，秉承学科课程哲学，结合儿童发展特点，具体分为"本真计算""本真图形""本真统计""本真实践"四大类。"本真数学"课程结构示意图如下（图4-2-1）。

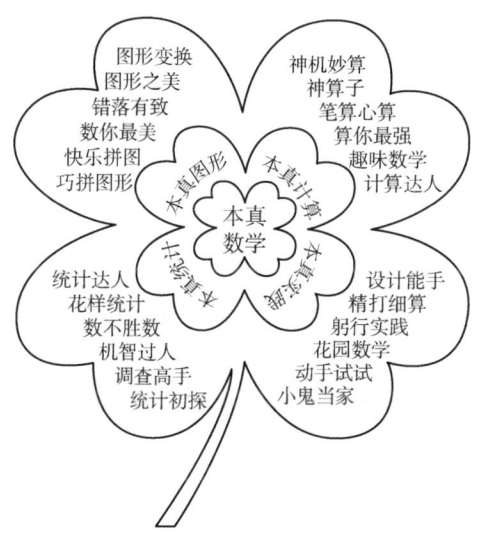

图4-2-1 "本真数学"课程结构图

1. 本真计算。通过开展有趣的计算、巧算等活动，培养儿童解题策略，发展计算兴趣、计算能力和思维灵活性。开设的有"计算达人""趣味数学""算你最强""笔算心算""神算子""神机妙算"等课程。

2. 本真图形。根据儿童现有的生活经验和不同的认知规律，调动儿童多种感官进行探究活动，经历剪、拼、画等动手操作活动，体会图形变化的神奇，进一步发展儿童的空间观念。开设的有"巧拼图形""快乐拼图""数你最美""错落有致""图形之美""图形变换"等课程。

3. 本真统计。依据《义务教育数学课程标准（2011年版）》中"统计与概率"这部分内容的要求，我们注重发展儿童根据标准对事物或数据进行分析，能用自己喜欢的方式呈现结果，体会统计的应用价值，发展统计观念。开设的有"统计初探""调查高手""机智过人""数不胜数""花样统计"

"统计达人"等课程。

4. 本真实践。儿童体验数学知识间的关系、数学与现实生活的紧密联系通常要在实践活动中进行。借助探究性的数学活动课程，为儿童参与社会实践活动提供平台，从中体会数学与生活的联系，提高儿童学好数学的信心。开设的有"小鬼当家""动手试试""花园数学""躬行实践""精打细算""设计能手"等课程。

二、学科课程设置

"本真数学"以课程目标的达成和核心素养的落实为出发点，除了基础课程之外，"本真数学"课程设置如下所示（见表4-2-2）。

表4-2-2 "本真数学"课程设置表

课程类别 内容 年级		本真计算 （数与代数）		本真图形 （图形与几何）		本真统计 （统计与概率）		本真实践 （综合与实践）	
		课程名称	课程内容	课程名称	课程内容	课程名称	课程内容	课程名称	课程内容
一年级	上学期	计算达人	脱口秀	巧拼图形	创想搭	统计初探	魔法变	小鬼当家	走进果园
	下学期		计算之理		玩转七巧板		超市之旅		全家乐
二年级	上学期	趣味数学	手指数学	快乐拼图	巧拼"七巧板"	调查高手	图书小管家	动手试试	测量物体长度
	下学期		巧算"24"点		巧拼"三角板"		小小调查员		绘制示意图
三年级	上学期	算你最强	横式之谜	数你最美	小小设计师	机智过人	玩转分数条	花园数学	花园与周长
	下学期		竖式之谜		间隔之趣		争分夺秒		花园与面积
四年级	上学期	笔算心算	排除万难	错落有致	精准画线	数不胜数	盲人摸象	躬行实践	强身健体
	下学期		神机妙算		巧数图形		探奥索隐		数字传情
五年级	上学期	神算子	变与不变	图形之美	平面美	花样统计	琴棋书画	精打细算	我家的面积
	下学期		一笔勾销		曲线美		种子的生长		我是小主人

续 表

课程类别 年级		本真计算 （数与代数）		本真图形 （图形与几何）		本真统计 （统计与概率）		本真实践 （综合与实践）	
	内容	课程名称	课程内容	课程名称	课程内容	课程名称	课程内容	课程名称	课程内容
六年级	上学期	神机妙算	混合运算	图形变换	正方体展开图	统计达人	互联网普及	设计能手	小小银行家
	下学期		简便运算		放大与缩小		制图能手		制订旅游计划

学科课程实施　拓展边界推动课程

"本真数学"课程依据学科课程理念、课程目标、课程设置，结合学校现状和师生特点，从六个方面设计学科课程实施，即"本真课堂""本真创意节""本真溯源周""本真嘉年华""本真研学"和"本真阅读"，旨在践行基于"本"的思考，基于"真"的设计，从知识本源上启发思考，回归数学的本质属性，追寻本真的数学教学之路。

一、建构"本真课堂"，落实数学课程

"本真课堂"是智慧而有趣的学习过程，让我们不断追溯数学的本源。"本真课堂"在充分研究学情的基础上，根据儿童已有的知识和活动经验，抓住数学本质进行探究，关注知识的产生过程和儿童的认知能力，并积极搭建平台，为儿童的主动建构知识铺路，从而拓展思维、引导思考，感悟数学本质，以切实培养和发展儿童数学素养为目标而创设的课堂。因此，"把准真起点""碰撞真思维""引导真探索""领会真思想"就是"本真课堂"的关键词。

1. 学情为本，把准真起点。从儿童的实际需要与能力水平出发，结合儿童已有的知识经验和教材内容，让课堂教学根据儿童的需要进行及时调整，将学情与教材内容进行契合，把准儿童学习的真实起点。

2. 生成为本，碰撞真思维。教师在课堂上经常会收获预期的结果，也需要关注非预期的结果，这种不时呈现非预期结果的课堂才是真实的课堂。而

针对这些即时生成性素材，教师要具有一定的教育机智，大胆捕捉这些鲜活的生成性素材，将其当作新的教学素材，适时地启发儿童的思维，激发儿童探索新生成问题的兴趣，让儿童相互之间思维进行碰撞，从而调动儿童的多种感官让课堂焕发出激情。

3. 建构为本，引导真探索。积极搭建平台构建有效数学课堂，引导儿童积极主动地参与讨论、发表看法、碰撞思维，通过交流将数学难点呈现，启发儿童在交流、辨析中促进知识的理解，儿童在真实、复杂的情境中经历了探索知识的过程，再通过二次处理教材，为儿童的主动建构知识铺路，进而发现更多问题，促进知识的内化。通过交流平台的积极搭建，学习过程才更富有探究性，儿童才会主动有效地建构知识。

4. 发展为本，领会真思想。本真数学课堂上要多一些理性的探究和思考，少一些感性的游戏和情境，从而拓宽思维，打开思路，以发展的眼光带领儿童逐步感悟数学真思想，引领儿童自觉走进数学世界，对数学的本质产生积极的兴趣。

总之，在"本真课堂"中，力求从儿童真实起点出发，以敏锐的眼光捕捉课堂生成，在真实的情境中引导儿童主动建构，儿童在学习过程中不仅掌握了必备的知识技能，而且拓宽了思维，学习能力得以提升，同时领悟到数学学习的真思想，从而提升学生的数学素养。

二、依托"本真创意节"，拓展儿童视野

儿童的指尖上经常会闪烁出智慧的火花。以教材中的"动手做"实践活动为基本探究内容，引导儿童通过观察、猜测、验证、推理等一系列活动经历数学探究和发现的过程，并进一步将探究活动延伸至课外，从而打开探究的思路，丰富探究的内容，拓宽探究的视野。

我们设立每年一次的"本真创意节"，以课程内容中的"动手做"为主题，以年级为单位组织开展，通过活动，还原知识的呈现方式，理清知识的发生发展过程，形成知识结构，实现真正意义上的知识建构，并在动手寻本的过程中提升问题解决的能力，感受数学的无穷魅力。

"本真创意节"以赛事性评价为主要评价方式，以班级小组为单位开展，教师、儿童代表、家长代表作为评委，根据评分细则进行打分，最后根

据活动内容依次评出最佳巧手奖、最佳发现奖、最佳探究奖。

三、开启"本真溯源周"，丰富数学课程

数学在人类文明的发展过程中有着举足轻重的作用。在对数学内容的学习过程中，教材提供了一些数学补充阅读材料，如数学的演变过程、有待进一步研究的问题、数学名人故事、数学史等。儿童通过阅读教材中"你知道吗"这一知识内容了解数学知识的形成过程，从而明白数学家探究知识的过程，激发儿童解决有待进一步研究的问题，并产生强烈的追寻更多知识本源的愿望，从而将数学课程从古至今进行衔接，丰富了课程内容，也引发了儿童向纵深了解数学的意愿。

通过阅读"你知道吗"这一内容，儿童能了解数学起源知识，数学发展文化，数学未来应用，对数学发展有了深度认识，既拓宽了知识面，又提升了数学素养，从而产生学好数学的强烈愿望。儿童在阅读教材的基础上，再通过查阅课外资料，社会调查，同伴互助等活动形式更深层次地追寻数学的起源，增强学好数学的自信心。

四、开设"本真嘉年华"，推动数学课程

"本真嘉年华"立足于让更多的儿童发现数学的应用价值，让更多的儿童爱上数学，提高他们用数学知识解决实际问题的能力。为夯实数学基本的计算能力、提升儿童的空间想象能力提供机会。通过搭建展示、学习、合作、交流的平台，从而激发学习数学的兴趣和愿望，从另一层面推动数学课程的发展。

每年的元旦前后开展一次迎新年"本真嘉年华"，分年级段开展适合本年级的竞赛项目，低年级段采用儿童自主发现书中或生活中的数学问题并通过视频呈现问题及解决问题的过程，活动中儿童用准确、严谨的数学语言描述生活中的数学问题并加以解决；中年级段以班级为单位进行计算竞赛的初选，再将每班的初选选手集中进行年级组竞赛，根据成绩评选出计算能手；高年级段每班选出部分同学组成班级竞赛队伍在年级组内进行集中PK，另选出部分儿童充当场外智囊团，部分数学教师和儿童代表作为评委进行打分，根据分值综合计算评选出优胜班级。

"本真嘉年华"旨在激发儿童从生活的不同层面中发现问题、分析问题和解决问题的能力；夯实儿童的计算基础，促进儿童熟练掌握口算、估算等计算技巧，体会计算在数学学习中的重要性，提高他们的计算能力；通过魔方小站活动锻炼学生的动手能力、合作交流意识并发展儿童的空间观念。

五、开展"本真研学"，体验生活中的数学

教育并不是孤立存在的，知识的获得也不仅仅局限于学校，生活中处处都有课程，研学活动也能让儿童有不一样的收获，将数学知识延伸到研学活动中，拓展了教育的边界，将书本所学与生活发现结合起来，寻找并发现生活中的数学知识，既拓展了知识面，又提高了实践能力，从而更好地体验到数学知识与日常生活的联系。

"本真研学"课程的主体是儿童，教师是活动的引导者，由于活动的需要，家长和社会的有关专业机构需共同参与，让儿童走入社会。经由参观、访问、调查、集体活动、亲身体验、文字总结等多种形式的系列研学活动，帮助儿童认识生活和世界，运用综合性知识来解决实际问题，培养儿童的综合实践能力。

"本真研学"分为全校性研学活动、班级小组自由行和最美亲子研学游。活动的主题来源：一是书本中的实践性学习内容，并与实际相结合，确定研学活动主题；二是儿童从自己的数学兴趣点出发，自定活动主题。根据主题设计活动方案，在同伴、教师或家长的指导和帮助下共同完成，运用所学的知识去发现和解决现实中的实际问题，体验数学的应用价值。

六、开展"本真阅读"，品读数学课程

阅读是儿童获取知识的重要途径之一，一提到阅读人们往往就会和文科建立联系，近年来数学阅读在数学学习中的地位逐渐加强。"本真阅读"以数学阅读为依托，通过学生自读、同伴共读、亲子伴读和师生荐读等多种形式，引领儿童真正走进数学世界，品味数学文化，感悟数学魔力，享受数学之美。

1. 确定阅读推荐书目。推荐书目的确定一方面来源于教师，教师根据各年级数学知识的体系，选择相应的书目；另一方面来源于儿童和家长，收集

儿童平时喜欢的数学方面的书籍信息，提交给课程开发小组审议，确定适合儿童阅读才进行推荐。一、二年级以趣味性强且形象生动的绘本为主，如《李毓佩数学童话集》《鸟儿鸟儿飞进来》等，三、四年级以好玩的数学为主，如《好玩的数学》《最有趣的 50 个数学故事》等，五、六年级以拓展思维为主，如《李毓佩数学历险记》《数学思维树》等。

2. 确定阅读形式。我校数学阅读的组织形式多样，一、二年级儿童识字有限，以亲子伴读为主，不但能增长知识还能增进亲子感情。中高年级以自读、共读和荐读为主，通过多种形式推进数学阅读在我校有序开展。

为了更好地促进我校数学阅读的有效开展，通过记录"阅读存折"和开展"阅读分享会"两种评价形式开展评价，儿童在阅读过程中不但记录阅读情况，而且填写精彩摘要和阅读感悟。为了更好地展示大家的阅读成果，每学期以班级和年级为单位开展一次阅读分享展示会，分享读书经验、所思所想等。

综上所述，"本真数学"课程秉承"追本溯源"理念，通过"本真课堂""本真溯源周""本真创意节""本真嘉年华""本真研学""本真阅读"等践行这一学科理念。该课程特有的"探究性""应用性""还原性"，不仅较好地达成了数学课程目标，更推动了数学课程的多样性、深层性发展，课程内容得以丰富，儿童视野得以拓宽，解决问题的思维多元化，进而提升了儿童的数学核心素养。

（撰稿人：王磊　赵春艳　姚红根　费孝峰　冯金米　梁翠琴　张兰　刘兰兰　陈丽）

第五章

合作：数学作为反思性实践

　　学习共同体的学校是教师互相合作研究的学校，教师不但是"教的专家"，同时也是"学的专家"。数学作为反思性实践，教师的成长有作为"手艺人"成长的一面，也有作为"专家"成长的一面。作为"手艺人"成长的教师通常是新任教师，他们通过师徒结对将这种"手艺人"的技法传承下来。作为"专家"成长的教师通常是经验型教师，他们通过课例研究，发挥教师团队力量，在真实的数学课程实践过程中不断反思成长。

佐藤学强调：学习共同体的学校既是儿童互相协同学习的学校，也是教师互相合作研究的学校。教师不但要是"教的专家"，同时也必须成为"学的专家"。教师间互相学习、共同成长的连接关系被称为"同僚性"。教师群体构建出"同僚性"的那一时刻，也就是学习共同体的学校构建成功的时刻。① 数学作为反思性实践，教师不仅要让儿童获取数学知识，更要让儿童在实践过程中不断反思成长，提升教师自身专业素养。教师的成长有作为"手艺人"成长的一面，也有作为"专家"成长的一面。

作为"手艺人"成长的教师通常是新任教师。新任教师是教师团队中一个特殊群体。大多数新任教师在入职初期不能胜任工作，严重阻碍了自身的发展。面对教学实践，他们往往会在复杂的教学情境中经历着强烈的"现实冲击"。新任教师的成长与进步需要细致的、手把手的传授指导。师徒结对是将这种"手艺人"的技法传承下来的有效方式。金湖小学每年都举行"青蓝工程"活动，通过师徒结对，做到新任教师人人有师傅，骨干教师人人有徒弟。师傅对徒弟言传身教，传递徒弟丰富的教学经验、朴实严谨的教风和爱岗敬业的精神，同时师傅又从徒弟身上吸取新颖的教育教学方法，从而更好地提升自己。每个学期，该校还开展"师傅示范课"和"徒弟汇报课"活动，师徒竞相展示风采。

作为"专家"成长的教师通常是经验型教师。经验型教师是教师群体中的中坚力量。经验型教师群体构建出"同僚性"，他们以课例研究为载体，以实践-反思-再实践为主要范式，加强课堂教学改革，不断增强教研团队的发展意识，形成具有学科特色的校本研修方式。课例研究的目的不是磨课、评课，而是反思、交流。课例研究的焦点也不是讨论教师的教法上，而是以儿童的学习为中心，通过观察课堂上发生的基本事实，对哪些地方成功地实现了学习、哪些地方儿童的思考受到阻碍、哪些地方隐含着学习的更大的可能性进行交流讨论。通过课例研究，发挥教师团队力量，将经验型教师培养成专家型教师。西园小学南校数学组通过基于课堂事实的课例研究来追求理论与实践相结合，积极探索高效的课堂教学策略，不断提升教师专业化水平，不断提高教育教学质量。

---

① 佐藤学，于莉莉. 基于协同学习的教学改革［J］. 外国中小学教育，2015（7）：6.

正如叶澜教授所说:"一名教师写一辈子教案不一定成为名师,如果一个教师写三年教学反思有可能成为名师。"美国学者波斯纳也认为教师成长就是经验加反思相互作用的结果。一名教师的成长,都要经历从新任教师逐渐向专家型教师的转变。在这个转变过程中,教师的反思起了决定性的作用。数学作为反思性实践,学校要打破传统教研活动的局限,要让教师在真实的数学课程实践过程中不断反思成长。

(撰稿者:张正青　李运烨)

第一节

至真数学：追求至真的数学课堂

合肥市西园新村小学南校教育集团汇林校区和嘉和苑校区数学教研组，目前有教师46人，教师学历全部达标，其中硕士研究生学历1人，本科学历43人；中高级教师数约占37.0%，获得高级教师职称4人，一级教师13人；区级及以上骨干教师或名师占比50%，省特级教师1名，合肥市教坛新星、学科带头、骨干教师共8人，蜀山区学科带头人、骨干教师共14人。在"至真、至纯、至美，每一个儿童都是一只飞翔的小天鹅"校园文化的引领下，教研组积极开展各项教科研活动，追求至真的数学课堂，让学校的每一只小天鹅至真飞翔。我们依据《教育部关于全面深化课程改革落实立德树人根本任务的意见》《中共中央国务院关于深化教育教学改革全面提高义务教育质量的意见》《义务教育数学课程标准（2011年版）》等文件精神，推进我校数学学科课程建设。

学科课程哲学 至真学习提升数学素养

一、学科性质

《义务教育数学课程标准（2011年版）》指出："数学是人类文化的重要组成部分，数学素养是现代社会每个公民应该具备的基本素养。作为促进学生全面发展教育的重要组成部分，数学教育既要使学生掌握现代生活和学习中所需要的数学知识与技能，更要发挥数学在培养人的思维能力和创新能力方面的不可替代的作用。"① 因此，儿童未来的生活、工作和学习离不开义务教育数学课程奠定的基础性作用。

数学课程不仅能为儿童知识学习提供间接经验，也能够获取必要的直接经验，还能通过实践、思考、探索、交流等，启发儿童获得数学学习的基础知识和基本技能，积累数学学习的基本活动经验，领悟数学学习的基本思想；不仅能使儿童积极主动地、富有个性地学习，还可以不断提高儿童发现问题、提出问题、分析问题和解决问题的能力。基于此，深化校园文化发展，我校提出了"至真数学"课程。

二、学科课程理念

《义务教育数学课程标准（2011年版）》明确表述："数学教学活动，特别是课堂教学，应激发学生兴趣，调动学生积极性，引发学生的数学思考；鼓励学生的创造性思维；要注重培养学生良好的数学学习习惯，使学生掌握恰当的数学学习方法。"②

我校一直秉持"至真、至纯、至美"的育人目标，引领一只只小天鹅从这里展翅高飞。教师的责任在于营造一个生动活泼的、主动的和富有个性的学习氛围，让学习者有充分的时间和足够的空间去经历和观察、去实验和猜测、去计算和推理、去验证和发现，在质疑和探究中学习数学方法，在发现和应用中掌握解决问题的基本模型，在应用与反思中不断迁移和创新。

基于此，数学组在不断的教学实践中，明确提出了"至真数学"的学科理念。即"至真数学"围绕"真"字开展数学课程建设，通过"七真"环节：真体验——真探究——真思考——真表达——真发现——真创造——真精神，提升儿童的数学核心素养。

（一）"至真数学"在活动经历中真切体验

良好的数学教育是以育人为本的，"至真数学"课程着眼于为儿童未来生活、工作和学习做好准备，课程以体验式教学方式为主，采用互动式情景教

---

① 中华人民共和国教育部. 义务教育数学课程标准（2011年版）[S]. 北京：北京师范大学出版社，2012：1.
② 中华人民共和国教育部. 义务教育数学课程标准（2011年版）[S]. 北京：北京师范大学出版社，2012：2.

学，注重操作性，在体验的基础上，让儿童在做中学，学中做。经历身心全体验、探究全互动、过程全震撼多感官能动学习，达到预期理想学习效果。同时课程引导儿童有深度地思考、有实践意义地应用、有精神影响地感悟。在教育情境中，正是因为教师和每一位儿童对课程内容和知识，都有自身独到的体验、经历和理解，所以教师与儿童共同创造了适合儿童个性发展需要的积极、主动的学习过程。

（二）"至真数学"在活动开展中真正探究

《数学思想领悟》一书中，沈文选教授曾指出：探究数学的过程，既是组织开展数学活动的体验过程，又是构建知识结构体系的优化过程，是两者密切联系、相辅相成的有机结合。只有儿童通过一系列探究活动，理解了基本认识或知识的形成过程，才能帮助儿童深入思考，变换思维角度，找寻解决问题的新方法；不断深化，促使儿童再度发现再次思考，注重探究方法、结论的过程。"至真数学"在儿童学习数学知识的同时，适时、科学、有效地渗透数学思想，真正发挥出数学精神的作用，影响儿童以后的学习、生活等方方面面，为他们的终身学习和长远发展奠定广泛而坚实的基础，贯彻孩子发展成长的一生。

（三）"至真数学"在学习过程中认真思考

教育家孔子曰：学而不思则罔，思而不学则殆。显然，勤于思考、善于思考对于一个人成长的作用不言而喻。思考力是学习力的核心能力之一，是学习者学习知识最核心、最根本的能力，儿童只有通过深入思考、反复思考才能把外在知识消化为内在知识，真正掌握知识、应用知识、创造知识。只有真正经历思考的学习，才会令学习过程和结果有意义、有价值、有实效。"思"为加工之意，是一个由多到少、由厚到薄、由浅入深、由凌乱到有序的过程。至真数学将始终把培养儿童的思考能力放在重要位置，让儿童乐于经历阅读、分析、判断等数学学习历程，在思辨中发展和提升数学思维。同时在强调获取数学知识经历学习的同时，让儿童体验完整的思考加工过程，其"以多维对话为形式，以交互反馈为保障"，使数学思维经历拓展和创造，让学习过程充满积极求知的主动精神。

（四）"至真数学"在探究互动中真挚表达

余文森教授认为，"表达首先意味着儿童有着自己的想法、观点，亦或是自己的思想、感情；其次意味着儿童有着自己表达的能力，能够比较准确、清晰地用自己的语言将其所思所想表达出来；再次意味着需要在互动学习中专注倾听并进行积极互动和反馈。"在至真数学的实施过程中，我们致力于培养儿童用准确、清晰、有条理的语言进行数学知识与概念、数学思想与方法、数学思考与模型、数学应用与创新等表达的能力，呈现问题思考、解决、应用和创新中的策略与思路，应用数学语言表达有着自己独特的魅力。

（五）"至真数学"在思考深化中真实发现

教育的根本目的，是将学习者的所学所感所悟灵活地加以运用，应用意识是小学数学核心素养之一。各种知识与技巧的学习是为了更好地应用于生活实际中，并创新发现新知识、新技能，这种"学以致用"的思维习惯是调动学习者学习积极性与主动性的力量源泉。数学知识来源于生活，又紧密应用于生活实际，"至真数学"在学习过程注重让儿童经历、体会去发现，主要途径有两方面：一是让儿童积累的各种生活现象或实际事件的相关经验，帮助儿童理解、验证或思考所学到的知识；二是应用数学知识、概念、思维、方法，解决生活中的实际问题，进一步思考并应用于新的不同情境。

（六）"至真数学"在问题解决中真情创造

数学的智慧，源于它是一种创造性的教学相长的活动，这种创造性是在原有的基础上继续应用和创新，是相互联系又不断拓展加深加阔的发展过程。创造是学习的高级阶段，每一项学习活动都贯穿学习知识的掌握、应用、创新这样周而复始的过程，并最终走向创造和应用。"至真数学"追求在"发现问题、提出问题、分析问题、解决问题"不断递进过程中提升儿童的数学素养，可以说每一次问题的解决都是一次数学智慧的生长，也是数学学习的愉快体验，更是数学智慧的创新与应用。正如德国数学家菲利克斯·克莱因所述，数学是人类最高超的智力成就，也是人类心灵最独特的创作。

（七）"至真数学"在质疑能动中求真精神

数学知识和概念来源于生活又远远高于生活，它高度概括了一切事物的本质属性.这种对客观事物、客观现象、客观规律的抽象，是对现实世界的能动反应。无论是数学的直接经验还是间接经验，在学习、探究、发现等过程中都蕴藏着数学精神的存在，无不贯穿着实事求是、坚持真理，严谨周密、修正错误的科学态度和精神。这些内在的、潜移默化影响孩子的内在因素，要巧妙地融入到"至真数学"的课程实施中，有目的、有意识地逐步渗透，发展儿童的明辨性思维，助力儿童的数学精神成长。

总之，"至真数学"极力营造一个儿童乐于接受的学习过程，必须是一个生动活泼的、积极主动的和富有个性化成长的学习过程，让学习者有足够的时间和空间去经历、去观察、去实验、去猜测、去计算、去推理、去验证等一系列活动过程，有利于儿童经历与体验、体会与理解、思考与探索、表达与发现，在质疑和探究中学习数学的基本方法，在发现和应用中掌握解决问题的基本模型，在交替应用与反思中不断迁移和创新，逐步提升自己的数学素养和能力水平，人人都能获得良好的数学教育和影响，不同的人在数学上都有自己的发展和影响。

学科课程目标　让每一只小天鹅至真飞翔

《义务教育数学课程标准（2011年版）》指出的课程目标是："通过义务教育阶段的数学学习，学生能：1. 获得适应社会生活和进一步发展所必须的数学的基础知识、基本技能、基本思想、基本活动经验。2. 体会数学知识之间、数学与其他学科之间、数学与生活之间的联系，运用数学的思维方法进行思考，增强发现和提出问题的能力、分析和解决问题的能力。3. 了解数学的价值，提高学习数学的兴趣，增强学好数学的信心，养成良好的学习习惯，具有初步的创新意识和科学态度。"[1] 基于数学核心素养的内涵和"至真数学"倡导的课程理念，我校设置了数学学科课程总体目标，让每一只小天鹅至真飞翔。

一、学科课程总体目标

依据《义务教育数学课程标准（2011年版）》，[2]"至真数学"课程总体目标我们从知识技能、数学思考、问题解决、情感态度四个维度加以陈述

---

[1] 中华人民共和国教育部. 义务教育数学课程标准（2011年版）[S]. 北京：北京师范大学出版社，2012：8.
[2] 中华人民共和国教育部. 义务教育数学课程标准（2011年版）[S]. 北京：北京师范大学出版社，2012：8—9.

（详见表5-1-1）。

表5-1-1　西园新村小学数学学科总目标表

知识技能	1. 经历数与代数的抽象、运算与建模等过程，掌握数与代数的基础知识和基本技能。 2. 经历图形的抽象、分类、性质探讨、运动、位置确定等过程，掌握图形与几何的基本基础知识和基本技能。 3. 经历在实际问题中收集和处理数据，利用数据分析问题、获取信息的过程，掌握统计与概率的基础知识和基本技能。 4. 参与综合实践活动，积累综合运用数学知识技能和方法等解决简单问题的数学活动经验。
数学思考	1. 建立数感、符号意识和空间观念，初步形成几何直观和运算能力，发展形象思维与抽象思维。 2. 体会统计方法的意义，发展数据分析观念，感受随机现象。 3. 在参与观察、实验、猜想、证明、综合实践等数学活动中发展合情推理和演绎推理能力，清晰地表达自己的想法。 4. 学会独立思考，体会数学的基本思想和思维方式。
问题解决	1. 初步学会从数学的角度发现问题和提出问题，综合运用数学知识解决简单的实际问题，增强应用意识，提高实践能力。 2. 获得分析问题和解决问题的一些基本方法，体验解决问题方法的多样性，发展创新意识。 3. 学会与他人合作交流。 4. 初步形成评价与反思的意识。
情感态度	1. 积极参与数学活动，对数学有好奇心和求知欲。 2. 在数学学习过程中，体验获得成功的乐趣，锻炼克服困难的意志，建立自信心。 3. 体会数学的特点，了解数学的价值。 4. 养成认真勤奋、独立思考、合作交流、反思质疑等学习习惯。 5. 形成坚持真理、修正错误、严谨求实的科学态度。

二、学科课程年级目标

基于上述总目标，依据数学教材和教学参考书，同时结合学校实际情况、儿童实际情况，我们厘定了"至真数学"的各年级课程目标。这里，我们以五年级上学期为例，说明学科课程的具体目标（见表5-1-2）。

表5-1-2　"至真数学"课程五年级上学期目标表

单元	五年级上学期目标
第一单元 《负数的初步认识》	1. 初步认识负数的含义，知道正数和负数的读、写方法。 2. 会用正数和负数描述日常生活中具有相反意义的量。

续表

目标 单元	五年级上学期目标
第二单元 《多边形的面积》	1. 探索并掌握平行四边形、三角形和梯形的面积公式。 2. 认识公顷和平方千米，会解决一些与土地面积计算有关的实际问题。
第三单元 《小数的意义和性质》	1. 会读、写小数；知道小数的数位名称和顺序、计数单位及进率，会用"万"或"亿"作单位改写较大数，会求一个小数的近似数。 2. 经历小数意义的抽象、小数性质的探索和解决简单实际问题的过程，体会小数和日常生活的密切联系。
第四单元 《小数加法和减法》	1. 探索并掌握小数加、减法的计算方法，能正确笔算和口算。 2. 经历应用数学知识解决实际问题的过程，培养数学应用意识。
第五单元 《小数乘法和除法》	1. 体会小数乘法和除法的意义，探索并理解小数乘、除法的计算方法，正确进行小数四则混合运算。 2. 掌握一个小数乘或除以10、100…时，小数点位置的移动规律；会求小数乘、除法中积或商的近似数。
第六单元 《统计表和条形统计图（二）》	1. 认识复式统计表，正确填写复式统计表，并对数据进行简单分析。 2. 认识复式条形统计图，完成相应的复式条形统计图，并解决问题。
第七单元 《解决问题的策略》	1. 用列举的策略解决简单实际问题。 2. 能有条理地分析问题，并获得问题的答案。
第八单元 《用字母表示数》	1. 会用字母表示数，用含字母的式子表示数量、数量关系。 2. 体会用字母表示数的简介和便利，培养符号意识。
第九单元 《整理与复习》	1. 进一步掌握学习过的知识、方法，提高运用的能力。 2. 在整理和复习中，进一步评价和反思自身整体学习情况。

学科课程框架　构建至真飞翔的数学翅膀

《义务教育数学课程标准（2011年版）》指出：教学活动是师生积极参与、交往互动、共同发展的过程。[①] 数学教学是教师的教和学生的学相统一

[①] 中华人民共和国教育部. 义务教育数学课程标准（2011年版）[S]. 北京：北京师范大学出版社，2012：2.

的过程，是教师、儿童、学习客观多项交互关联的综合体。教师应根据需要的具体教学内容，从儿童相关的生活及实际出发创设问题情境，激发儿童兴趣引导儿童积极参与，通过思考、探索、交流、实践、再思考促使儿童积极主动地、富有个性地学习，有助于儿童自主学习和探究学习，不断提高发现问题、提出问题、分析问题和解决问题的能力，进一步发展儿童的应用意识和创新意识。为了实现上述课程目标，我校建立数学学科课程框架。

我校"至真数学"课程设立多元化数学课程群，基础课程重在为儿童未来生活、工作和学习奠定数学的基本知识、基本技能、基本活动经验和基本思想；拓展课程意在满足儿童的个性化学习需求，在足够的时间和空间里去经历、去观察、去实验、去猜测、去计算、去推理、去验证等，每个人都能获得良好的数学教育和影响，每个人在数学上都能得到自己独特的发展和影响。基础课程实行固定班级或团体教学模式，拓展课程亦是如此。

一、学科课程结构

依据《义务教育数学课程标准（2011年版）》、儿童的年龄发展特点以及我校的育人目标，同时秉承学科课程哲学而自主开发，围绕"数与代数""图形与几何""统计与概率""综合与实践"四个领域，我校分别设置"小天鹅趣味代数""小天鹅创意几何""小天鹅生活统计""小天鹅情境实践"四大类别，具体见课程结构图（图5-1-1）。

1. 小天鹅趣味代数。小天鹅趣味代数的内容主要为数的运算及相关联的趣味游戏等。开设的课程有"数字迷宫""神奇算式""数字欣赏""巧玩扑克""数字金字塔""巧用运算符号""趣味冲浪""巧解妙算""多变钉子板""短除法的美妙""小小银行家""计算变形记"。"数与代数"是小学数学基础教育课程当中主要的学习领域之一，开设与"数与代数"相关联的拓展课程，不仅旨在激发儿童学习数学的浓厚兴趣，发展儿童的运算能力，建立儿童良好的数感，更有助于儿童寻求合理简洁的运算途径解决问题，真正理解运算所潜在的算理。

2. 小天鹅创意几何。小天鹅创意几何的内容主要为搭拼、创造及设计图形和空间模型。开设的课程有"拼搭乐园""美丽七巧板""玩转七巧板""玩转相机""神奇的角""梦幻折纸""队形设计师""巧算内角和""面积变

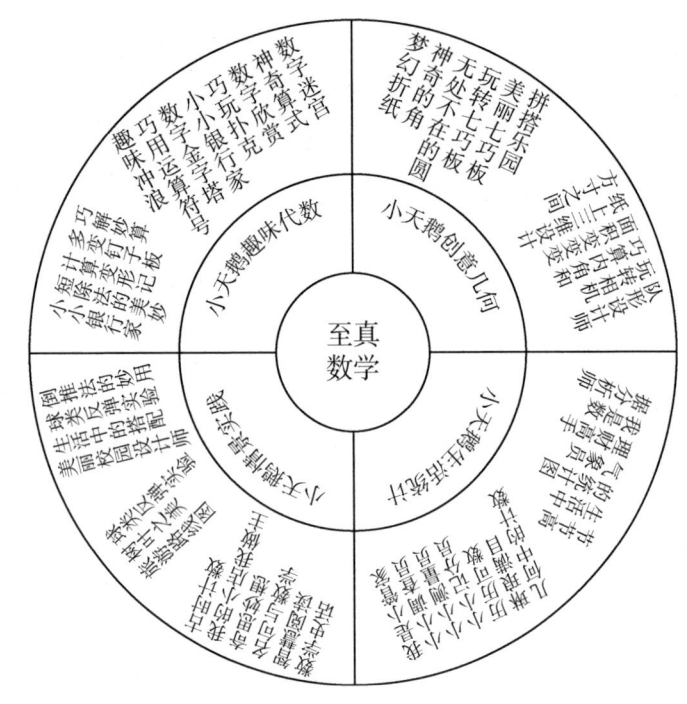

图 5-1-1　合肥市西园新村小学南校"至真数学"课程结构图

变""无处不在的圆""纸上三维设计""方寸之间"。"图形与几何"是小学数学基础课程当中主要的学习领域之一，开设"图形与几何"相关联的拓展课程，注重发展儿童的空间观念，经历拼搭图形的过程，体会图形之间的联系与变化，在活动中提高动手操作的能力，发展初步的创新意识，感受图形之美。

3. 小天鹅生活统计。小天鹅生活统计的内容为统计数据的收集与分类和整理与分析，感知简单的随机事件及其结果发生的可能性是有大有小之分的。开设的课程有"历历可数""琳琅满目""我是小管家""小小调查员""小小测量员""小小记分员""几何中的计数""节节高""生活中的统计图""气象员""理财高手""我是数据分析师"等。"统计与概率"是小学数学基础教育课程中的重要领域之一，开设"统计与概率"相关联的拓展课程，亦是注重发展儿童的数据分析观念，同时经历在实际问题中收集和处理数据、利用数据分析问题、获取信息的过程，学会掌握数据收集、整理和分析的方法，并能对数据进行归类，能明确体验出数据中蕴涵的信息。

4. 小天鹅情境实践。小天鹅情境实践的内容为创设生活情境，解决生活中真实存在的问题，开设的课程有"古时计数""我的小店我做主""奇思妙想""名句与数学""智慧阅读""数学史话""倒推法的妙用""生活中的搭配""美丽校园设计师""球类反弹实验""树叶之美""旅游路线图"等。"综合与实践"是小学数学基础教育课程重要领域的一部分。"综合与实践"的教学，重在综合与实践，可以发展学生动手、动口、动脑等能力，综合应用有用的知识与方法解决实际问题，可以培养儿童在数学情境或实际中的问题意识、应用意识和创新意识，同时也可以丰富和积累儿童各类活动的基本经验，提高儿童应用知识灵活创新解决现实问题。

二、学科课程设置

我们依据小学数学学科的课程标准、儿童的年龄发展特点以及我校的育人目标而自主开发，设置课程分为"小天鹅趣味代数""小天鹅创意几何""小天鹅生活统计""小天鹅情境实践"四大类别，具体拓展课程设置如下（详见表5-1-3）。

表5-1-3 合肥市西园新村小学南校"至真数学"课程设置表

年级	内容 类别	小天鹅趣味代数	小天鹅创意几何	小天鹅生活统计	小天鹅情境实践
一年级	上学期	数字迷宫	拼搭乐园	历历可数	古时计数
	下学期	神奇算式	美丽七巧板	琳琅满目	我的小店我做主
二年级	上学期	数字欣赏	玩转七巧板	我是小管家	奇思妙想
	下学期	巧玩扑克	玩转相机	小小调查员	校园解说员
三年级	上学期	数字金字塔	神奇的角	小小测量员	智慧阅读
	下学期	巧用运算符号	梦幻折纸	小小记分员	数学史话
四年级	上学期	趣味冲浪	队形设计师	几何中的计数	倒推法的妙用
	下学期	巧解妙算	巧算内角和	身份证号里的密码	生活中的搭配
五年级	上学期	多变钉子板	面积变变变	统计生活	美丽校园设计师
	下学期	短除法的美妙	无处不在的圆	小小气象员	球类反弹实验
六年级	上学期	小小银行家	纸上三维设计	理财高手	树叶之美
	下学期	计算变形记	方寸之间	小数据分析师	旅游路线图

学科课程实施　至真飞翔的思维训练场

"数学学习应当是一个生动活泼的、主动的和富有个性的过程"。这就要求数学课程的实施要符合儿童的认知规律，贴近儿童的实际，这样有利于儿童体验与理解、思考与探索。认真听讲、积极思考、动手实践、自主探索与合作交流等都是学习数学的重要方式。[①] 所以在课程实施过程中要尽可能多地为儿童创造充足的时间和足够的空间去经历和观察、去实验和猜测、去计算和推理、去验证和发现等，丰富各类活动情境的开展，经历积累活动经验的过程，提升解决实际问题的能力，灵活各项学习活动开展的形式，不断提升儿童自身发展的素养水平。

为此，我校根据"至真数学"的课程理念、学科性质、课程目标等方面的要求，"至真数学"课程从"至真数学工作坊""至真数学社团""至真数学嘉年华""至真数学节"这几个方面进行实施和评价。

一、设立"至真数学工作坊"，打造课程师资共同至真成长体制

"至真数学工作坊"，以学校市区级数学学科带头人、骨干教师作为"至真数学工作坊"坊主，其他老师为坊成员，是"至真数学"课程执行和实践的中坚力量，有利于培养一支师德高尚、教育观念前瞻、教学技术精湛、学识渊博、人格完善、情感丰富、勇于开拓、结构合理、共同发展的师资队伍。

（一）"至真数学工作坊"的实施方案

工作坊秉承"名师引领、同伴互助、交流研讨、共同发展"的宗旨，以课堂教学研究为主要努力方向，全面提升教学质量。师资力量的不断成长，至真数学课堂才能更加有效地贯彻和落实，也只有教师不断进步，共同反思成长，才能确保课堂上儿童真切体验、真正探究、认真思考、真挚表达、真实发现、真情创造，才更有利于儿童理解求真精神，在以后的学习和生活继

---

① 中华人民共和国教育部. 义务教育数学课程标准（2011年版）[S]. 北京：北京师范大学出版社，2012：2.

续发扬和贯彻。

1. 成长体制之"互助尽责，合作研究"制度。由工作坊负责人与各成员间统一签订结对协议，明确相互履行的责任和义务，制定切实可行的个人发展目标，定期开展相应工作研讨，合作完成相应课题研究，分享研究成果。

2. 成长体制之"计划引领，训果同享"制度。制定计划与培训措施，工作坊根据上级工作计划安排和本校教学工作计划情况，制定切实可行、能动高效的计划方案，有效组织各项培训或学习活动有序开展。充分利用信息化平台。及时更新工作坊相关的网站工作动态，完善坊内成员个人博客的学习、培训内容，定期补充相关学习、培训动态或心得体会，发挥引领辐射作用，同时便于交流探讨，确保达到预期的交流效果。

3. 成长体制之"多管齐下，常态协同"制度。建立工作坊成员业务学习、工作交流例会制度，采取本地观摩与外地学习相结合，以本地调研观摩为主；举行主题相关的课例分析、课题的系列交流、专题的深入研讨等活动，凸显名师示范与成员相互研讨交流相结合，以充分、深入相互研讨为主，开展各项学习工作；活动由工作坊成员轮流主持，采取集中与分散相结合，分散交流为主；及时收录坊内成员的资料，内容包括坊内成员的公开课、集体备课、听评课、赛课等材料，及参与各项活动的照片归档。

4. 成长体制之"阶段反思，长远谋划"制度。学期伊始召开工作坊计划工作会，结合上级文件和本校实际讨论本学期工作要点及具体计划，按照成员的个人欲求确定成员阶段性工作目标，工作坊有机完成申报的教科研课题，落实相关主题研讨和专题讲座等。学期末召开一次总结会议，对本年度工作坊取得的成绩与存在问题进行归纳总结，展示和分享优秀研究成果，剖析问题不足，以便于后续阶段更好的谋划、实施。每学期至少安排一次阶段性工作情况汇报会议，督促检查各项工作的实施情况，研究、探讨并解决长远发展中的难点。

5. 成长体制之"高端竞训，辐射影响"制度。选拔与研究课题相符相近的优秀成员，定期组织工作坊成员外出高端学习研讨，积极参加各项教学培训交流，将外出学习的内容在学校积极进行二级培训，带动教研组、备课组内团队师资同反思、同成长、共实践、共收获。

（二）"至真数学工作坊"的评价标准

工作坊成员的考核由工作坊主持人和工作坊学员共同参与。每学期结束对主持人及成员进行多方面、多层次的考核和考察，含集体考核或个别考察。考核或考察的方式主要有：查看学习过程性原始资料、听取成员的集中或典型汇报、听取儿童的需求性评价、听取学校的诊断性评价。主要从活动参与情况、工作坊任务及相关科研课题完成情况、论文发表获奖、个人荣誉五个方面进行考核评价（详见表5-1-4）。

表5-1-4 合肥市西园新村小学南校"至真数学工作坊"量化评价表

评价类型	序号	考核指标项	单项总分	考核要求/计分
量化评价（60分）	1	校内外示范课节数	10	≥3
	2	优质教学设计数	20	每个计1分
	3	精品课件分享数		
	4	优质教学反思数		
	5	讲座活动开展数	20	每个计2分
	6	优秀论文撰写数		
	7	专著读后感交流场数	10	每本书（≥4）计10分
质化评价（20分）	8	区级及以上获奖数	20	不重复，最高项，设2分、3分、4分、5分
综合评价（20分）	9	总结指导评语	10	—
	10	主观综合评价奖励	10	—

每学期考核一次，考核的结果有四个等级，分为优秀、良好、合格和不合格。考核达到"优秀"者将在校内给予表彰和奖励，并注重典型材料的收集和树立，做好宣传和推荐；考核不合格者则由学校按照要求进行必要调整，同时按有关程序吸收并调整成员进入重新组建工作坊。

二、开设"至真数学社团"，构造社团之火燎原至真数学之源

"至真数学社团"以激发良好的数学学习兴趣起点，让儿童在各种社团里感受数学真知，畅所欲言真情表达，锻炼数学语言表达的技能；培养缜密的数学思维，形成厚实的数学人文素养；大胆应用大胆创造，激发儿童努力克服困难、克服难题的勇气；发扬求真精神，让每一个儿童至真飞翔。

（一）"至真数学社团"的实施方案

"至真数学社团"以数学教师为主要组织者，每个社团设立社团负责人及社长一名，副社长两名，具体活动由组织者和社团负责人共同实施和安排。社团利用课余时间进行，根据学习内容，每周开设1至3节活动课，形式可以多种多样，如个别活动、小组活动和全班活动等。社团负责人负责制定社团活动计划，保证每次活动有目标、有内容、有提高，共同参与、共同成长。活动完毕由小组合作完成"至真数学社团"活动日志。

"至真数学社团"以教师线下和线下组织、指导、评析为主，同时儿童共同探索、相互交流，针对数学学习内容进行相应的训练。训练内容讲究趣味性、知识性、逻辑性和思维性相结合。

1. 共同表达：数学阅读社。该社团主要招募一、二年级儿童，作为社团主要成员对象，根据年级及人数情况组成社团。该社团以共同阅读数学绘本和文化、故事的形式向儿童展示数学的神奇智慧和艺术般的魅力，激发儿童的数学学习兴趣和探索求知的欲望，倾向于延伸儿童对课内知识的阅读，引起儿童的思考，为后续知识的系统学习拓展和奠基。同时，考虑低年级儿童的识字水平和年龄特点，共同带领儿童进行数学阅读，共同欣赏精彩的数学日记和数学绘本。低年级从模仿开始入手，相互学习、相互模仿，逐渐锻炼儿童的数学阅读能力和表达能力。高年级可以结合已学内容或同步拓展课外知识，以阅读、写作等方式完成数学日记或绘本的创造，更多地侧重于引起儿童思想上、方法上、能力上的共鸣，激发应用意识，开拓创新意识。

2. 共同体验：探索数学社。该社团主要招募三至六年级儿童，作为社团主要成员对象，按照中、高年级及人数情况组成社团。该社团以"发现数学，实践数学，像数学家一样探索"为社团宗旨，将对数学有强烈爱好与探究欲望的儿童集聚起来，活动以课程标准为依据，力求题材内容生活化，形式多样化，解题思路灵活化，思考维度化，共同学习、共同反思，激发儿童内在真实的思考。教师作为协助者，指导儿童运用学习方法，提高解决问题的能力，帮助他们逐步成为数学学习的自信者、沉思者、探究者、发现者、创造者、卓越者。

（二）"至真数学社团"的评价

内容包含社团组织和组员参与两个方面（详见表5-1-5）。

表 5-1-5 合肥市西园新村小学南校"至真数学社团"评价表

社团名称			社长：		
评价项目	评 价 指 标		评价方式		
机构与管理	1. 社团管理体系完善，活动安排有条不紊，制定符合儿童实际的社团建设实施方案。		1. 实地查看 2. 师生座谈 3. 活动展示		
	2. 建立、健全并严格执行社团各项规定及规章制度。				
	3. 社团各成员资料档案齐全、真实。				
	4. 指导教师应尽职尽责、有序指导。				
	5. 社团突出儿童的主体性和创造性，使儿童在社团活动中自治自理、健康发展。				
	6. 社团活动空间固定，宗旨明确，有相应的文化建设。				
组织与开展	1. 定期开展社团活动，组织有序，记录完善、详尽。				
	2. 社团活动内容丰富，形式多样，体现实践性和综合性，有利于培养和锻炼儿童多方面的素质，突出校园文化精神。				
	3. 社团成员成长可观或集体活动成果显著。				
	4. 活动取得良好的教育效果，在儿童、家长中有一定的认可。				
评价项目	评价指标		自评	互评	师评
社团组长工作	1. 组长能积极、主动为小组服务。				
	2. 能平均、合理分配任务，人人参与。				
	3. 做好材料的收集、整理工作。				
成员学习情况	1. 每个成员都能积极地参与小组活动。				
	2. 每个成员都有自己明确的任务，并能认真地完成任务。				
	3. 小组成员之间能认真倾听、互学互助、共同探究。				
	4. 小组合作氛围活跃，团结合作效果好。				
如实、具体记录小组活动中遇到哪些困难，怎样克服（要求填写具体的事情和详细的解决办法）？					
及时、具体记录小组活动中各社员在观察、记录、分析、讨论、总结方面表现最突出的地方及主要贡献。					
如实填写小组活动中存在哪些不足（比如：观察、记录、分析等），怎样改进？					

续 表

组长签名:
小组成员签名:
备注：A等，五朵❀；B等，四朵❀； C等，三朵❀；D等，两朵❀及以下。

"至真数学社团"以操作、展示、表演等形式评价儿童学科学习的表达能力、思维能力、创造能力、实践能力。评价时要求儿童演示、创造、制作，以激发儿童高水准的思维能力和解题技能为根本要求，以社团为单位开展评选活动，如趣味数学社的"趣味数学家"评选、数学童话社的"数学明星"评选等，丰富校园文化数学活动，激发儿童数学学习的兴趣，搭建问题探究的交流平台，为儿童提升个人素养，搭建展示才华的舞台。

三、举办"至真数学嘉年华"，创造主题展示活动彰显数学至真本质

"至真数学嘉年华"，我校每学年举行一次，每年十月份进行，通过一系列的数学活动，弘扬数学蕴涵的文化，激发儿童学习的兴趣，巩固学习成果的展示，拓展知识的数学实践，让儿童热爱数学、探究数学、享受数学。"至真数学嘉年华"共计两大部分，分别包括主题展示活动和主题实践活动。

主题展示活动，依据活动主题，分年级进行展示，可以为班级有形成果展示，也可以为社团有形成果展示。各年级、各社团根据收集、整理的有形成果，择优、汇集把作品布置到展板上进行社团间、班级间的交流展示。各年级再评选出更加优秀的作品，在活动的有序开展中展示，利用有形主题活动成果展示，营造全校儿童热爱数学的氛围，激发全校儿童学习数学的动力，增强全校儿童竞技数学的自信心，提高全校各年级儿童的数学应用意识，锻炼全校各年级儿童探究数学的实践能力。

主题实践活动，选择不同的主题活动面向全体同学，例如："数学演绎秀""智慧七巧板""趣玩扑克牌""数独级别赛""巧移火柴棒""数学华容道"等活动，儿童按照规定在活动中会获得相应的"课程勇士卡"和"课程领袖卡"，根据流程填写完成后，儿童可以凭卡片去选择兑换自己喜欢的学习成果奖品。

（一）"至真数学嘉年华"的实施

1. 真表达：数学演绎秀。此项活动分为两个阶段，第一阶段在班级中展开，可以讲生活中的数学故事或数学家的故事等，参与者可获得一张"课程勇士卡"。第二阶段，优胜者代表班级在校内进行展示，以年级为单位评选出若干名优秀演说家，同时获得"课程领袖卡"。此项活动激发儿童对学数学的好奇心，增强儿童的自信心，感知数学故事和数学文化，增强文化熏陶和积淀。

2. 真创造：智慧七巧板。此项活动分三级完成。第一级，拼出指定的图案，即可获得一张"课程勇士卡"；第二级，在规定时间内拼出指定数量的图案，即可获得两张"课程勇士卡"；第三级，在规定时间内用一套七巧板拼出指定数量的创意图案，可获得一张"课程领袖卡"。此项游戏的组织和开展，既提高了儿童的动手、操作等能力，又发展了儿童的空间观念和思维水平。

3. 真思考：趣玩扑克牌。设置出不同的玩法规则，根据不同年级，确定不同的游戏难度，并建立活动激励机制，做好管理。如：一年级的儿童，每人任意取2张扑克牌，根据牌上的数字进行加减法计算，连续5次计算正确，即可获得一张"课程勇士卡"；三年级开展24点游戏，儿童根据任意抽到的四张扑克牌运用加减乘除，使计算结果为24，每张牌必须用一次且只能用一次，连续3次成功即可获得一张"课程领袖卡"。通过趣味扑克牌游戏，不单单在于提高儿童的口算能力，更在于儿童活动过程中数感的培养及身心体验。

4. 真精神：数独级别赛。根据不同的年级，确定出不同的游戏难度，设置不同级别的数独游戏：启蒙挑战、初级挑战、中级挑战、高级挑战，每一等级都根据难易程度，分别设置1星、2星、3星、4星类别。一、二年级可设置选择启蒙挑战，三、四年级可设置选择初级挑战，五、六年级可设置选择中级挑战，完成每级1—2星挑战可获得"课程勇士卡"，完成每级3—4星挑战可获得"课程领袖卡"。同时还增设"课程首脑星级卡"，完成高级挑战对应星级，分别获得"课程首脑1—4☆卡"，通过数独游戏既培养了儿童的数感，又发展了儿童的推理能力。

5. 真体验：巧移火柴棒。不同年级的儿童利用火柴棒完成相应的任务。

如：一年级进行"数字变变变"的闯关游戏，即移动一根火柴棒改变数字；针对三年级儿童设计的活动是"等式变变变"和"图形变变变"，即移动一根火柴棒使等式成立或移动一根火柴棒改变图形。每个年级儿童过关和通关即可获得相应的"课程勇士卡"或"课程领袖卡"。通过巧移火柴棒，发展儿童的形象思维与抽象思维，既有数学学习的趣味，又有数学学习的挑战，开阔思维空间，提升思维能力。

6. 真探究：数学华容道。不同年级的儿童根据老师提供的游戏板，依据游戏规则和用时长短，制定出各年级相应的游戏规则和评判规则。各班级根据提供的华容道游戏板，在规定时间内运用平移的相关知识完成任务，设定班级"课程勇士卡"和"课程领袖卡"名额，获得班级"课程领袖卡"的同学参加年级活动。各年级在推选出的名单中集中组织开展活动，按一定比例设定年级"课程勇士卡"和"课程领袖卡"。通过此项活动，发展儿童空间观念的同时，也锻炼了儿童的逻辑思维。

（二）"至真数学嘉年华"评价标准

1. 活动方案，注重实效。活动方案设计要基于儿童数学素养提高，立足课堂，面向生活，化抽象、枯燥的文本信息为具体、形象的活动内容，提升数学的开放性和趣味性，最大限度地满足儿童的心理需求，增加趣味性、知识性、实践性。

2. 活动过程，面向全体。尽量保证更多同学参加活动，活动实施以自主活动、亲身实践、主体体验的形式为主，活动过程要求井然有序、扎实有效。活动既要儿童放飞思路、张扬个性，培育主题学习的责任心与热情，更要引导儿童运用已有知识去探索、去解决问题，养成儿童自觉集中注意力和思维力，主动、热情地投入活动的良好习惯。

3. 活动形式，多级多样。以探索未知、发现新知、提升能力、发展智力为原则，根据不同年龄段儿童的心理特点和认知水平，设计形式多样的数学活动，力求最大限度地激发儿童的参与热情，促使他们将活动体验所得转化为学习能力。儿童在丰富多样的活动中体会数学乐趣的同时，能够根据所学的数学知识，运用数学思考和方式解决面临的问题。同时也不能仅限于上述课程主题活动，可以不断开拓出更多主题。

4. 活动评价，激励发展。在评价过程中，学科组坚持"暖评价"原则，注重儿童数学能力的过程考核和发展提升，主要以成果展示评价为主，尽可能设置不同的奖项以激励儿童学习数学的兴趣。智力游戏等竞赛性活动在规则上侧重儿童学习能力的自我发展与提高，可重复参与，直到达到一定的活动要求。在活动中，儿童应能独立思考，对问题有自己的思想见解，形成反思质疑的意识和回顾思考过程的习惯（详见表5-1-6）。

表5-1-6　合肥市西园新村小学南校"至真数学嘉年华"评价标准表

参与项目	参与程度（涂色）	是否通关	获得卡片
真表达： 数学演绎秀	☆☆☆☆☆	是（　）否（　）	课程勇士卡：（　）个 课程领袖卡：（　）个
真创造： 智慧七巧板	☆☆☆☆☆	是（　）否（　）	课程勇士卡：（　）个 课程领袖卡：（　）个
真思考： 趣玩扑克牌	☆☆☆☆☆	是（　）否（　）	课程勇士卡：（　）个 课程领袖卡：（　）个
真精神： 数独级别赛	☆☆☆☆☆	是（　）否（　）	课程勇士卡：（　）个 课程领袖卡：（　）个
真体验： 巧移火柴棒	☆☆☆☆☆	是（　）否（　）	课程勇士卡：（　）个 课程领袖卡：（　）个
真探究： 数学华容道	☆☆☆☆☆	是（　）否（　）	课程勇士卡：（　）个 课程领袖卡：（　）个
合计	（　）颗	等级：	课程勇士卡：（　）个 课程领袖卡：（　）个

四、举办"至真数学节"，缔造节日游戏平台追求至真数学精神

我校每年4月份举办"至真数学节"，围绕一个主题，分年级开展数学系列活动，让儿童感受数学的魅力，获得成功的体验，在活动中有所发现、有所思考，增强学习数学的信心，感悟数学至真的魅力，领会至真数学的价值，增强数学学习的能力，丰富数学学习的实践。

（一）"至真数学节"的实施方案

节日三味：快乐、创造、精神。以"至真数学"理念为基础，开展"至真数学节"活动，让儿童作为学习的主体，在活动中积极参与，发展学习能力，教师作为儿童学习活动的组织者、引导者、合作者，为儿童的发展提供良好的环境和条件。

快乐是"至真数学节"的第一味。寓教于乐，给学习注入快乐元素，尊重儿童独特性，最大限度地运用儿童喜欢的、最有效的学习方式进行有意义学习，发展儿童优良个性，让儿童乐学，使儿童在课堂中获得最愉快的学习体验。

创造是"至真数学节"的第二味。以智启智，以慧生慧。活动用智慧的方式，引发儿童创造性思考，让学习成为培养创新能力和人格圣地。

精神是"至真数学节"的第三味。活动的内容要不断超越教材，有"至真"的风格，儿童要不断追求自己，获得精神提升。

活动三要：有价值、全普及、展成果。学校每年4月份举办"至真数学节"，分年级围绕一个主题，开展数学系列活动，让儿童感受数学的魅力，获得成功的体验，增强学习数学的信心，领会数学的思想和应用，具体要求如下：

1. 活动要能够学有所值，儿童在活动中经历真切体验。活动中设置的各年级必须依据儿童已经具备的知识与技能、思想方法，适应时代，贴近生活，有一定的应用性或前瞻性。

2. 活动尽量做到让全员参与，具有较高的普及性，在活动过程中要重在真正地探究过程。在活动开展形式上围绕展示类、闯关类等，尽可能让每个儿童都参与，体验数学的无穷魅力。

3. 活动要有成果展示，儿童能在探究中真挚表达自己的观点和感情。通过"至真数学节"各年级进行数学特色成果展示，展示内容可以是作品也可以是游戏过程及结果，体现数学的实践性、应用性、创造性和创新性。

游戏三类：奕趣小达人、技能小巧手、魔方达人秀。

组织一、二年级学生，开展游戏——弈趣小达人。棋类是我们中华民族优秀的传统文化，娱乐性、创造性、趣味性和竞技性使其得以绵延几千年而不衰，儿童通过研习斗兽棋、五子棋、围棋等，与别人对弈交流，不仅可以培养儿童的观察能力和规则意识，还可以发展逻辑思维并提高记忆力、注意力，还可以陶冶内涵、修身养性，让儿童细心观察，认真思考，符合学校"至真数学"的课程理念。

辅助三、四年级学生，开展游戏——技能小巧手。儿童手工做出学过的数学知识用图画或手工的形式表达出来，或画出一幅作品或制成作品进行展示，以点带面，尽可能地为儿童的数学特长展示提供更多平台和机会，以面促点，尽情让每一位儿童充分发挥和展示，促进儿童动手能力的提高，发展儿童的应用意识和创新思维，提高儿童的欣赏水平及创造能力，让儿童在至真活动中体验创作的乐趣。

放手五、六年级学生，开展游戏——魔方达人秀。玩转魔方的过程是一个集观察、思考、动手于一体的过程，在此过程中要求操作者必须保持高度集中的注意力，手眼协调快速操作，反应灵敏思维通达。高年级儿童已经具备一定的数学思维能力，在玩转魔方的过程中，可以进一步提高儿童的数学思维水平和能力。

每项活动内容，经历两个阶段，即按照规定先开展初级入围活动——班级选拔赛，再举行终极竞技活动——年级段或年级组PK赛。

（二）"至真数学节"的评价

儿童通过参与活动，依据达成目标，为每一个儿童发放"通关文牒"（详见表5-1-7）和"投票卡"（见图5-1-2），儿童拿"通关文牒"通过参与活动、记录活动获得星星，根据星星数量换算得分，获得最终奖励。参与活动的同学都可以对展示的作品投出自己神圣的一票，每位同学通过填写好"投票卡"进行投票后汇总。各类节目、作品依据最终获得的票数设置奖励。

表5-1-7 合肥市西园新村小学南校"至真数学节"通关文牒表

班级		姓名		学号	
序号	评价项目	评价星级			
1	弈趣小达人				
2	数学小巧手				
3	魔方达人秀				
4	优秀21—30★；合格8—20★；待合格0—7★				

综上所述，我校"至真数学"课程既充分尊重数学的工具性特点，以实践为基础、为出发点、为归宿；又贯彻数学的教育性特点，秉承智慧的本质，致力于课程的育人功能，同时彰显数学的文化性特点，让儿童感受到"有情感、重明辨、促思想、重实用、乐创造"的至真数学，给儿童们一个

我选你

图 5-1-2　成果展示投票卡

充满数学味的童年。

（撰稿者：姜海松　齐昕　杨琴）

第二节

启智数学：用数学的智慧看世界

合肥市金湖小学数学组共有 23 位优秀的数学教师，40—50 岁的教师 6 人，30—40 岁的教师 14 人，30 岁以下教师 3 人，是一支比较年轻的教师队伍，其中省教坛新星 1 人，市级骨干教师 4 人，区级骨干教师 9 人，近年来有多位教师在省、市、区各级优质课、基本功大赛中获奖。金小教师认真、敬业，敢于创新，金小学子思维活跃，勇于探索。我们依据《教育部关于全面深化课程改革落实立德树人根本任务的意见》《中共中央国务院关于深化教育教学改革全面提高义务教育质量的意见》《义务教育数学课程标准（2011年版）》等文件精神，推进我校数学学科课程建设。

学科课程哲学　充满智慧的魅力数学

一、学科性质

《义务教育数学课程课标（2011 年版）》中明确表示：数学学科与人类的进步与发展有着不可分割的密切联系，数学包含图形，数字，和多维度的概念和知识，是当代科学和社会技术发展的基础，并时刻在人类的日常生活中发挥着积极作用，随着时代的发展和人类的进步，数学将更加广泛地进入到人类生活中，并推动社会的有效发展。[1]

---

[1] 中华人民共和国教育部. 义务教育数学课程标准（2011 年版）[S]. 北京师范大学出版社，2012：1.

克莱因说："音乐能激发或抚慰情怀，绘画使人赏心悦目，诗歌能动人心弦，哲学使人获得智慧，科学可改善物质生活，但数学能给予以上的一切。"数学对于孩子的教育来说是十分重要的，特别是接受基础教育的孩子，数学有助于帮助孩子们打好坚实的基础，培养孩子的综合思维能力，从而在其他学科上游刃有余地进行学习，可谓是培养孩子综合素质的基础学科。总之，数学充满了智慧的魅力，帮助孩子把生活中的现象提升为经验，把经验提升为智慧。

二、学科课程理念

根据《义务教育数学课程标准（2011年版）》的课程理念，我校在不断的教学实践中提出了"启智数学，启迪孩子用数学的智慧看世界"的学科理念："启智"，《师说》有云"缜思，启智，明德"就提醒人们重在形成正确良好的道德规范，开发潜在的智慧。因此我们在教学中积极引导儿童，让儿童善于把所学到的知识技能，内化为成长需要的多种能量，灵活运用、融会贯通，提高思考、实践、创新的能力；以趣启智，让儿童增强对数学的理解，不断建构自己的知识体系，逐步提高个人数学综合素养，后面我校的课程设置就是围绕下面四点去设置、补充、完善、丰富基础课程。

（一）启智数学是促进儿童数学思维的数学

著名的教育学家赞可夫曾经说过：在基础教育的过程中，最重要的就是要引导儿童进行创新性的学习，让儿童潜在性的发挥自身的想象力和动手能力，不拘泥于课本知识等灵活性不足的学习素材。数学的学习就是对儿童进行创新性和扩展思维性教育的最好学科。老师可以在数学学习的过程中通过数形结合，一一对应，思维转化，假设推理等等方法帮助儿童进行对知识的认知和积累，从而帮助儿童培养正确的学习思维和观念。启智数学在教学中要求教师从儿童的需要和兴趣出发，循序渐进地引导儿童发现问题、提出问题、解决问题，并及时归纳探究，拓宽儿童的解题思路，提高儿童思维的发展和自觉的应用意识，全面提升儿童的数学素养。

（二）启智数学是重视儿童体验的数学

我国古代教育家孔子在《论语》中曾说过"不愤不启，不悱不发"，当儿童对某一种知识或理念达不到用心探索的程度就不要和他进行深度的解释，从而让儿童自主进行发现和学习。启智数学的重点就是要让儿童通过自身的努力来探索数学知识，在不断的思考和想象中获取题目的最佳答案，这种方法也有助于儿童学习其他较为复杂的学科。当儿童有了自身的见解后，再与其他儿童之间进行反思、合作交流，启发儿童触类旁通，举一反三，培养儿童独立思考和灵活运用知识的能力，这就是我校"启智数学"的课堂教学理念。

（三）启智数学是促进儿童数学语言发展的数学

在社会发展、科学技术的进步以及数学知识被广泛应用的今天，数学语言能力欠缺的人，已明显地显露出不足，如他们不能准确地解释某些产品使用说明书中的数学信息，不能运用统计图、统计表分析数据和客观事物等，因此，儿童数学语言表达能力的培养我们不能忽视，而是应该把它放在一个重要的地位。儿童的数学语言的发展，既可以促进思维的发展，又能使知识得到巩固和提升，因而，数学语言表达能力和儿童的思维能力的培养要同步进行。

数学语言，就是儿童能顺利的将数学知识表达出来，培养儿童利用数学语言进行交流，有助于儿童锻炼思维感官，提高表达能力，从而更快地吸收知识和思想。"启智数学"在课堂教学的实践过程中，有意识地培养儿童乐于思考，言之有据，用清晰准确、有条理的语言进行数学表达的良好习惯，感悟解决问题的策略与思路，感受数学语言的魅力。

（四）启智数学是重视运用的数学

《义务教育数学课程数学标准（2011年版）》中的相关内容指出儿童学习数学的目的就是为了解决实际生活中发生的一切问题，儿童可以通过数学思维将现实生活中的问题转化为数学问题进行解答，这是一种全新的生活理念方式。[1]"启智数学"在教学中注意创设生活情境，让儿童解决生活中真实存在的问题，如设计旅游线路、计算旅游费用等，让儿童感受到数学在生活中是真实有用的，在学习过程中能根据儿童需要和认知发展的顺序性，通过各种与生活实际相关的活动，如测定校园的方向、测量操场的周长等，让儿

---

[1] 中华人民共和国教育部. 义务教育数学课程标准（2011年版）[S]. 北京师范大学出版社，2012：7.

童在实际操作中理解数学思维的运用方式和实际作用，用心感悟数学的能力和作用，从而养成用严谨的数学思维来解决实际生活中问题的好习惯。

总之，"启智数学"能够让儿童充分感悟数学的智慧和魅力，提升儿童自身的数学思维能力，开发儿童的心智和想象力，让儿童习惯于用数学思维来思考一切问题，形成严谨细致的学习习惯，启迪孩子用数学的智慧看世界。

学科课程目标　让每个孩子成为睿智少年

《义务教育数学课程课标（2011年版）》中明确表明数学的教育目标：让孩子在数学的学习过程中，了解学习数学的基础知识、基础思维、基础技能，并通过具体学习体会到数学与其他复杂学科之间的潜在关系，并将所学学科联系起来形成一个系统的知识体系网络，从而更加细致严谨地掌握知识，提升能力，最终养成科学思考的学习习惯，并扩展思维方式和知识面，提升自身的探索精神和创新能力，感受数学存在的价值观念，真正成为一名综合能力强，综合素质高的创新型人才。① 基于数学学科核心素养的内涵，和我校"启智数学"倡导的"启智数学，启迪孩子用数学的智慧看世界"课程理念，我校设置了如下数学学科课程总体目标，让每个孩子成为睿智少年。

一、学科课程总体目标

依据课程标准中提出的：数学学科的学习教育应注重孩子自身的主体学习地位，需要在义务教育的目标基础上，加强对孩子个人的特点培养，让孩子都能够获得因材施教的益处，从而把他们培养成特点鲜明的综合人才。② 同时根据我校"启智数学"的课程理念，我们将课程总目标分为了以下四个维度。

1. 知识技能：让儿童经历整数、分数、百分数的抽象、运算与建模过程；

---

① 中华人民共和国教育部. 义务教育数学课程标准（2011年版）[S]. 北京师范大学出版社，2012：8.
② 中华人民共和国教育部. 义务教育数学课程标准（2011年版）[S]. 北京师范大学出版社，2012：9.

了解图形及其运动的相关知识，分类、性质扩展、位置讨论等；利用数学思维解决实际生活问题，将生活问题转变为数学问题进行细致解答，两者通过流畅的思维转化进行深度演变；了解统计所蕴含的知识和技能，学会数据分析，获取正确信息，将数学技能进行结合解决问题，培养综合思维模式。

2. 数学思考：建立数感，符号意识，有图形演变转化的空间观念，建立立体的三维思考模式；学会利用实验、猜想的正反推理法解决问题，发展儿童的合情推理能力，学会认识数学统计图表，感受随机现象，从中提取信息，将全身心投入到数学学习中，利用数学思维来发展数学知识体系。

3. 问题解决：学会运用基础知识解决一些简单直接的数学问题，并学会将数学思维结合起来进行难度较大问题的探索；形成细致的数学知识体系网，在每一道习题中感悟数学知识的内在联系，从而全面掌握数学的知识内涵；学会与他人沟通，在同学之间的讨论中吸收他人独到的见解，从而帮助自己进行深入思考，学会评价与反思。

4. 情感态度：让儿童在有趣的数学活动中体会数学的奥妙，学习数学知识，增强自信心；在与同学的集体合作过程中，吸取经验，加强互动，获取学习的快乐，感受合作的重要性，形成积极向上的精神；平时学习过程中要坚持自主思考，认真学习，坚持真理。①

二、学科课程年级目标

基于上述总目标，依据数学课程总目标和教材、教参和学校实际情况，我们厘定了六年的课程目标，这里，我们以五年级下学期为例，说明学科课程的具体目标（见表5-2-1）。

表5-2-1 "启智数学"课程五年级下学期目标表

单元＼目标	五年级下学期目标
第一单元《简易方程》	1. 理解方程的含义，会用等式的性质解一些简易方程。 2. 初步学会列方程解决相关实际问题。

---

① 中华人民共和国教育部. 义务教育数学课程标准（2011年版）[S]. 北京师范大学出版社，2012：2.

续 表

单元 \ 目标	五年级下学期目标
第二单元 《折线统计图》	1. 能读懂常见的折线统计图，能根据要求完成相应的折线统计图。 2. 使儿童能根据折线统计图所表达的信息，进行相应的分析、比较和简单的判断、推理。
第三单元 《因数和倍数》	1. 认识因数和倍数；了解奇数和偶数、质数和合数的含义，会分解质因数。 2. 会求100以内两个数的最大公因数和10以内两个数的最小公倍数。
第四单元 《分数的意义和性质》	1. 进一步理解分数的意义；探索并理解分数与除法的关系。 2. 掌握分数的基本性质，能正确进行约分和通分。
第五单元 《分数的加法和减法》	1. 能正确计算简单的异分母分数加、减法；并能进行相应的简便运算。 2. 能应用分数加、减法解决一些简单实际问题。
第六单元 《圆》	1. 初步认识圆的有关特征。 2. 掌握圆的周长和面积公式，能应用公式解决相关的实际问题。
第七单元 《解决问题的策略》	1. 能用转化策略解决问题。 2. 体会转化策略的特点和价值，提高从不同角度分析和研究问题的能力。

学科课程框架　建构智慧思维的学习图景

我校"启智数学"课程框架依据《义务教育数学课程标准（2011年版）》来研制与修订，让孩子掌握必备的基础知识和基本技能、数学基本思想和基本活动经验，关注每一个孩子的情感、态度、价值观和一般技能的锻炼，让孩子感受到数学和日常生活的内在联系，从而形成正确的数学思维，提高孩子的综合数学学习的核心素养。为了实现上述目标，我校建立了启智数学课程框架。

一、学科课程结构

我校"启智数学"课程依据《义务教育数学课程课标（2011年版）》，

秉承学科课程哲学，结合儿童发展特点，以国家统编教材为教学媒介，以儿童的兴趣和需要为基础设立课程，培养儿童的应用能力和创新意识，将我校数学课程具体分为"启智之数""启智之形""启智之统计""启智之实践"四大类，建构我校富有智慧思维的数学课程结构。学科课程结构如下图所示（见图5-2-1）。

启智之数：
口算天天练
横刀立马华容道
二十四点大比拼
机关算尽
不在"画"下
数形合一

启智之形：
巧思乐拼
边角搭档
百变魔尺
一笔画游戏
巧解九连环
数形绘画

启智之统计：
过目不忘
超级名侦探
机智过人
剖玄析微
统统有数
统领天下

启智之实践：
鉴品专家
交通指挥官
麦田数学
奥运学问
精打细算
金融达人

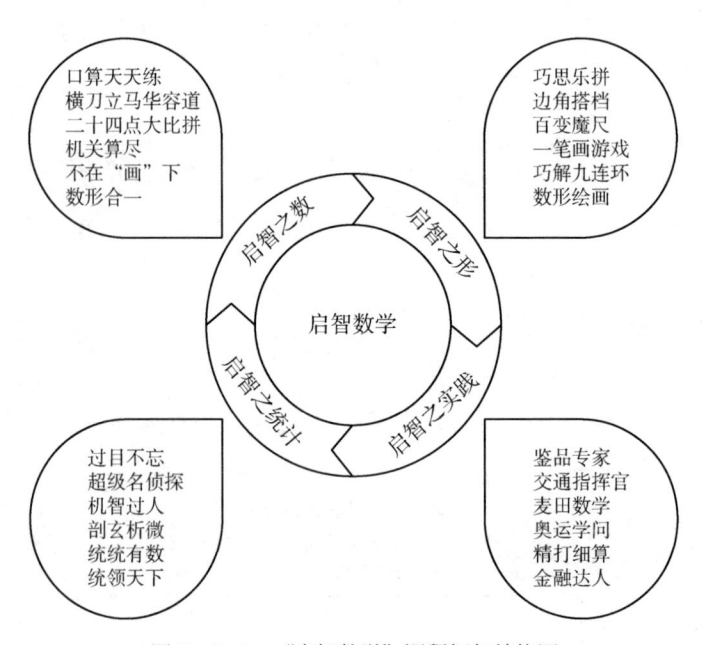

图5-2-1 "启智数学"课程框架结构图

1. 启智之数。数与代数的教学除了使儿童掌握必要的知识和技能之外，还要在学习数学的过程中培养孩子各方面的能力，在教学数与代数部分，应让孩子能够体验到学习的乐趣，成功的乐趣，学习数学的兴趣，兴趣是孩子学习的动力。我校通过各种形式有趣的课程，逐步学习数的认识，常见的量，基本数的运算，式与方程，比和比例，在学习的过程中，丰富解题策略，提高儿童计算兴趣、计算能力、发展思维灵活性。开设的有"口算天天练""横刀立马华容道""二十四点大比拼""机关算尽""不在'画'下""数形合一"等课程。

2. 启智之形。图形与几何知识有助于孩子养成立体思维的思考习惯，在今后的综合学习中能够快速准确地进行三维度的思考。弗赖登塔尔说过："数学来源于现实，高于现实，用于现实"，在教学的过程中，根据儿童现有的生活情景和认知经验，利用身边和生活中鲜明的事物为例，增强儿童对数学的理解和学习数学的信心，同时调动儿童多种感官进行探究活动，经历拉一拉、比一比、变一变、拼一拼等一系列动手操作活动，感受图形变化的神奇，让几何直观、空间在有效的课堂中触摸、感知并用于生活。这一部分内容让儿童动手实践，小组探究，更加形象直观地感受空间概念及思维推理。开设的有"巧思乐拼""边角搭档""百变魔尺""一笔画游戏""巧解九连环""数形绘画"等课程。

3. 启智之统计。统计与概率主要包括数据的收集、整理、分析及事件发生的可能性、游戏的公平性等，这一部分对儿童具有极大的吸引力，经历简单的数据收集、整理和事件可能性的过程，能用自己的方式呈现结果，并体会统计的价值，发展统计观念，不仅激发了思维，而且促进了知识的策略性形成。我校"启智之统计"开设的有"过目不忘""超级名侦探""机智过人""剖玄析微""统统有数""统领天下"等课程，使儿童经历数据的收集、整理、分析过程，感受统计思想。

4. 启智之实践。学校应重视课外实践活动，该过程不仅是儿童对知识的探索、研究、发现、掌握，更是对同学交际、合作意识等综合方面能力的提高起到了重要作用。数学综合实践活动课要求儿童在学习过程中去发现问题、整理问题、解决问题并能学会应用和创新。同时提供了人与人之间的交流机会，培养了一种团队合作的精神，培养儿童分析研究的能力，在教学过程中，面向每个儿童，让儿童多方位多角度地参与到学习中来，发挥丰富的想象，不仅仅是学会了如何去解决几道数学题目，更要将数学知识应用到生活中去，从而建立学习数学的兴趣和信心。开设的有"鉴品专家""交通指挥官""麦田数学""奥运学问""精打细算""金融达人"等课程。

二、学科课程设置

我校"启智数学"根据教材中的内容和要求，渗透教学的核心素养，并通过"知"的方式，达到"智"的目的，围绕"以知启智"的学科理念，为儿童的长远化发展奠定坚实的基础。基于四大领域开发相应的课程，具体拓展课程设置如下表所示（见表5-2-2）。

表 5-2-2 "启智数学"课程设置表

年级	课程	启智之数 课程名称	启智之数 课程内容	启智之形 课程名称	启智之形 课程内容	启智之统计 课程名称	启智之统计 课程内容	启智之实践 课程名称	启智之实践 课程内容
一年级	上学期	口算天天练	计算快手扑克巧算	巧思乐拼	立体中的世界	过目不忘	神奇的数算式之谜	鉴品专家	购物达人
一年级	下学期	口算天天练	计算能手数学迷宫	巧思乐拼	奇思妙想七巧板	过目不忘	快乐跳绳数字奥秘	鉴品专家	小小老板
二年级	上学期	横刀立马华容道	跳方格有趣的人民币	边角搭档	美丽的图案	超级名侦探	班级小管家	交通指挥官	我是购票员
二年级	下学期	横刀立马华容道	除法大聚会	边角搭档	角的世界	超级名侦探	小小采购员	交通指挥官	我是指南针
三年级	上学期	二十四点大比拼	横式之谜	百变魔尺	魔方变形计	机智过人	小小气象员	麦田数学	麦田与周长
三年级	下学期	二十四点大比拼	竖式之谜	百变魔尺	拼脸谱	机智过人	小小裁判员	麦田数学	麦田与面积
四年级	上学期	机关算尽	巧用运算律	一笔画游戏	巧数图形	剖玄析微	幸运大转盘	奥运学问	电影票里的学问
四年级	下学期	机关算尽	寻根究底	一笔画游戏	巧算内角和	剖玄析微	蒜苗节节高	奥运学问	奥运项目中的数学
五年级	上学期	不在"画"下	图解因数	巧解九连环	面积变形师	统统有数	抽奖大转盘	精打细算	价格学问
五年级	下学期	不在"画"下	图解分数画中有理	巧解九连环	体积中的学问	统统有数	我是数据分析师	精打细算	促销策略
六年级	上学期	数形合一	数字变形记	数学绘画	图形变幻	统领天下	我是大侦探	金融达人	理财高手
六年级	下学期	数形合一	计算变形记	数学绘画	炫彩设计	统领天下	小小统计师	金融达人	缩尺为寸

学科课程实施　智趣结合的数学学习天空

《义务教育数学课程课标（2011 年版）》内容中表明：教育需要老师和儿童们共同合作共同努力[1]。这就要求数学教学中，儿童在获得教师传授的知

---

[1] 中华人民共和国教育部. 义务教育数学课程标准（2011 年版）[S]. 北京师范大学出版社，2012：2.

识经验的同时，也要让儿童能够有获得自主学习自主认知的时刻，让儿童用心体会到数学的知识和技能对于个人发展来说的重要性。因此，我校数学课程组结合前期课堂教学的经验、根据"启智数学"的课程理念、学科特点、课程标准等要求，通过教师研讨、儿童调研、整理资料等途径，从"启智课堂""启智社团""启智数学节""启智工作坊""启智拓展"几个方面推进课程实施，为孩子开启智趣结合的数学学习天空。

一、构建"启智课堂"，推进学科课程实施

我校"启智课堂"致力于呈现"互动、发展、自主、阳光"的学习氛围，课堂教学最终是促进儿童的学习，课堂上教师要引导儿童用多种方式，展开合作的、探究的、具有反思性的学习，并能善于与人共享学习的成果。课堂中教师组织有方法、提问有技巧、合作交流有目标，将教师的教与儿童的学融为一体，让儿童在课堂中学会学习，增长智慧，体会数学的价值，体验数学学习的成就感。

1. 有效的课前准备。研究教材，是"启智课堂"成功的基础。教师应从教材实际内容出发，准确理解教材编写的含义，理清知识的联系，准确掌握教材的特点，理解知识的内涵与外延。再组织自己的教学思想方法去处理教材知识，合理运用各种教学资源，引导儿童发现问题并提出问题，然后解决问题，这是提高儿童的学习能力，开展好启智课堂的基础。研究儿童，是"启智课堂"成功的核心。数学老师要因材施教，做到合理对待儿童，按照实际情况改善教学方式，因此，了解儿童的心理发展特点、知识掌握程度，运用适合儿童的教学方法，把握教学的重难点，让课堂有内容，是组织启智课堂的有效途径。研究自己，是"启智课堂"的关键。教师最了解的是自己。在备课过程中，老师需要准备自身的讲课表达语言，保持自身具有特色的教学方式，让儿童能够快速地进入学习状态，从而加强课堂的学习效率。其次要准备组织儿童如何学，包括情景设置、问题引领、应变策略、协调控制，充分考虑儿童会如何思考，自己该怎样引领儿童思考，才能一步步地理解、学好，提高学习的有效性。

2. 有趣的课堂氛围。有趣的知识是启发孩子智慧的重要前提。在趣味课堂中，能增加孩子的学习欲望、表达欲望，孩子敢于发表自己的见解，愿意

探索知识，从而增强了学习的欲望，孩子也能体验到在探索过程中的成就感。

3. 灵活的教学方式。教学方式并不是固定不变的，这要根据儿童的特点来制定和安排。遵循孩子的心理特点、认知规律的前提下，找到适合自己教、适合孩子学的教法。在课堂学习过程中，老师需加强与儿童的交流沟通，帮助儿童理解数学细节内容。

4. 全员参与的学习方式。课堂中，除了教师的教，更要关注全体儿童的学，使每个孩子都能有适合的学习目标，发挥自己的优点，得到能力的提升。为此，课堂中要注重师生之间，生生之间的合作交流，可以在每次教学中成立四人或六人一组的学习小组，儿童分组合作，讨论解疑，同时教师主动参与小组交流，与儿童共同讨论。通过小组活动，儿童能够展示自己解答问题的过程，反映自己对知识和思想方法的理解和领悟程度，这是儿童相互学习，共同促进的关键环节，让每一位儿童在交流中可以随时找到心理支持和倾听对象，各位组员围绕问题进行交流、讨论甚至辩论，小组交流时教师要成为倾听的示范者，深入小组了解儿童的学习和交流情况，及时收集儿童讨论中不懂的问题或交流中生成的问题，加强针对性指导，在小组交流结束之后，教师需根据学情组织各小组分享学习成果，继续深入讨论儿童自学和小组交流中出现的"普遍性"问题和"代表性"问题，解决可能延伸出的新问题。课堂交流使得生生之间、师生之间拥有了更多的对话机会，让生生之间、师生之间的相互学习成为可能，真正落实了教师为主导，以儿童为主体，师生在协同对话中获得知识的共同提升。

5. 关注课程目标的实现。课堂学习的导向要正确实际。课堂目标的设置不仅仅针对学习效率的完成度，还要关注孩子的情感变化，以儿童的具体数学技能掌握程度为导向，帮助孩子形成数学思维，提升孩子解决问题的能力。

二、设立"启智社团"，丰富课程文化建设

儿童社团活动在学校教育中占据重要地位，能够帮助儿童舒展身心，提高学习效率。"启智社团"以智为核心，在教师的引领下，儿童全员参与，通过设置一些有趣的活动，学习知识，增长技能，体验学习的成就感，体会数

学的价值。

　　根据我校的办学特色、师资力量、儿童的身心发展规律，各年级开展了"启智社团"的有趣活动，锻炼了孩子的动手动脑能力，培养了孩子的学习兴趣，拓展了孩子的视野，激发了孩子的探索欲望，丰富了儿童的学校生活。

　　社团活动可以增添儿童的兴趣爱好，帮助儿童摆脱学习压力，并可以轻松地在活动中掌握一定的知识。其新颖的学习方式、不同常规的学习内容、开放的活动空间，形成了自己的特点，为儿童的学习与活动提供了一个更广阔、更自由的平台。

　　1. 全面了解，确定课程。社团的开展不是盲目的、自发的，而是需要经过大量的调查研究，对孩子特点、本校师资力量、学校可用资源进行分析整合而得出的。

　　2. 全面分析，确定教师。有效的社团学习，要有适合的教师队伍。根据社团的性质和内容，孩子的特点，依据教师个人特长和学科专长，有针对性地选拔出相应的指导老师。

　　3. 自愿原则，确定学员。社团活动是课内学习的辅助和深化，所以要面向全体孩子，实行自愿加入的原则，根据社团具体的要求，最终确定社团人员名单。

　　4. 全面筹备，确定内容。为了使社团活动合理高效，指导教师应制定出社团规章制度、活动方式、内容选择、评价方式等，做到"课前有准备，课中有内容，课后有反馈"。

　　5. 三方合作，展示成果。社团活动可以利用家长这个资源，征求有专长家长的参与，也可与社区、媒体合作，创造更多的户外活动机会和平台。同时也可把成功的案例制作成画报，通过社区或者媒体，进行宣传展示，既获得了大众支持，又使孩子的学习兴趣大大提高，同时推广了学校的课程品牌建设。

三、设立"启智数学节"，展现自己的风采

　　2011年，国际数学协会正式宣布，将每年的3月14日设为"国际数学节"，来源是中国古代数学家祖冲之的圆周率，因此，我们将每年的3月定为

"校园数学月",在课堂教学之外,在遵循"激发兴趣、启发智慧"的宗旨下,不同年级开展一系列的"启智数学节"活动。数学节主要是一些具有创造意义的数学活动,让儿童们在活动中真正体会到数学是和生活息息相关的,从而能够更自如地进行学习。

各年级数学节活动的安排要遵循学生身心发展的顺序性与阶段性,否则智趣的数学可能会变得晦涩难懂,不易激发学生兴趣;各年级数学节活动的设置要与学生日常的数学学习发生碰撞或联系,否则有趣的数学活动可能会脱离学生实际,成为无源之水无本之木。"启智数学节"包括低年级开展"计算比赛"、中高年级开展"数学思维训练讲堂""家庭数学日"等活动,节日型数学活动要求要规范合理、符合儿童的年龄特征和认知规律。

四、设立"启智工作坊",做可持续发展的教师

学习共同体的倡导者日本教育家佐藤学先生指出:当代教师必须是"工匠性"和"专业性"兼备的专家,既要有模仿的学习,又要通过"反思"与"探究"来学习提升,所以老师的可持续发展,需要不断的学习,团队的协作,通过扎实有效的校本研修来达到。鉴于此,我校以教师可持续发展为目标,通过专家教师引领,教师自我学习、共同合作学习等途径,设立了"启智工作坊",旨在通过教师资源共享,形成良好的教师互动,丰富教师文化的建设,让我校数学教师通过共同学习、共同教研、共同反思,达到专业水平的共同提高。

"启智工作坊"由"行动工作坊""心理工作坊""品质工作坊"组成,每个工作坊由两至三名专家教师和六至七名青年教师组成。工作坊中的老师的教育工作在时间安排上井然有序,教师之间还会进行高质量的探讨、交流,并且按时举办各种教育培训活动。例如我校每年都举行"青蓝工程——师徒结对"活动,做到青年教师人人有师傅,经验丰富的教师人人是师傅,师傅传递徒弟朴实严谨的教风、爱岗敬业的精神和丰富的教学经验,同时师傅又从徒弟身上吸取新颖的教学方法和手段,从而更好地提升自己;同时我校还开展同年级的数学教师以及我校教师和城乡结对学校教师之间的同课异构活动,形成了具有我校特色的校本教研方式,这些活动为教师搭建了共同成长的平台。

1. 自愿加入，自由结合。工作坊面对全体教师，老师可以根据自身的情况选择参加工作坊。教师可根据年级、地点，采取同年级或者同地点的教师加入同一工作坊，方便开展教学学习交流活动，同时应选择一名教师作为负责人，方便平时的记录与沟通。

2. 自愿选择，自主研究。人员确定后，针对不同年级孩子的情况，经过成员的反复确认、可确定不同的研究主题。"行动工作坊"侧重课堂和活动，研究师生课堂行为，当然课堂研讨会的目的不是"评课"，而是对听课教师和上课教师在课堂中的收获和反思进行交流，以儿童的学为中心，改进教学方式，提高教学效率。"心理工作坊"侧重于研究孩子心理与课堂行为的关系，通过研究，提升教师的理论知识储备，改善孩子影响课堂学习的心理问题；工作坊的开办目标是培养高素质数学教师，打造专业的数学课堂。三个工作坊虽然研究内容有所不同，但是会定期进行沟通交流，共同反思、共同发展。

3. 自主选择，自由活动。工作坊根据学习时间，每月进行一至二次自主学习，每学期进行二至三次团队培训和专家指导。活动方式包括组织教研活动、研读理论专著、制作教学视频、上一节公开课等。活动过程中，教师做好与成员的沟通、儿童的交流、专家的学习，确保活动顺利有效地开展。

五、开展"启智拓展"，体会数学的智慧和魅力

"启智拓展"目的是培养儿童综合运用知识的能力，不仅可以拓展儿童的知识面，更有助于激发儿童学习数学的兴趣，提高儿童提出问题、解决问题的能力，让儿童感到数学在现实生活中的应用，主要以实践性、创造性的活动为主，让孩子主动探索、主动实践，从而使儿童获得数学活动的经验，提高他们的实践能力，让他们体会到数学的智慧和魅力。

1. 培养数学阅读，帮助数学理解。儿童解题能力弱，有时实际就是孩子的数学阅读有障碍，妨碍了孩子对题目的理解，找不全题中的条件，理解不了数量之间的关系，自然也就解决不了题中的问题。培养数学阅读能力，可以从儿童喜欢听的数学故事、喜欢看的数学绘本入手，在故事中，孩子可以与故事中的主人公一起沉浸在有趣的数学王国里，感受数学学习的乐趣，学到学习数学的方法，孩子还可以自己编一些数学故事，画一些数学绘本，在

不知不觉中，提高了儿童的数学阅读能力，数学理解力也会随着提高。

2. 重视数学实验，提高实践能力。数学实验课是以解决某一个实际的数学问题为目标的，儿童在解决这些具体的与自己生活实际相关的问题时，能主动利用学过的知识，主动获取知识和直接的实验经验，通过观察、操作、分析、假设、比较、对比、验证等过程，让儿童亲历数学的发现和探究，这是一个知识主动建构的过程，同时提高了儿童的实践能力。如五年级的数学实验课《蒜叶的生长》，孩子自己用水或土培植大蒜，记录大蒜蒜叶和根须的生长情况，经历了收集数据、整理数据、用折线统计图分析数据的过程，这一过程中不是老师让孩子做什么，而是孩子主动应用知识去做，充分发挥了儿童的学习主动性。

3. 数学游戏，体会数学的乐趣。我国古代有很多经典的数学游戏，如七巧板、九连环、华容道等，这些数学游戏是数学中的重要部分，对数学文化的传播起到了积极的作用。儿童在数学游戏过程中能学会团队合作，依靠集体的力量解决问题，所以数学游戏还有助于儿童的人际交往。数学游戏不仅蕴含数学知识，更富有游戏的乐趣，使儿童在感觉学习枯燥时，调剂身心，得到身心的解放和快乐，所以一代又一代儿童甚至成人都对数学游戏乐此不疲。

"启智拓展"的评价应该遵循"合作、发展、促进"这样评价标准，让儿童在合作的、探究的、反思的活动学习中，主动地获取知识，主动地发现问题、解决问题，积累数学实验的活动经验，发展儿童应用意识，促进儿童思维的提升，激发了儿童的创造能力。因此，"启智拓展"不仅要评价儿童的操作能力、知识掌握程度，还要看孩子在拓展过程中是否乐于与同伴合作、积极探索，勇于实践。

综上所述，我校数学学科基于《义务教育数学课程标准（2011年版）》，围绕国家基础课程的具体内容，分析学校自身特点及儿童综合素养的发展要求，确定"启智数学"的学科理念，通过各门拓展类课程的实施与发展，促进儿童在数感、符号意识、空间观念、数据分析观念、运算能力、数学思想等多方面学科素养的渐进、持续发展，最终使每个儿童都有自己的成长与收获！

（撰稿者：岑昀　李大兴　马兰　李静娴　郑莉　王峰　高庆玲）

第六章

交往：数学作为互助性实践

数学课程要为儿童未来生活、工作和学习奠定重要的基础。新的课程改革要求教师与儿童形成一个学习共同体，以共同体的力量，实现互助性实践模式下的数学学习。数学作为互助性实践改变了传统的师生观，强调师生在人格尊严、学习权利等方面平等的基础上，实现学与教的互动整合，在互助性实践中师生彼此吸纳、互相成长。儿童和教师互相成为评价的对象，又成为彼此进步的源泉。

在人类探索世界与文明的旅途中，数学具有不可或缺的工具性实践价值。义务教育的数学课程要为儿童未来生活、工作和学习奠定重要的基础。① 应对时代发展的要求，佐藤学提出将课程改革从计划型变为课题型，这意味着学校课程不再是一种教学计划的程式实现。② 新的课程改革要求教师与儿童形成一个学习共同体，以共同体的力量，经历"课题——探索——表现"的学习过程，实现互助性实践模式下的学习。

佐藤学指出：我们要避开悬在半空中的主体，儿童自立、自律的学习必须在与教师的互动中来加以认识。③ 数学作为互助性实践，师生的伙伴式学习关系极大地促进知识、情感的交流；儿童的主体意识、能力和个性得到了充分的发展；教师在与儿童的这种互动中，深刻理解儿童成长特点，提高教育教学水平，成长为"专家型"教师。

数学作为互助性实践，强调师生地位平等、教学相长。传统师生观强调师生面对着不同的任务与需求，师生作为不同角色进入课堂。互助性实践模式强调师生面对共同的课题，教师和儿童在人格尊严、学习权利等方面是平等的，并且在个体成长、能力发展等方面是互助的。教师在引导儿童学的同时，也在儿童的反馈中吸纳信息，反思改进。儿童在相互讨论的同时也在不断思考、促进成长。小庙中心学校锐意打造的"启思课堂"强调通过在课堂上的协同学习，积极互动、智慧分享，推动师生在伙伴式的共同体中教学相长。

数学作为互助性实践，强调课程实施既是学习过程，也是评价过程。为了全面了解儿童数学学习的过程和结果，学校应建立目标多元、方法多样的评价体系。在互助性的实践模式下，师生的认知、情感价值观都得到了充分的发展，师生的个性与能力也得到不同层次的提升，每个儿童和教师都是学习的参与者，也是评价的对象。新城小学的"精妙数学"特别注重在课程实施过程中对儿童进行多元化的评价，强调在活动中让不同的儿童实现不同的发展。精妙课堂的日常评价中不论是"有趣""有味"，还是"好玩""灵

---

① 中华人民共和国教育部. 义务教育数学课程标准（2011年版）[S]. 北京：北京师范大学出版社，2012：1.
② 佐藤学. 21世纪学校改革的方向 [J]. 思想者，2014（1）：31—35.
③ 佐藤学. 静悄悄的革命 [M]. 李季湄，译. 北京：教育科学出版社，2014：17.

动"，它们都强调在学习过程中儿童的参与性与成就感。此外，新城小学还依托本校浓厚的文化底蕴，打造精妙节日，开展精妙之旅，在生活与实践的过程中，培养儿童的主体意识与合作能力。

总之，数学作为互助性实践，改变了传统的师生观。在课程的实施过程中，强调儿童学习和教师教学的互动整合，在互助性实践中师生彼此吸纳、互相成长。儿童和教师互相成为评价的对象，又彼此成为进步的源泉，进而拉近了师生距离，提高了理解深度。

（撰稿者：张璐　李运烨）

第一节

启思数学：让儿童体验数学思维的魅力

合肥市小庙中心学校数学学科，现有 23 名数学教师，30 岁以下的青年教师 3 人，31 岁至 45 岁年龄段的老师有 11 人，45 岁以上的老师 9 人。合肥市骨干教师 1 人，蜀山区骨干教师 3 人，师资队伍优良，结构合理，近几年在全国信息技术课堂融合大赛中 4 人获奖，一师一优课、多人省级优课、市级优课、区级优课。集合全体数学教师的智慧，我们依据《教育部关于全面深化课程改革落实立德树人根本任务的意见》《中共中央国务院关于深化教育教学改革全面提高义务教育质量的意见》《义务教育数学课程标准（2011 年版）》等文件精神，推进我校数学学科课程建设。

学科课程哲学　让儿童拥有思维的灵性

一、学科性质

《义务教育数学课程标准（2011 年版）》中指出："义务教育阶段的数学课程是培养公民素质的基础课程，具有基础性、普及性和发展性。数学课程能使学生掌握必备的基础知识和基本技能，培养学生的抽象思维和推理能力，培养学生的创新意识和实践能力，促进儿童在情感、态度价值观等方面的发展。"[1]

---

[1] 中华人民共和国教育部. 义务教育数学课程标准（2011 年版）[S]. 北京：北京师范大学出版社，2012：1—2.

数学富有启发性质，让儿童的思维不断开阔；数学课程是一种师生一起参加一起提高的活动；数学课程是儿童参与数学学习的一种活动，它能激发和拓宽儿童的思维；数学课程是一种培养儿童良好习惯、掌握优秀学习方法的活动；数学课程是一种面向全部、照顾个体的活动；数学课程是一种启发式和因材施教相结合的活动。基于上述认识，我们认为，数学课程的重要价值是在使儿童在掌握基础知识和基本技能基础上提高儿童的抽象思维和创新意识，促进儿童的全面发展。

二、学科课程理念

依据《义务教育数学课程标准（2011年版）》文件精神，我校确定"启思数学"的学科课程理念。"启思数学"课程旨在展示数学学科的基本内容，反应学科的本质，在实践中感悟数学的学科思想。希望儿童能够在发现问题、提出问题、收集信息、进行验证、解决问题等一系列的过程中，逐渐形成良好的学习习惯，拥有终身学习能力。根据《新华字典》解释，"启"意为打开、开导、启动，象征着有前途有希望。"思"是指想、思量、动脑筋。因此"启思数学"是开启思路、激发灵性的课程。

（一）"启思数学"是充满情感的数学

培育有效的人才是数学教育的重要任务。趣味数学课程内容的安排着眼于儿童为未来生活、工作和学习做好准备，不能脱离现实和后续学习必备的能力，努力做到学有所用。课程目标的达成关键在于基本的数学知识和技能的传授情况，数学思想的体验和活动经验的积累情况。

（二）"启思数学"是注重明辨的数学

数学是一门思绪非常清晰的学科。在小学数学教材中，正数与负数、定量与变量、有限与无限等辩证关系比比皆是；加法与减法、乘法与除法、因数与倍数等等，都是互相对立着的矛盾关系，既独立存在又相互依存。这种对立统一观点，都是辩证唯物主义的基本思想内容。数学来源于生活又将回到现实生活中去，和食物的本质属性、事物的内容、事物的其他形式完全脱离了。这些辩证的丰富素材，要巧妙地融入到趣味数学的课程实施中，有目的、有意识地逐步渗透，发展儿童的明辨性思维，助推儿童的科学世界观的形成。

(三)"启思数学"是促进思想的数学

在数学的历史上,凡是知名的数学家,在数学思想方面都有积极的贡献,他们给后人留下了伟大的数学思想,引领着我们不断进步。我们知道,探索数学结论的过程,是组织开展数学活动和构建数学知识结构的不可或缺的环节。当儿童通过一些探究活动,基本认识或理解了知识的形成过程以后,应该采用多种形式和多种途径经常性地回顾和重温这一过程,帮助儿童超脱常规的方法和思路,变换思维角度,找寻解决问题的新方法。这样,有助于儿童再现结论得出的过程,有利于儿童充分领悟体现在这一过程中的化归的思想,转换的策略和等积变形的方式、由平面题目到空间题目类比的方式等。"启思数学"在儿童学习数学知识的过程中有效适时地渗透着数学思想,是真正为儿童以后的学习、生活以及未来的工作长期起作用,并为儿童的终身学习和发展奠定良好的基础。

(四)"启思数学"是重在实用的数学

知识和技能技巧的学习是为了以后更好的服务于生活和社会,"学以致用"的良好习惯能调动学习者学习的积极性与主动性。"启思数学"在学习过程中注重让儿童体会"数学知识来源于生活又要回到实际生活",主要途径有两方面:一是让儿童运用生活中的经验来验证所学的知识;二是让儿童运用所学知识快速又准确地解决生活中所出现的一系列问题。课程内容的选择要照顾到全体儿童的身心发展的规律,重在激发儿童的兴趣,引发儿童的思考,还要结合数学本身的特点,发挥数学本质的作用。

(五)"启思数学"是快乐创造的数学

数学是一种创造性体验。这种创新不是推翻原有的经验,而是巩固原有的基础。即使重建一栋高层建筑,也会修建一条走廊,把新大楼和旧建筑连接起来。只有当新建筑和旧建筑成为一体时,数学模型才会更广泛,知识的基础才会更加坚实。有趣又好玩的数学才能够激发儿童积极的情感体验,才能将儿童的认知活动和情感活动有机地融合在一起。

总之,"启思数学"课程让儿童养成了善于思考的能力,感受到了数学的神奇之美,使得儿童在学习数学的过程中不断探寻数学思想,让数学思想在儿童的心中茁壮成长,最终使得儿童的数学学科核心素养得到全面提升。

学科课程目标　让儿童体验启思的惟妙

《义务教育数学课程标准（2011年版）》中指出："在数学课程中，应当注重发展学生的数感、符号意识、空间观念、几何直观、数据分析观念、运算能力、推理能力和模型思想。"[1] 基于这些需要发展的数学素养，我校"启思数学"从启发入手，使探究渗透到学习的全过程，并制定我校"启思数学"课程目标，让儿童体验思维的美丽。

一、学科课程总体目标

依据《义务教育数学课程标准（2011年版）》，我们将"启思数学"课程总体目标分为知识与技能、过程与方法、情感态度价值观三个维度。[2]

1. 知识与技能：结合生活中的数学情景、活动或问题，抽象出数的概念，理解数的意义、估算、运算的计算道理，探索运算规律并准确运算；体验从真实物体中提取图形的过程，了解几何图形的特点，掌握测量、识别和绘制的技能；在实际问题中体验数据的收集、整理和分析过程，掌握数据处理方法。

2. 过程与方法：通过观察、猜想、实验等数学活动，培养儿童的合理推理和演绎推理能力；让儿童在学习过程中清晰地表达自己的想法，学会独立思考，体验数学的基本思想。初步学会从数学的角度发现问题、提出问题、分析问题、解决问题，学会合作交流，培养创新意识。

3. 情感态度价值观：在数学学习过程中，要锻炼克服困难的意志，获得成功的喜悦，树立自信心；要养成认真勤奋、独立思考、合作交流、反思质疑的学习习惯；形成坚持真理、纠正错误、严谨求实的科学态度。

二、学科课程年级目标

基于上述总体目标，依据教材、教参和校本要求，我们为各年级的课程

---

[1] 中华人民共和国教育部. 义务教育数学课程标准（2011年版）[S]. 北京：北京师范大学出版社，2012：5.
[2] 中华人民共和国教育部. 义务教育数学课程标准（2011年版）[S]. 北京：北京师范大学出版社，2012：8—9.

确定了实施的方向，进一步细化课程目标，把握不同年级、不同目标维度之间的内在关联，确定"启思数学"分年级的课程目标（见表6-1-1）。

表6-1-1　"启思数学"课程六年级上学期目标表

单元＼目标	六年级上学期目标
第一单元《长方体和正方体》	1. 会计算长方体、正方体的表面积和体积。 2. 发展数学思考，增强空间观念。
第二单元《分数乘法》	1. 能正确快速地计算分数乘法并解决相关的实际问题。 2. 理解倒数的意义，掌握求一个数倒数的方法。 3. 感悟数学思想方法，提高应用所学知识解决实际问题的能力。
第三单元《分数除法》	1. 能够充分理解分数除法，正确计算关于分数的混合运算。 2. 知道比是什么意思，知道比与分数和除法的关系，会用比解决简单的实际问题。 3. 感受到学习数学的乐趣，增加对数学的喜爱之情。
第四单元《解决问题的策略》	1. 使儿童会用假定的技巧剖析解题思路，并能准确解答实际生活中的题目。 2. 使儿童经过反复操练，可以加强解决问题的计谋意识，从而增强学好数学的自信心。
第五单元《分数四则混合运算》	1. 对分数的计算充分熟练，并且能够掌握稍有难度的四则混合运算。 2. 积累解决问题的经验，发展分析和解决问题的能力。 3. 能用运算律进行简便计算。
第六单元《百分数》	1. 初步理解税率、利率、折扣的含义，会进行相关的计算。 2. 能够正确解答求百分率的问题，会用不同的方法解决与百分数有关的实际问题。

学科课程框架　建构启思数学的学习图景

《义务教育数学课程标准（2011年版）》指出：作为促进学生全面发展教育的重要组成部分，数学教育既要使学生掌握现代生活和学习中所需要的数学知识与技能，更要发挥数学在培养人的思维能力和创新能力方面的不可替代的作用。[1] 为了实现上述课程目标，我校建立多元化的数学课程框架，

---

[1] 中华人民共和国教育部. 义务教育数学课程标准（2011年版）[S]. 北京：北京师范大学出版社，2012：1.

依据"启思数学"课程基本理念，在实施基础课程的同时，聚焦"启思数学"课程目标，开发丰富数学学科拓展课程，建构相互补充、相互促进的课程体系，适应儿童个性发展的需求。

一、学科课程结构

"启思数学"依据《义务教育数学课程标准（2011年版）》，具体分为"数与代数""图形与几何""统计与概率""综合与实践"四大类。秉承学科课程哲学，结合儿童发展特点，我校将课程创意成"启思算术""启思图形""启思数算""启思实践"这四大类，构建启思能动的数学学习图景（见图6-1-1）。

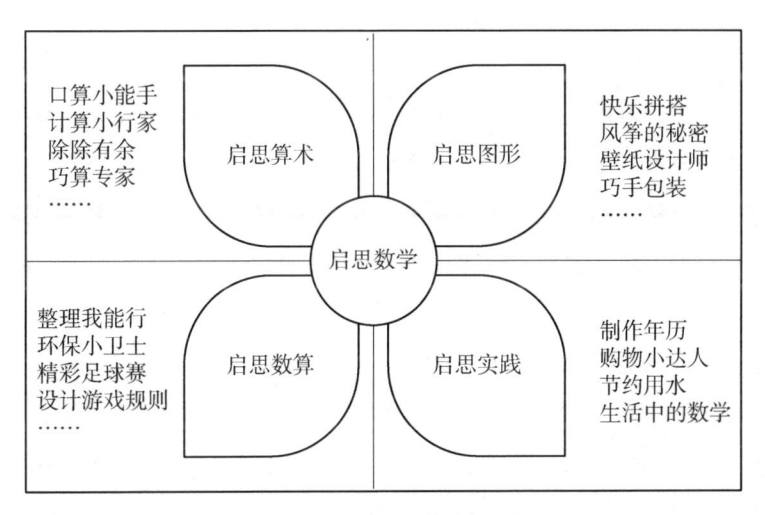

图6-1-1　"启思数学"课程结构图

1. 启思算术。开设的课程有"口算小能手""计算小行家""除除有余""巧算专家""易学算术""妙趣算算算""数学百分百"等。"数与代数"是小学数学基础课程的重要领域之一，开设与"数与代数"相关联的拓展课程，目的在于帮助儿童体验数学的情感，让儿童深刻的理解算理，在理解算理的基础上提高计算能力，寻求最优化的方法解决问题，同时建立数感，发展运算能力，激发儿童学习数学的兴趣和欲望。

2. 启思图形。开设的课程有"快乐拼搭""风筝的秘密""壁纸设计师"和"巧手包装"等。"图形与几何"是小学数学基础课程的重要领域之一，开设"图形与几何"相关联的拓展课程，目的在于发展儿童的空间想象能力，在经历一系列的动手操作过程，深刻体会通过不同的拼搭和组合，会产生不一样的效果，在活动中体验独立思考和与同伴合作的乐趣，发展初步的创新意识，感受图形的神奇之美。

3. 启思数算。开设的课程有"整理我能行""环保小卫士""完善图书角""精彩足球赛""设计游戏规则"等。"统计与概率"是小学数学基础课程的重要领域之一，开设"统计与概率"相关联的拓展课程，目的在于丰富儿童的社会阅历，对一些社会活动的了解，在这些生活经验的基础上尝试搜集一些数据，并对数据进行整理和归纳，探究数据中蕴藏的一些重要信息，体会到学习数学的乐趣和重要性。

4. 启思实践。开设的课程有"制作年历""购物小达人""节约用水""生活中的数学"和"旅游中的数学"等。"综合与实践"是小学数学课程的重要领域之一，开设"综合与实践"相关联的拓展课程，目的在于使儿童发现生活中的一些数学现象，并从这些数学现象中发现重要的数学信息，通过对信息的整理和归纳，进而体会到学习数学的重要性，同时还发展儿童的应用意识和创新意识，提高儿童解决问题的综合素养，为今后更好地学好数学奠定良好的基础。

二、学科课程设置

"启思数学"以课程目标的达成和核心素养的落实为出发点，围绕"学用交融"的学科理念，指导儿童探索数学中有趣的知识，感受数学的魅力，并绘制拓展类课程设置表格如下（见表6-1-2）。

表6-1-2 "启思数学"拓展类课程设置表

年级	课程	启思算术（数与代数）	启思图形（图形与几何）	启思数算（统计与概率）	启思实践（综合与实践）
一年级	上学期	神机妙算	拼图道场	整理我能行	东南西北
	下学期	神机妙算	拼图道场	整理我能行	东南西北
二年级	上学期	闻一知十	快乐拼搭	环保小卫士	图形分类
	下学期	闻一知十	快乐拼搭	环保小卫士	图形分类

续 表

年级	课程	启思算术 （数与代数）	启思图形 （图形与几何）	启思数算 （统计与概率）	启思实践 （综合与实践）
三年级	上学期	举一反三	风筝的秘密	精彩足球赛	上学时间
	下学期	举一反三	风筝的秘密	精彩足球赛	上学时间
四年级	上学期	刀斩乱麻	巧手包装	我的图书角	绘制校园平面图
	下学期	刀斩乱麻	巧手包装	我的图书角	绘制校园平面图
五年级	上学期	神机妙算	火眼金睛	审思明辨	旅游计划
	下学期	神机妙算	火眼金睛	审思明辨	旅游计划
六年级	上学期	顺藤摸瓜	歧路亡羊	运筹帷幄	象征性长跑
	下学期	顺藤摸瓜	歧路亡羊	运筹帷幄	象征性长跑

学科课程实施　行进在启思数学的旅途中

《义务教育数学课程标准（2011年版）》中指出：数学活动是师生积极参与、交往互动、共同发展的过程，数学教学就是要调动儿童的积极性，引发儿童的数学思考，鼓励儿童的创造性思维。[1]我校"启思数学"课程依据学科课程理念、课程目标、课程设置，从五个方面进行实施与评价，即"启思课堂""启思探究""启思社团""启思数学节""启思赛事"，旨在激发学习数学的积极情感，践行学用交融的课程理念，提高数学学习核心素养。

一、打造"启思课堂"，夯实数学根基

"启思课堂"是我校借鉴"学习共同体"的理念并依据学校和儿童的具体情况构建出的一种新型课堂文化，它是一种神奇有趣又多元化的学习过程，儿童在课堂中不断追寻数学的奥秘，与同伴友好合作、与教师积极交流，共同追溯着数学的本质并渐渐喜欢上这样的数学课堂；老师在课堂中运用多种教学手段，注意唤醒儿童已有的知识经验，积极搭建教与学的桥梁，引导儿童积极参与、交往和互动，以此来提升儿童的互助学习能力。"启思课

---

[1] 中华人民共和国教育部. 义务教育数学课程标准（2011年版）[S]. 北京：北京师范大学出版社，2012：2.

堂"是以普及儿童为核心理念的课堂，必须从儿童的实际情况出发，创设对儿童自主学习有利的问题情境，引导儿童通过实践探索、认真思考、交流合作获得新知识，形成新技能，创造师生和谐的探究和学习氛围，同时，教师在参与儿童学习的过程中适时地反思自己在沟通交流与合作方面所采取的策略，力争面面俱到，从而促进儿童全面健康和谐地发展。

（一）"启思课堂"的实施方案

"启思课堂"组织形式灵活多样、动静结合、个人与小组相结合，以确保课堂的高质量。高效有序的课堂才有可能激发儿童学习的热情、探究的激情，开启儿童在课堂中的思考之旅。为了提高课堂的效率，激发儿童学习的兴趣，引起儿童思维的碰撞，进而完善所学知识，"启思课堂"将从以下几个方面进行实施。

1. 创设情境，激发兴趣。教学情境是指教师在教学过程中创设的情感氛围，是课堂教学的基本要素，良好情境的创设，有利于集中儿童的注意力，使儿童不由自主地积极投入到课堂之中，没有兴趣支持的课堂，儿童极易出现走神、吵闹等现象，进而也会影响到老师的课堂教学，儿童和老师都不能全身心投入课堂的话，必然导致课堂学习效率进一步下降，因此，在教学实践中，教师在备课时要立足儿童已有的经验基础，充分考虑儿童的兴趣，设定合理的教学目标，根据学习内容，深入挖掘、高度整合各种教学资源，激发起儿童学习的兴趣，从情境导入到新课练习，创设符合不同年级阶段儿童认知特点和感兴趣的情境，使外驱动力转化为内驱动力，满足儿童的情感需求，进而才能全方位调动儿童的学习热情。

2. 合作学习，积极质疑。合作学习是指儿童为了完成共同的任务，各自有明确的责任分工，这是一种能鼓励学生为了集体利益和个人利益而一起工作的策略，在完成共同任务的过程中实现自己的理想。调动学生的学习兴趣，这是启思课堂高效学习的第　步，课堂中的新授环节，老师们要根据整册教材的内容，确定符合本年级本班儿童年龄特征的拓展类学习内容，并与基础类课程进行融合，行之有效地穿插在课堂不同类型的课堂中。教师在引导儿童合作学习的过程中，首先要对儿童的能力有个准确的了解，才能进行合理的分组，有梯度的教学内容，可以顾及到各个发展水平段的儿童，让他们在自己的能力范围内得到最优发展。儿童在教师的组织和引导下独立思考、同桌讨论，根据教师提出的问题，分小组合作与同伴交流互动，在互相交流的对话中，提出自己的质疑，同伴给予解答，小组解决不了的问题再拿到班级共同讨论、出谋划策，这样的共同学习，能让学生充分体验思维碰撞和交流的乐趣。

3. 展示研讨，智慧分享。展示研讨是指在小组在合作交流之后，将本组的意见整和之后得出的最佳答案，这时，由每组的小组长汇报本组讨论结果。各小组长在收集小组意见的时候要注意总结优秀的解题方法、思路或者规律，以便在汇报的时候能够充分地展示本组成员的集体智慧。小组交流时教师要成为积极的倾听者和参与者，深入了解儿童的学习和交流情况，及时协助解决儿童讨论过程中遇到的难题，并根据情况加以针对性的指导，同时，小组长在汇报的过程中，其他儿童也要积极认真地听汇报内容，找出与自己组的相同点和不同点，不同地方在汇报完之后可以指出并发表自己的看法。交流展示的环节使得师生之间、生生之间拥有更多的对话机会，让师生之间、生生之间的对话成为可能，也让儿童的自主、合作学习成为常态，真正将教师主导、学生主体的思想落到实处，这一过程中，儿童相互提出质疑、进行思辨、互动中提升自己并获取新知，在分小组共同协作学习之后，儿童将已习得的知识在全班进行展示分享，体验到智慧共享之趣。在儿童分享小组成果之后对其成果从多方位进行合理有效的评价，并且鼓励儿童自我发现问题，纠正问题，进而达到自我的提高。

4. 拓展延伸，共同成长。拓展延伸是指儿童在互相交流之后仍然不能解决不够理解或者理解还不够透彻的问题，教师要给与适当的引导和指导。这一环节要求教师在教学的过程中，清楚地知道什么时候需要指导，用什么样的方法去指导，指导到一个什么样的程度。这一环节是对师生合作学习成果的有效拓展与延伸，也是监测教学目标达成与否的手段之一，它真正体现了师生的共同学习和共同进步，形成了一种学习共同体。以儿童的生成作为"蓝本"，在独立建构的基础上，思维相互碰撞，逐步对知识形成一套完善的体系。通过交流与展示，多样的教学方法、巧妙的教学语言，彰显了教师在教学过程中的智慧与创新，凸显了儿童学习过程中的探索性和自主性。

5. 达标检测，走向更高。达标检测是指通过对应的问题和练习题，对儿童这节课内容进行一个全面的检测。儿童在做完题目之后，先自己独立进行检查，然后互查，再在小组长的监督之下修改订正。之后，小组长要和教师汇报本组成员的总体完成情况，使得教师能够很好地掌握儿童这节课所学内容，针对还没完全掌握好的学生，课后进行一对一的辅导，对于没有掌握的知识点进行再强化。当然，达标检测的题目一定要充分地涵盖教学目标，体现教学内容，符合儿童的知识特点，能够激发儿童的学习兴趣，引发儿童的探究欲望，为进一步学习做好知识和感情上的储备。

总之，在高效的"启思课堂"中，师生的积极准备与和谐配合，不仅让儿童各种能力得到培养，还让儿童在各种能力培养达成的过程中有了成功的体验；不仅让儿童学会了知识与技能，还让这些知识技能经过思考转化为儿童内在的能量，并行之有效地运用在实际生活中。不仅能激发儿童学习的兴趣，还让儿童在合作学习和交流讨论中引发思维的碰撞，进而得出对问题更加深刻的了解。

（二）"启思课堂"的评价标准

根据"启思课堂"的实施内容与儿童特点，为了提高课堂的质量，我们从"教学目标""教学方法""教学活动"等方面，制定了"启思课堂"评价表（见表6-1-3）。

表6-1-3 "启思课堂"评价表

授课教师：_____ 上课时间：_____ 班　级：_____
学　科：_____ 课　题：_____ 评课教师：_____

评价内容	评价标准	评价方式		
教学目标	1. 能拟定合适儿童年龄特征的目标。	☆☆☆	☆☆	☆
	2. 讲授内容能表达出重难点。			
	3. 教学目标能突出重难点。			
	4. 能对课本进行整合，创造性运用课本。			
教学方法	1. 教学方法丰富多样。			
	2. 教学环节合理有序。			
	3. 提出的题目精准并有探讨的意义。			
	4. 有高效的小组互助。			
教学活动	学习效果	1. 教学目标基本达成。		
		2. 儿童在常识和情感上有所收成。		

续 表

评价内容	评价标准	评价方式
	3. 师生、生生之间有思虑、有质疑、有交换。	
	4. 课堂民主、氛围和谐。	
课堂评价	1. 能自评和他评有机结合。	
	2. 评价方式多样。	
教师表现	1. 教师语言精准生动、严谨合理、有逻辑性，善于处理突发事件。	
	2. 能把控课堂教学，指导儿童思辨质疑。	
	3. 板书清晰、结构公道。	
	4. 操作多媒体帮助上课，起到推波助澜的作用。	

"启思课堂"的评价要求在具体的课堂教学中，教师的课堂设计和问题设计要做到精准，要给予儿童足够积极思考、思维发散、发展自我、深入探究的时间和空间，从而引导儿童在学习过程中投入更多的精力，由此达到深度学习的状态。

二、开展"启思探究"，激活数学学习

"启思探究"活动是通过有趣的故事和游戏、生活中的现象、动手动脑的操作、社会情境模拟等方法，使儿童在真实的情境提供中，将数学与方方面面结合，解决游戏中的难关、生活中的问题、情境模拟中的困难等，让儿童参与到生活中调查问题、研究问题、解决问题，从而提高儿童解决问题的能力。

（一）"启思探究"的实施方案

为了鼓励儿童自主探究和合作交流，以学习为中心，让儿童构建学习共同体，在获取知识的同时，能力也得到发展，让儿童真正成为学习的主人，使他们在探究中体验成功、体验快乐，"启思探究"将从以下几个方面进行实施。

1. 学情分析要充分。教师要通过各种手段提前了解儿童原有的知识水平，这样才能根据儿童的特点设计出符合学情和生动有趣的教学活动；要密切关注儿童的逻辑思维能力，才能设计出符合儿童思维的教学活动；要注重

儿童的数学学习素养，根据儿童能力的不同，因材施教地设计出有针对性的教学内容。

2. 探究点要找准。教师根据儿童的身心发展的规律，从儿童的实际情况考虑，参照教参和教材，又不照抄教材和教参，有选择性地使用教材内容，合理地优化课程结构，给予儿童充分探究的机会，让儿童在问题情境中进行大胆地探究和创造。教师要结合教材内容和儿童的自身发展特点，不断设计与旧知识相关的问题情境，多方位激发儿童解决问题的欲望。

3. 学习方式要优化。积极有效的数学学习活动，不能模仿别人和死记硬背，儿童必须要在理解基本概念的基础上不断动手实践，教师要引导儿童在自主探究的同时进行小组合作交流，这样才能形成一个良好的学习共同体，优秀的学习共同体是儿童学习数学的重要方式，授之以"鱼"不如授之以"渔"，教师不但要帮助儿童"学会"，更重要的是引导儿童"会学"，教师还应结合教材内容和儿童的年龄特点，遵循儿童的身心发展规律，恰当地运用教学方法，协助儿童找准探究点，让儿童运用多种感官参与学习。

4. 活动组织要有效。探究性活动由于具有开放性，容易导致雷声大而雨点小，诸多好的想法最后没能实现，因此，探究的活动要追求精致化而非大量化，每一项探究性活动都要经过教师缜密周全的思考和计划，将实施过程中可能遇到的问题一一预演，找出解决办法。每一次的探究性活动结束后，无论成功与否、精彩与否，教师都要组织学生反思提升，找出活动举行中的亮点、总结知识学习中的收获。

总之，"启思探究"活动的开展，不仅使儿童习得了良好的探究能力，还提高了儿童之间的合作学习能力、师生之间的默契程度，从而使学习共同体达到一个新的高度。

（二）"启思探究"的评价标准

"启思探究"关注儿童的参与和探究意识等多方面的培养与发展，基于此，在设计评价标准时，尤其需要教师关注这些方面的表现，并尝试结合班级、年级、校级等多方面的赛事，助推儿童项目试学习的开展和实施。为了全面了解儿童的学习行为和学习历程，激发儿童的探究行为，主要从参与意识、实践能力、合作意识、创新能力、综合表现及学习效果这六个方面制定了"启思探究"评价表（见表6-1-4）。

表6-1-4 "启思探究"评价表

评价要素	评价等级			自评	互评	师评
	优秀	良好	合格			
参与意识	积极参与 主动性强	积极参与 欠主动	能够参与			
实践能力	很强	较强	一般			
合作意识	交往能力强 合作能力强	能顾全大局 会与人合作	有合作意识			
创新能力	意识明显 思维活跃	有创新意识	表现一般			
综合表现	积极主动 思维活跃 表现突出	积极参与 自我展示	安于现状 表现一般			
学习效果	成果丰富 过程详细 资料完备 形成个人观点	有一定的成果 有自己的看法	浅层次尝试 有点收获 认识不系统			

上述"启思探究"的全面评价，能对儿童的参与能力、探究能力、创新能力、团队合作能力有一个综合而全面的了解与掌握，为学生接下来进一步的综合能力培养奠定了基础、找准了方向。

三、建立"启思社团"，丰富数学课程内容

"启思社团"是学校特色建设的重要资源和抓手之一，是师生共同参与、生生共同讨论的一种有效形式。社团课程的开展针对儿童的身心发展规律和年龄特点，将数学理论和数学实践相结合，将书本与生活相结合，以小组合作探究的形式进行相关活动。社团内的学习资源丰富多样，学生可在自己的能力范围内自主选择，深入研究，不同的社团选择不同的活动主题，制定本社团的活动开展计划。师生在同一个社团中，选择同一主题和时间，共同探究数学知识、体会数学价值，为彼此提供一个乐学、善思、学有所长、快乐成长的平台，在学校文化建设中起到了提升层次、建构载体、凝聚儿童、群体示范的作用。"启思社团"的课程内容不仅停留在数学知识表层，还从数学教师的专业眼光出发，挖掘属于数学特有的创意活动，将数学知识的学习融入一个个丰富、精彩而有挑战性的活动之中。

（一）"启思社团"的实施方案

为了培养儿童的数学学科专业素养，为儿童创造更大的活动空间和发展余地，进一步丰富活动的内容，以一种更加灵活、多变的方式让儿童学习数学、发展个性、提升素质。"启思社团"将从如下几个方面进行详细开展。

1. 全面调研，确定课程。"启思社团"需要突出数学味，因此社团课程的开发并不是盲目的、随意的，而是按照我校儿童的兴趣特点、师资分配、周边资源等，在广泛调研、征求意见的基础上甄选而出的。比如依据校情和学情，我们全面调研了学生与家长的需求，开设了具有学校特色和中华文化特色的珠心算社团，该基础性社团使参与的儿童能在动手操作、动脑思考中快乐学习珠心算，既习得了关于计算的知识与技能，也收获了关于情感态度与价值观的理念。

2. 分析特点，针对辅导。社团的教师是直接关系到社团的队伍建设、课程开辟、实行评价的全过程，我校根据教师的个人特点和学科特长，分析社团课程的性质和实施重难点，在经过反复推敲和对比的基础上，在尊重教师个人意见的前提下，选定社团课程的辅导教师。辅导教师需要在专业上了解并擅长该社团的研究内容，提前根据社团成员的特点，选定适合儿童发展的社团活动内容，每周备课，社团活动内容需由浅入深、探究难度需循序渐进，保障儿童研究的兴趣的动力。

3. 双向选择，各取所需。社团的魅力之一在于课程的选择性与内容的丰富性，儿童可以根据自己的兴趣和需要，在家长和数学教师的指导下，自主选择想要尝试的社团参加，一个月后，儿童还可以根据体验感进行二次调整，选择是否继续或更换社团，以确保儿童在社团中能充分发挥主观能动性，带着极大的热情进行社团研究活动。而教师也可以根据儿童的表现和潜力，将儿童安排在社团中最适合他的位置，最大限度发挥儿童的特长和兴趣。这样的"双向选择"，最大可能地保障了师生各取所需，社团良性发展。

4. 用心准备，扎实活动。社团中的参与儿童涉及到不同年级和班级，有时还涉及到不同学习程度的学生，因此活动的组织难度较大，需要教师提前做好充足的准备。为了提升"启思社团"的实施效果，成立之初，关于社团的制度章程、活动办法、社团纲要、案例设计、评价量表，教师都要有精心全面的准备，每一次社团活动做到定内容、定时间，课上要有学习记录，课下要有交流反思。

5. 家校互动，寻求合力。优质社团的组织和运行离不开家长的支持，在社团招募成员之初，我校向全校家长发"致家长的一封信"，向家长详细介绍各个社团课程的开设目的和学期计划，列出每一个社团的特色之处和所需要配合的事项，让孩子和家长一起选择自己喜欢的课程，并鼓励家长在儿童参与、体验的过程中给予他们适当的帮扶和指导。

6. 梳理收获，多样展示。社团课程的建设和打造旨在张扬儿童个性，鼓励儿童根据自身的特长进行发展，一定区域范围内的交流和展示能为儿童提供很好的交流和展示平台，既拓宽了视野也获得了自信和成长。因此我校要搭建好儿童展示的多样化平台，如每周一次社团内汇报、每月一次班级内展示、每学期一次全校性联合活动、每学年一次家校互动轮展等。

总之，"启思社团"的建立，使得师生平等互助的关系上升到一个新的台阶，为儿童提供了丰富多样的学习形式，使儿童在适合自身发展的社团活动中体会到数学学习的价值，全面提高了儿童的科学素养。

（二）"启思社团"的评价标准

为了促进"启思社团"的有效实施和儿童能够积极参与到社团活动中，主要从理念体现、活动目标的制定与达成、活动内容设置的适切性、指导方法的多样性、活动组织的有效性、指导教师的表现这几个方面制定了"启思社团"的评价表（见表6-1-5）。

表6-1-5　"启思社团"评价表

评价要素	评 价 等 级			自评	互评	师评
	优秀	良好	合格			
参与意识	积极参与主动性强	积极参与欠主动	能够参与			
实践能力	很强	较强	一般			
合作意识	有较强交往能力合作能力强	能顾全大局会与人合作	有合作意识			
创新能力	意识明显思维活跃	有创新意识	表现一般			

续　表

评价要素	评价等级			自评	互评	师评
	优秀	良好	合格			
综合表现	积极主动 思维活跃 表现突出	积极参与 自我展示	安于现状 表现一般			
学习效果	成果丰富 过程详细 资料完备 形成个人观点	有一定的成果 有自己的看法	浅层次尝试 有点收获 认识不系统			

"启思社团"的评价力求充分调动儿童参与社团活动的积极性，激发他们自主参与探究的主动性，让儿童在参与中体验快乐、收获成功、建立自信。

四、推行"启思数学节"，展示学习丰硕成果

"启思数学节"是本着所有人都能获得良好的教育教学，不同水平的人在数学上得到不同的发展这一理念，通过开展一系列有趣的数学活动，营造一种人人喜爱的数学学习氛围，激发儿童积极的数学学习热情，弘扬优良的传统数学文化，充分挖掘儿童潜在的能力，提高儿童的数学素养，感受数学文化的魅力，享受数学学习所带来的快乐。我校针对儿童的身心发展规律和年龄特点，每学年都会开展一场有趣的数学节活动。活动分年级有目的、有组织、有计划地进行，这一活动的开展使得数学教学真正地做到了"寓教于乐"，活动也会积极邀请家长参加，使得家校紧密联系起来，实现了学习共同体所期望建构的和谐家校关系，将家校共育推向更高的阶段。

（一）"启思数学节"的实施方案

为了激发儿童学习数学的兴趣，营造良好的师生共同学习的氛围，让每个儿童的数学学习能力都能在活动中得到锻炼和提高，让每个教师的教学教学能力在活动中有所发展，"启思数学节"将从以下几个方面进行开展。

1. 数学文化展板。展板宣传就像一个小窗口，是外界了解自己的重要手段之一，学校通过这个小窗口来宣传儿童，儿童通过这个小窗口来宣传自己，因此，学校为每个班级准备了一块文化展板，每个班级的展板上以"邀

游数学世界 品味文化魅力"为主题，根据年级、班级和学生的特点，布置一些与数学文化有关的内容，可以是中外数学家的故事，可以是数学名言、数学小论文等，布置好后可以带儿童看一看读一读。

2. 数学文化册子。文化册子是一个展示平台，画册可以用流畅的线条、和谐的图片、正确的理念等等组成，平时的教学活动中，老师协助学生收集一些儿童感兴趣、易于理解的数学知识整理成小册子，儿童将自己平时积累的易错题、思维导图等整理成小册子，这些小册子的收集和整理过程中使儿童进一步感受数学文化，体会数学的奥妙，领略思想的火花，品味智慧的趣味。

3. 数学日志、论文、微视频评比。数学是生活的一部分，离开活动的数学将是一潭死水，离开生活的数学将毫无魅力。数学日记、论文、微视频将生活与数学紧密联系起来，他们让儿童对身边与数学有关的事物充满了好奇心和求知欲。因此，我校开展评比活动来增强儿童学习数学的积极性和学好数学的自信心。活动要求一、二年级每位儿童将生活中的数学知识整理成一篇小日记；三至六年级每位儿童以"我喜欢的数学家"为主题，收集中外数学家的故事或者阅读他们的书籍后写一篇小论文；所有儿童可以挑出平时学习过程中的重难点题目，拍视频整理成一个微课。活动的评比，一方面能让儿童睁大双眼看世界，提高发现问题解决问题的能力，另一方面还能促进儿童不断反思，学会自己总结内容方法和习惯，培养积极的情感和习惯，更为主要的是能够帮助梳理儿童的思维，增强书面表达和语言表达能力，提高数学素养。

4. 数学时代报宣传。宣传报是对本次活动内容和效果的一种宣传，介绍本届数学节的特色，回顾之前数学节的精彩瞬间，儿童畅谈喜欢数学的理由，参加数学节的收获，数学知识在生活中的应用，激发儿童学习的兴趣。

总之，"启思数学节"的推行营造了一种和谐平等的师生共同学习数学的氛围，充分挖掘了儿童的数学学习潜能，享受数学学习所带来的快乐。

（二）"启思数学节"的评价标准

"启思数学节"的开展不仅给儿童带来了快乐，还带来了数学文化知识的丰富，在了解数学文化的基础上才能够更好地去学习数学。我们主要从活动内容、活动参与、活动效果这三个方面制定了"启思数学节"评价表（见

表6-1-6）。

表6-1-6 "启思数学节"评价表

评价项目	评价标准	评价等级			
		A	B	C	D
活动内容	从学情看，适合儿童的认知程度和身心特色。				
	注意儿童的乐趣点，选题生动有趣，儿童非常喜欢。				
	合适课程的培养方式，为目的的达成做铺垫。				
	突出学校特点，标新立异。				
活动参与	能踏实做好活动前期的各项工作。				
	能积极主动发现问题并自主解决问题。				
	能自觉地与别人互助合作，交换与分享。				
	能按照活动内容完成活动要求和任务。				
活动效果	自己想计划、内容和解决题目，有真实的课堂体验。				
	学会与人协作来往，学会反思。				
	常识面拓宽，综合运用常识，获得进步。				
	探讨意识获得加强。				

"启思数学节"的评价能很好地了解和掌握儿童对数学课程的喜爱程度，并能以此作为教师改进的依据，从而让儿童更好地享受数学学习所带来的积极体验。

五、推动"启思赛事"，激发学习兴趣

"启思赛事"是一种以"游戏"为核心的结构化学习方式，丰富多彩的游戏主要让儿童自己设计、自己策划、自己实施、自己评价，从选定主题到活动环节、活动呈现都让儿童参与进来，展示儿童的各项能力。

（一）"启思赛事"的实施方案

为了丰富数学学习方式、激发学习数学的兴趣、增强学习数学的自信心、让知识和快乐走进儿童，从而提高儿童数学素养，"启思赛事"将从以下几个方面进行开展。

1. 数小棒比赛（一、二年级）。第一阶段：每位儿童准备100根小棒，练习从1数到100，并能把小棒10根10根地捆扎。第二阶段：每班抽取5名

儿童一起进行5分钟数数比赛，看谁又对又快数好100根小棒，并10根10根捆扎好。速度最快者为赢，各班取三名评委"数数之星"。

2. 数学故事会（三、四年级）。以故事会的形式让儿童了解数学，每班抽取2名儿童以讲故事的形式展示，故事内容可以是数学家的故事、有趣的数学故事等，最后评选一二等奖。

3. 数学手抄报（五、六年级）。在学校规定的时间内儿童独自一个人完成数学手抄报的内容，主题由学校统一设定，纸张由学校统一发放，以"理解数学文化，体验数学内涵"为主题，要求作品规范整洁美观有个性。每个班级先在自己班级内部评选出优秀的作品，然后再提交5幅最优秀的作品参与学校评比，然后由学校评出奖项，分发奖品和奖状。

总之，"启思赛事"推动，丰富了整个校园的活动内容，使得儿童的学习充斥在日常活动的每一个角落，真正做到寓教于乐。

（二）"启思赛事"的评价标准

"启思赛事"活动的开展，不仅让儿童享受到了数学的乐趣，还感悟到了数学的美，体会到了学数学其乐无穷、数学无处不在、数学受益终生。我们主要从比赛内容、比赛过程、比赛效果这几个方面制定"启思赛事"的评价标准（见表6-1-7）。

表6-1-7 "启思赛事"评价表

评价项目	评价标准	评价等级		
		优秀	良好	一般
比赛内容	从儿童的具体情况出发，适合儿童的认知程度。			
	关注儿童的兴趣点，设计生动有趣的比赛内容。			
	合适课程的培养目的，为目的的到达做好铺垫。			
比赛过程	能认真做好活动前期的各项准备。			
	能积极主动发现问题并及时解决问题。			
	能服从游戏规则，文明赛事。			
	能按照活动内容完成规定的任务。			
比赛效果	自主设计、操作和解决问题，有真实的活动体验。			
	学会与人协作交往，学会反思。			
	知识面拓宽，综合运用知识力得到提高。			
	探究和创新意识得到增强。			

"启思赛事"的评价使儿童体会到了数学学习的快乐，感受到了生活中处处有数学、处处离不开数学，因此更加坚定了自己要学好数学的信心。

综上所述，"启思数学"以《义务教育数学课程标准（2011年版）》为课程建设的依据，培养儿童的核心素养为主要目标，以全方位的管理来保证课程的有效落实。通过大力整合的课程资源，丰富多彩的课程内容，灵活多元的课程实施与评价，搭建数学学习与现实世界的通道，让儿童在数学学习中走进数学世界的内心。通过学校课程的价值引领，学校课程组织机构的建设，学校多方位资源的充分利用，学校课程制度的积极影响，让儿童体验数学思维的魅力。

（撰稿者：陶玲娟　谷云　杨维）

第二节

精妙数学：在数学的世界里发展思维

合肥市新城小学数学组共有 13 位数学教师，占我校教师总数的四分之一，其中 4 位市级骨干教师，4 位区级骨干教师。近些年来，我校数学教研组老师们在各级各类的教学评比中，多人、多次获得国家，还有省、市、区级奖项；通过各位老师的不懈努力，数学教研组被评为蜀山区"优秀教研组"；这些成绩皆体现了我校数学教研团队的强劲实力。我们依据《教育部关于全面深化课程改革落实立德树人根本任务的意见》《中共中央国务院关于深化教育教学改革全面提高义务教育质量的意见》《义务教育数学课程标准（2011 年版）》等文件精神，推进我校数学学科课程建设。

学科课程哲学　富有趣味的精妙数学

一、学科性质

《义务教育数学课程标准（2011 年版）》指出："数学是研究数量关系和空间形式的科学。数学与人类发展和社会进步息息相关，随着现代信息技术的飞速发展，数学更加广泛应用于社会生产和日常生活的各个方面。数学作为对于客观现象抽象概括而逐渐形成的科学语言与工具，不仅是自然科学和技术科学的基础，而且在人文科学与社会科学中发挥着越来越大的作用。"[1]

---

[1] 中华人民共和国教育部. 义务教育数学课程标准（2011 年版）[S]. 北京：北京师范大学出版社，2012：1.

《义务教育数学课程标准（2011年版）》中还提到"数学教学活动，特别是课堂教学应激发学生兴趣，调动学生积极性，引发学生的数学思考，鼓励学生的创造性思维；要注重培养学生良好的数学学习习惯，使学生掌握恰当的数学学习方法。学生学习应当是一个生动活泼、主动的和富有个性的过程。"①

"培养儿童的创新意识和实践能力"是《义务教育数学课程标准（2011年版）》中提的，现结合这一要求，以及儿童爱思考、敢表达、乐探究的特点，我们希望儿童能够主动参与、学思共生。我校确定了"精妙数学"学科课程理念，旨在关注儿童的学习过程，关注数学学科的自身内涵，提升儿童的数学素养，培养儿童的实践应用能力。

二、学科课程理念

基于《义务教育数学课程标准（2011年版）》，结合我校"精彩教育"的育人目标，整合数学学科的实际情况，我们提出"精妙数学"之主张。

"精妙数学"是妙趣横生的数学，"精妙数学"关注儿童的内在心理需求，结合小学儿童的年龄、心理以及思维特点，以"趣"导学，以"趣"激思，努力让儿童在其熟悉的、有趣味的，生活中熟悉的情境中开展数学学习，进行数学思考。

"精妙数学"是回味无穷的数学，"精妙数学"指向数学科学内部，关注数学知识本身，引导儿童探究数学知识本质，不仅在"趣"中学，而且在"趣"中思，以"趣"入"味"，培养儿童的数学兴趣和数学素养。

1. 精妙数学：数学之乐。爱因斯坦曾经说过这样一句话："兴趣是最好的老师。"一个人一旦对某事物有了浓厚的兴趣，就会主动去求知、去探索、去实践，并在求知、探索、实践中产生愉快的情绪和体验。"精妙数学"就是以儿童生活或学习之中的含有数学元素的现实情境为引子，引导儿童主动地去发现数学、学习数学。

2. 精妙数学：数学之思。孔子也曾说过这样一句话："学而不思则罔，

---

① 中华人民共和国教育部. 义务教育数学课程标准（2011年版）[S]. 北京：北京师范大学出版社，2012：2.

思而不学则殆。""精妙数学"把培养儿童的数学思维能力放在首位，让儿童的学习经历观察、分析、思考等阶段，让儿童在解决问题的过程中数学思维得到发展。

3. 精妙数学：数学之美。有趣、有味的数学知识，只有在生动的变式情境中得到应用，才能更大地激发儿童的学习数学、应用数学之情愫，能在应用过程中培养儿童应用数学的意识，感受数学与现实生活之间的联系。

总之，"精妙数学"课程致力于打造有趣、有味的数学学习课堂，通过数学之乐、数学之思、数学之美的学习过程，促进儿童数学能力的发展，达到提升数学素养的目的。

学科课程目标　　让儿童感受数学的趣味

《义务教育数学课程标准（2011年版）》指出："通过义务教育阶段的数学学习，学生能：1. 获得适应社会生活和进一步发展所必需的数学的基础知识、基本技能、基本思想、基本活动经验。2. 体会数学知识之间、数学与其他学科之间、数学与生活之间的联系，运用数学的思维方式进行思考，增强发现和提出问题的能力、分析和解决问题的能力。3. 了解数学的价值，提高学习数学的兴趣，增强学好数学的信心，养成良好的学习习惯，具有初步的创新意识和科学态度。"[1] 基于数学学科核心素养的内涵，根据"精妙数学"提倡的"有趣有味，学用交融"的课程理念，我校设置了数学学科课程目标。

一、学科课程总体目标

依据《义务教育数学课程标准（2011年版）》提出的"数学课程应该致力于现实义务教育阶段的培养目标，要面向全体学生，适应学生个性发展的需要，使得：人人都能获得良好的数学教育，不同的人在数学上得到不同的

---

[1] 中华人民共和国教育部. 义务教育数学课程标准（2011年版）[S]. 北京：北京师范大学出版社，2012：8.

发展。"① 将"精妙数学"课程总体目标分为知识技能目标、数学思考目标、问题解决目标、情感态度目标四个维度。

1. 知识技能目标：经历数与代数的抽象、运算与建模等过程，掌握数与代数的基础知识和基本技能；经历图形的抽象、分类、性质探讨、运动、位置确定等过程，掌握图形与几何的基础知识和基本技能；经历在实际问题中收集和处理数据、利用数据分析问题获取信息的过程，掌握统计与概率的基础知识和基本技能；参与综合实践活动，积累综合运用数学知识、技能和方法等解决简单问题的数学活动经验。

2. 数学思考目标：建立数感、符号意识和空间观念，初步形成几何直观和续表运算能力，发展形象思维与抽象思维；体会统计方法的意义，发展数据分析观念，感受随机现象；在参与观察、实验、猜想、证明、综合实践等数学活动中，发展合情推理和演绎推理能力，清晰地表达自己的想法；学会独立思考，体会数学的基本思想和思维方式。

3. 问题解决目标：初步学会从数学的角度发现问题和提出问题，综合运用数学知识解决简单的实际问题，增强应用意识，提高实践能力；获得分析问题和解决问题的一些基本方法，体验解决问题方法的多样性，发展创新意识；学会与他人合作交流；初步形成评价与反思的意识。

4. 情感态度目标：积极参与数学活动，对数学有好奇心和求知欲；在数学学习过程中，体验获得成功的乐趣，锻炼克服困难的意志，建立自信心；体会数学的特点，了解数学的价值；养成认真勤奋、独立思考、合作交流、反思质疑等学习习惯；形成坚持真理、修正错误、严谨求实的科学态度。②

二、学科课程年级目标

依据数学课程总目标，数学教材、教参和学校实际情况，我们厘定了小学数学六年的课程目标。这里，我们以六年级下学期为例，说明学科课程的具体目标（见表6-2-1）。

---

① 中华人民共和国教育部. 义务教育数学课程标准（2011年版）[S]. 北京：北京师范大学出版社，2012：2.
② 中华人民共和国教育部. 义务教育数学课程标准（2011年版）[S]. 北京：北京师范大学出版社，2012：8.

表 6-2-1 "精妙数学"课程六年级下学期目标表

单元 \ 目标	六年级下学期目标
第一单元 《扇形统计图》	1. 能根据数据的特点以及解决问题的需要选择合适的统计图。 2. 能对数据进行一些合理的分析和解释，感受数据蕴藏的信息，发展儿童的数据分析能力。 3. 感受数学的魅力，提高数学学习的兴趣和学好数学的自信心。
第二单元 《圆柱和圆锥》	1. 了解并掌握圆柱、圆锥的基本特征。 2. 积累图形与几何的学习经验，发展数学思考，增强空间观念。 3. 感受数学与生活的密切联系，以及数学的应用价值，获得一些学习成功的体验，提高学好数学的信心。
第三单元 《解决问题的策略》	1. 会分析数量关系，确定解决思路。 2. 能够利用多种策略解决问题，体验成功的快乐。 3. 合作交流提高学好数学的自信心。
第四单元 《比例》	1. 理解比例尺的意义，能应用比例尺解决一些实际问题。 2. 体会数学知识之间的联系，激发对数学学习的兴趣。 3. 获得解决问题的成功体验，树立学好数学的信心。
第五单元 《确定位置》	1. 条件确定物体的位置并能描述简单的行走路线。 2. 积极参与观察、测量、画图、交流等活动，体会数学与生活的联系，获得学习成功的体验。 3. 养成认真审题、细心计算、自觉检查的良好习惯。
第六单元 《正比例和反比例》	1. 会解正比例和反比例。 2. 初步体会不同的数学模型表的变化规律的过程。 3. 初步感受函数、数形结合的思想方法，发展数学思维能力。

学科课程框架　建构趣味纷呈的数学学习图景

为了实现上述课程目标，依据"精妙数学"课程的基本理念，依据学校实情实施基础课程，同时聚焦"精妙数学"课程目标，用心开发与丰富"精妙数学"的学科课程，课程之间紧密联系，相互补充与促进，适应各个年龄段儿童的发展需求。

一、学科课程结构

"精妙数学"课程依据《义务教育数学课程标准（2011 年版）》安排的

四个部分的课程内容："数与代数""图形与几何""统计与概率""综合与实践"。① 结合本学科的课程哲学，结合现行教材内容，具体分为"精妙算术""精妙图形""精妙统计""精妙实践"四大类（见图6-2-1）。

精妙算术
精加妙减、口算专家
口算达人、计算王子
有趣的乘法、以不变应万变
巧妙计算、精妙计算

精妙图形
趣味寻宝、图形拼盘
图形消消乐、趣味窗花
面积有多大、队旗里的数学
有趣的角、图形大变身

精妙数学

精妙统计
玩具分家、我是小管家
小小理货员、布置小舞台
期中星榜单、小小调查员

精妙实践
小小商店、图书管理员
测量专家、小小测量员
制作日历、周而复始

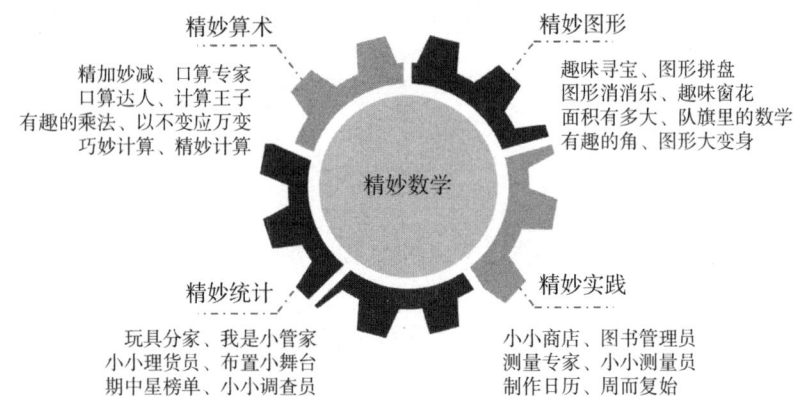

图6-2-1　合肥市新城小学"精妙数学"学科课程结构图

1. 精妙算术。通过开展有趣的计算、巧算活动，丰富儿童的解题策略，提高儿童计算兴趣、计算能力、发展思维灵活性。开设的有"精加妙减""口算专家""口算达人""游刃'有余'""计算王子""有趣的乘法""以不变应万变""有趣的计算""有趣的回文数""巧妙计算""精妙计算""鸡兔几何"等课程。

2. 精妙图形。根据儿童已有的生活经验和不同的认知规律，调动儿童多种感官进行探究活动，经历剪、拼、画等动手操作活动，体会图形变化的神奇，进一步发展儿童的空间观念。开设的有"趣味寻宝""图形拼盘""图形消消乐""拐弯抹角""趣味窗花""面积有多大""队旗里的数学""有趣的角""图形大变身""'圆'源流长""包装的学问"等课程。

3. 精妙统计。依据《义务教育数学课程标准（2011年版）》中"统计与概率"领域内的阐述，我们注重发展儿童根据标准对事物或数据进行分析的能力，能够对简单数据的收集和整理过程有亲身的体会，并且能用自己独特的方式呈现出结果，从中体会到统计的乐趣与价值，发展统计观念。开设的

---

① 中华人民共和国教育部. 义务教育数学课程标准（2011年版）[S]. 北京：北京师范大学出版社，2012：8.

有"玩具分家""小小会计员""我是小管家""小小理货员""布置小舞台""期中星榜单""吆五喝六""小小调查员""数与形""曲折有度""互联生活""规画万物"等课程。

4. 精妙实践。实践活动的有效开展，对儿童体验数学知识间的内在联系有极大的帮助、同时对儿童体会数学与现实生活的内在联系有非常大的帮助。依托自主探究、小组合作等形式，为儿童提供参与社会实践活动的平台，感悟数学与生活的联系，发展应用意识。开设的有"小小商店""图书管理员""测量专家""小小导游""小小测量员""制作日历""周而复始""破密达人""即影即有""无独有偶""追风逐浪""不期而遇"等课程。

二、学科课程设置

除了义务教育阶段开设的基础课程以外，"精妙数学"以课程目标的达成和核心素养的落实为出发点，围绕"学用交融"的学科理念，感受数学的魅力。"精妙数学"课程设置如下所示（见表6-2-2）。

表6-2-2 "精妙数学"课程设置表

年级	课程	精妙算术（数与代数）	精妙图形（图形与几何）	精妙统计（统计与概率）	精妙实践（综合与实践）
一年级	上学期	精加妙减	趣味寻宝	玩具分家	小小商店
	下学期	口算专家	图形拼盘	小小会计员	图书管理员
二年级	上学期	口算达人	图形消消乐	我是小管家	测量专家
	下学期	游刃"有余"	拐弯抹角	小小理货员	小小导游
三年级	上学期	计算王子	趣味窗花	布置小舞台	小小测量员
	下学期	有趣的乘法	面积有多大	期中星榜单	制作日历
四年级	上学期	以不变应万变	队旗里的数学	吆五喝六	周而复始
	下学期	有趣的计算	有趣的角	小小调查员	破密达人
五年级	上学期	有趣的回文数	图形大变身	数与形	即影即有
	下学期	巧妙计算	"圆"源流长	曲折有度	无独有偶
六年级	上学期	精妙计算	包装的学问	互联生活	追风逐浪
	下学期	鸡兔几何	图形大变身	规画万物	不期而遇

学科课程实施　有趣且有味的数学学习过程

"精妙数学"课程从学科课程理念、课程目标和课程设置三部分，并结合学校现状，师生特点，从以下六个方面设计了相关课程的"实施与评价"，即："精妙课堂""精妙工作坊""精妙数学节""精妙之旅""精妙社团""精妙游戏"，旨在践行"精妙数学，有趣有味，学用交融"的课程理念。

一、深耕"精妙课堂"，构建和谐氛围

"精妙课堂"是有趣、有味的学习过程，让我们在不断追溯数学本源的道路上前进。"精妙课堂"选择有趣的学习素材，睿智幽默的教学语言，凸显数学的本质，激发灵动的数学思辨，构建有数学味的课堂。引导儿童在合理的思维引导下，不断发现问题，从而自然地深入思考，并能够灵活地解决问题。因此，"有趣""好玩""有味""灵动"就是"精妙数学"课堂的关键词。

"精妙课堂"的学习目标是多元清晰的，不仅仅局限于传统课堂的教育教学内容，学习内容及方式是丰富鲜活的，学习方式是自主融洽的，旨在从"家校合作"走向"家校共育"，让家长参与到日常教学课堂中来，参与到学校的教学改革中来，直观地了解学校情况，从而理解校长和老师工作的苦心，更有利于儿童的发展。

1. "精妙课堂"选择妙趣横生的学习素材。"精妙课堂"的教学素材应符合"精妙数学"的核心内涵有趣并有味。刻板、枯燥的课堂教学不利于儿童的学，更有可能让儿童丧失学习兴趣。因此对于内容的选择是我们开展"精妙课堂"的第一步，旨在让儿童在趣味纷呈的课堂氛围中学习，而部分家长的加入也更能提高儿童们对数学学习的期望值，给儿童们不一样的课堂，提高儿童的学习兴趣。

2. "精妙课堂"关注"精妙数学"的学科本质。在"精妙"课堂上，在"有趣"的学习活动中找寻数学的真谛，让儿童主动思考、研究数学，锻炼儿童灵动的数学思辨能力，能进行数学化的思考与学习。在课堂学习过程

中，有意识地逐步培养儿童乐于思考、勇于质疑、思维缜密、言必有据的良好思维习惯，让儿童在数学学习中体验思维的快乐。

3. "精妙课堂"创设回味无穷的文化氛围。通过有趣的数学学习素材、有味的数学思考、有用的数学应用，让有味的数学文化充盈在课堂之内，渗透于师生之间，点缀其中，就会活跃课堂的氛围，唤起儿童无限的遐想，吸引儿童自觉走进数学的王国。

4. "精妙课堂"注重儿童思维的挖掘探究。儿童思维的成长是"精妙数学"的追求，发散的创新思维使课堂活泼生动，严谨的逻辑思维使儿童的学习过程更缜密。在课堂学习过程中，有意识地逐步培养儿童乐于思考、勇于质疑、思维缜密、言必有据的良好思维习惯，让儿童在数学学习中体验思维的快乐。课堂上，老师要给儿童足够的思考时间和空间，从而创生和选择不同的思考路径和方法，再师生对话，生生对话，相互启发。儿童相互提出质疑，儿童在思辨、质疑互动中提升自己、获取新知。

符合儿童成长特点的评价应是多元化的，有利于儿童的主动发展，增强儿童的自信心，调动儿童的热情，让儿童发现自己的进步。使教师和家庭更深入地理解"精妙课堂"的理念，提升教师的专业素养，丰富教师的课堂经验，改善家校关系形式，完善课堂的构成要素，实现师生以及家庭的共同成长。

二、设立"精妙工作坊"，领略数学魅力

"精妙工作坊"的成立，汇聚了数学老师和优秀儿童的智慧，是老师和儿童共同成长的沃土。旨在满足儿童对数学奥秘的探索，思维能力的培养，让儿童通过"工作坊"在数学素养上有更大的提高，共同领略数学的神奇与魅力。

"精妙工作坊"是以市级骨干教师为核心，以教学新秀为主要成员，兼收并蓄一部分精挑细选的同学组成研究团队，是引领全体教师和学生共同进步、成长的学习团体。他们设置研究项目，拟定实施计划，进行数学专题研究，研发拓展课程内容，商讨评价方案，与儿童代表对话，对"精妙数学"课程建设起到了积极推动的作用。

1. 利用数学活动，挑选工作坊成员。工作坊的主要成员都是各个年级的

骨干教师。并且由他们对中高年级儿童进行全面考察，从中选拔出 18 名优秀儿童，组成 3 个研究小组，每个小组配备优秀教师 2 名。每周的团队成员固定，并有计划、有课题地按时进行研究活动。

2. 自拟研究项目，确定研究方向。工作坊成员要在掌握必备的基础知识、基本技能的基础上，从数学的四个研究领域中，选择出本小组感兴趣的内容作为研究的目标。专题研究的内容是儿童已经掌握的知识点的延伸和提高，需要同学们跳一跳才能摘到的"桃子"。同学们通过自主选择研究对象，进行阶段性的探索研究，从而获得新的知识点的认知，体验学习成功的快乐，增强对数学学习的乐趣。

3. 多种研究形式，儿童乐在其中。在"精妙工作坊"学习探究的过程中，工作坊的成员既要阅读大量书籍，有时还要借助网络查找资料。在遇到研究的障碍时，同学们可以通过老师指导，或是与专家视频连线等方式来消除自己心中的疑惑。多样的研究内容拓宽了儿童知识面，让他们感受到了数学的神奇与美丽。

4. 校际联动。"精妙工作坊"是开放的，鼓励工作坊老师多听、多学，也鼓励老师们把自己的成果进行校际之间的交流学习。倡导联动学习，聆听更多的教学理念与方法，打开老师们的眼界。争取每学期进行至少一次数学工作坊之间的校际交流，例如同课异构等，这不仅能展示老师们的风采，更加有利于老师们的专业成长。每次活动以后，老师们提交自己的心得与反思，鼓励老师们深挖优秀反思的内涵，并在工作坊活动时再次进行交流学习，不让好的思考白白流失。"精妙工作坊"的这种交流学习方式有利于提高工作坊成员的专业素养，并让工作坊成员在每一次的活动中有所思、有所得。

三、打造"精妙数学节"，烘托数学文化

通过有计划地开展"精妙数学节"，丰富校园的数学文化，形成独有的数学文化底蕴，这能够有效提高儿童的数学素养，并且营造出儿童热爱数学、发现数学、思考数学并钻研数学的文化氛围。节日当天，各年级的儿童热情高涨地融入到数学的海洋中，最大限度地激发自身的才能，把严谨的数学知识整合成富有教育意义且多姿多彩的数学活动。体会数学并不是抽象

的,它就在我们的身边,并且每时每刻都能感受到数学的精彩和奇妙。

3月14日是"国际数学节",这是我们的骄傲,因为它是为了纪念我国古代著名数学家——祖冲之而设立的。数学节的开展,不但有其特殊的意义,也承载了许许多多的数学文化。特此,我们也设立了"精妙数学节",为儿童提供学有所用的展示平台,开拓数学视野的载体。精炼学校和儿童的数学思维,营造校园中浓厚的数学文化气息,提升儿童数学素养。数学节的内容应该是形式多样的,各班教师可以根据自己班的学情,重新创设有意义的节日内容。先拟定出数学节的名称由来、知识内容、实施计划、评价方法等,再由课程委员会及儿童代表进行评议。"精妙数学节"实施过程要有仪式感,可采用小组合作、家校联合等方式进行。

"精妙数学节"活动要规范化、科学化,构建适合儿童年龄特征的评价体系,能保证节日课程高效开展,从而真正促进每位儿童的发展,争取做到人人有收获。数学节的筹备与举行,是为了帮助儿童在丰富多彩的数学活动中,锻炼与同伴的交往能力、提升解决数学问题的能力、养成良好的数学思考习惯,同时能拥有一个展示自我的平台,建立学生学习数学、与人交往的信心和能力。因此,"精妙数学节"的评价方式力求多元化,从多个维度考量学生在数学节中的综合表现。上学年的数学节活动,以四至六年级为主,下学年的数学节活动,以一至三年级为主,分学期的活动避免了数学节内容过多走形式,且可以让校园中一直涤荡着数学节的欢乐气氛。在综合评价中,应该分年级、分班级、分活动项目进行评价。

四、开启"精妙之旅",丰富儿童活动

数学的学习过程不仅源于生活,相关的数学技能更要能用于生活,我们的生活中处处都有数学的影子,它蕴藏于我们日常生活中的每一个角落。

"精妙之旅"的开展不是单纯的旅行,而是源于生活的实践活动,又高于生活的实践活动,并能让儿童从活动中反过来作用于生活实践的一种研学之旅。它是机动多变的,参与的人员广泛,有教师、儿童、家长还有部分社会人群。儿童们通过集体旅行时间的活动开展,不仅仅是数学能力的学以致用,更多的是生活能力的有效培养。

1. 观察生活,发现问题。日常生活是我们数学学习资源的最大的宝库,

日常生活中数学的影子随处可见。这些生活中的所见所闻为我们的数学研究提供了原型，有利于儿童在生活中感受数学之美，并体会到数学的价值。而在这一系列的活动中，开启"精妙之旅"大门的钥匙是发现问题，通过生活实例，引导儿童联系生活来找到数学的影子，能够习惯用数学的眼光观察周围事物，处处留心发现数学问题。"为什么？"让儿童对生活充满惊奇，就像一颗颗小石头，投在儿童的心湖，激起儿童的好奇心，激发儿童的求知欲，提高儿童的学习热情。每个儿童都有一本"问题银行"，当在某时某刻突然发现身边有趣或不懂的事物，就及时记录在"问题银行"，储存灵感。

2. 研究生活，思考问题。深入的思考问题是"精妙之旅"通往成功唯一的道路，没有思考，就没有真正的数学学习。借助儿童分享的"问题银行"，选择儿童有研究价值的数学问题，分成小组，并引导儿童主动地运用数学观点分析思考，通过观察比较、操作实验和感性化的情境辅助，帮助儿童找到问题的原因，明白其中的道理，从而体验学习的快乐和数学的魅力。

3. 用于生活，解决问题。用于生活，独立解决自己遇到的实际问题是"精妙之旅"最终的目的。引导儿童把"储备"的知识进行吸收转化，达到实践应用，从数学中学到实际的生活能力，达到学以致用的教学目的。

在实际生活中，加深对数学知识的理解与应用只有通过丰富的儿童实践探究活动。"精妙之旅"的评价方式是多元的，主要为激励，另有多种方式交互进行评价。评价方式不仅仅局限于教师与儿童的自我评价和互相评价，同时开展组内成员的相互评价。小组之间开展经验交流与成果展示等，激发儿童对数学的学习热情。

五、设立"精妙社团"，领略趣味数学

数学，应该是一个精彩纷呈，充满奥妙的有趣的、有味的世界。如何让儿童拥抱这个世界，享受探索数学的乐趣，促进数学思维成长，是我们数学课程建设所需要的！而"精妙社团"的成立，为儿童搭建了一个展示自我的平台，架起了通向色彩缤纷的数学世界的桥梁。它不仅满足了他们对学习数学知识的好奇心，还激发了儿童学习数学的浓厚兴趣，为儿童未来的数学发展提供了有力支撑和无限可能。

"精妙社团"不仅拥有基础类和嵌入类课程，还为儿童提供了多样的选

修类课程，充分尊重儿童的多样性和差异性。在每个学期初，学校数学教研组和"精妙工作坊"的老师们根据本学期相关知识和儿童的年龄特点等相关信息拟定本学期的社团课程，将课程名单通过校园网发布，儿童通过校园网进行选课报名。

1. 操作类社团。此类社团针对低年级儿童设置，数学学习需要以动手操作为基础，培养儿童手与脑的联动合作，如中国传统文化中的珠心算，可以很好地开发儿童的智力、提高儿童的计算速度，帮助儿童打下坚实的计算基础，这类操作性的社团，需要有专业能力的教师授课、指导，帮助学生形成一定的技能。除珠心算社团，还有魔方小阵营等操作类社团，供学生自由选择。

2. 考察类社团。此类社团针对中年级儿童设置，数学问题的解决，有时仅靠纸笔还不够，需要实地测量与考察，如：附近小区的超市分布情况是否合理便民，本地近一个月的降雨量给居民生活带来了哪些影响，大蒜蒜叶的生长情况与光照有什么关系等，此类问题的有效解决，需要大量、甚至长期的观察、测量、收集数据，从中得到或分析的结论也是开放性的，富有无穷趣味。学校将该类性质的社团组合成考察类，名为"数学俱乐部"，儿童根据生活实际和研究兴趣，自由自主选择喜欢的主题，小组探究、分工合作，必要时可以寻求数学教师或学校其他专业教师（如科学、体育等）的帮助指导。考察类社团注重社会性和真实性，力求为儿童提供一个小小的社会平台，让他们在生活中体验真实的、甚至是困难的数学问题。

3. 思维性社团。此社团针对高年级儿童设置，高年级儿童已经在形象思维的基础上，具备了一定的抽象思维能力，因此，教师应适时抓住儿童这一阶段的发展关键期，找到社团中儿童的最近发展区，针对儿童兴趣，设置一些具有思维挑战性的活动，以提升儿童的思维能力、想象能力、逻辑能力和表达能力。在该社团中，不是所有的数学问题都是趣味十足的，有些数学问题需要教师的指导，需要儿童的勤勉思考、不断尝试，才能获得解决问题的思路，一旦思路形成、顺利解决并得到了完美验证，学生所获得的成就感和满足感是无可替代的。在该社团中的一次成功体验，会给儿童带来很长一段时间的优良情绪延时体验，让儿童在接下来的数学学习中常常充满动力与信心。

4. 综合类社团。此类社团针对高年级儿童设置，随着儿童抽象思维和发散思维的提升，他们的视角也越来越广阔，日常所接收到的信息也日渐庞杂，学会甄别信息、提取出有价值的问题是很重要的能力。综合类社团没有固定的课程主题，而是根据每一阶段的学习或生活经验，找出有价值的问题，再有计划、有步骤地进行研究。如：学生在完成综合与实践活动《蒜叶的生长》过程中，发现生根粉可以促进大蒜更好更多地生根，于是确定了该社团接下来一个月的研究主题，给农民伯伯提出了关于生根粉在农业生产中合理使用的几点量化建议。该社团十分注重活动的实际价值、应用能力与创造意识，同样需要在教师的指导与帮助下有序进行。

"精妙社团"关注儿童核心素养的培养。数学学习不仅是数学知识的学习与积累的过程，更是对学生用数学的眼光看世界的能力的培养。它是多种品质与能力的结合。在学生参与"精妙社团"的过程中，在社团中与人合作交流的过程中，恰恰是儿童核心素养正方向培养的过程。有利于儿童对课本内容的再加工、再理解，有利于培养儿童的信息处理能力，有利于培养儿童的问题解决能力，有利于培养儿童良好的合作能力，有利于培养儿童良好的道德情操等。旨在儿童用数学的眼光看世界，用发展的眼光看世界，使儿童获得持续的发展。

六、开展"精妙游戏"，体会数学乐趣

"精妙游戏"活动是围绕学习生活，尊重儿童自身意愿开展游戏活动的一种学习方式。在这种学习方式中，"数学游戏"成为学习的核心，而围绕该主题的有计划地内容成了学习的主要对象。学期初，数学组全体老师集体研究本学习教学内容，并根据教学内容确定本学期"精妙游戏"将要开展的数学游戏活动主题，以丰富多彩的游戏活动吸引学生。

数学游戏主题是数学教研组统筹安排确定，尽量让全体学生参与进来，让数学学习成为一种乐趣，并在趣味中体现数学内涵，真正做到"学中玩、玩中学"，让数学学习不仅拘泥于课本，更是日常休闲的一部分，以此展示数学的魅力，让每一个孩子都爱上数学并展示数学学习的丰硕成果。

为引领儿童充分认识数学的趣味性，我们将数学游戏与数学学科相互融合，激发儿童的学习兴趣，培养个性与特长，提高学生的动手能力、操作能

力、思维能力与创新意识。将开设低年级"七巧板"游戏课程，中年级"数独"游戏课程，高年级"魔方"游戏课程。通过游戏中富有创造性的活动，将数学知识、思维与游戏相结合，让儿童更好地理解与运用数学。

"精妙游戏"的评价标准主要从活动内容、活动参与、活动效果、游戏品质、比赛成绩五个维度综合评价。从活动内容方面进行评价：从学情出发，符合学生的认知水平和身心特点。关注学生的创造性，选题有创意，学生参与热情高。符合课程的培养目标，为目标的达成服务。体现学校特色，注重创新。从活动参与方面进行评价：能认真做好活动前期的各项准备。能积极主动发现问题并独立解决问题。能主动与他人互助合作，交流与分享。能根据活动内容完成活动要求和任务。从活动效果方面进行评价：自主思考、设计操作和解决问题，有真实的活动体验。学会与人协作交往，学会反思。知识面拓宽综合运用知识力得到提高。探究和创新意识得到增强。从游戏品质方面进行评价：善于与人合作交流，善于帮助别人，不嘲笑别人。从比赛成绩方面进行评价：积极完成比赛，按时完成比赛，有自己的成绩。精妙游戏力求让孩子在玩中学、学中玩，在游戏中体会合作与友谊，在游戏中体会数学的"趣"和"味"，感受数学的美妙。

综上所述，"精妙数学"秉承"学用融合"理念，不仅较好地达成了数学课程目标，更丰富了课程内容的开发与实施，丰富了儿童的视野、拓宽了儿童的思维，有利于儿童数学核心素养的发展，使不同的儿童在数学学习上获得不同的发展。

（撰稿人：汤俊雄　朱军　韩涛　陆中涛　李海燕　黄菊　费海梅　吴晶晶　林晓凡　辛哲　郑皖豫）

后记

回顾数学学科课程群建设历程，我们前后共进行了 13 次区域层面的学科课程群建设的研讨活动。多次研讨活动，逐步提高了我们对数学学科课程群建设研究意识，明确了研究方向。至今，每一所试点学校积极探索、勇于实践、不断反思，结合实践对学校课程方案不断进行修改，逐渐形成了符合校情的课程方案；数学学科组在课程方案一次次凝练的过程中转变了观念，教师们也有了新的课程意识。

在上海市教科院品质课程专家团队的引领下，蜀山区数学学科课程群建设已从短时间、小空间、低结构的碎片化的课程，向长时间、大架构、强专业的课程发展。我们相信，蜀山区数学学科课程群的建设工作，能极大地推动教师整合课程的意识，将培养学生的数学核心素养落到实处。

在数学学科课程群建设过程中，我们有上海市教科院专家团队跟踪指导，有数学教研员的专业引领，有试点学校的精诚合作。正是有了大家的群策群力，不断实践与反思，我们对数学学科课程群的建设才能有逻辑、成体系、出效益。

感谢合肥市蜀山区教育体育局为这项工作的推进给予全面的支持和专业的指导；感谢合肥市蜀山小学、合肥市西园新村小学南校集团等 12 所学校提供的数学学科课程方案，正是你们团队多次研讨，仔细推敲，反复修改才有了书中每一个精彩的、独特的案例；感谢蜀山区数学学科课程群编写团队，对试点学校提供的学科课程方案进行严格把关，让数学学科课程群建设更专业、更系统。

因编者水平有限，书中难免有不妥之处，恳请大家提出宝贵的建议和意见。

柴敏　佘智敏

2021 年 1 月 29 日

书名	ISBN	定价	出版时间
学校整体课程规划的七个关键	978-7-5760-0424-3	62.00	2021年3月
课堂教学的30个微技术	978-7-5760-1043-5	52.00	2020年12月
教学诠释学	978-7-5760-0394-9	42.00	2020年9月
原点教学:提升区域育人质量的策略研究	978-7-5760-0212-6	56.00	2020年8月

学校课程发展精品丛书

书名	ISBN	定价	出版时间
学科课程群与全经验学习	978-7-5760-0583-7	48.00	2021年1月
育人目标与课程逻辑	978-7-5760-0640-7	52.00	2021年2月
学科课程与深度学习	978-7-5760-0505-9	52.00	2021年2月
学校课程的文化表情:百花园课程的学科指向与深度实施	978-7-5760-0677-3	38.00	2021年2月
学校文化与课程变革	978-7-5760-0544-8	62.00	2021年2月
语文天生重要:语文学科课程群设计	978-7-5760-0655-1	44.00	2021年2月
五育并举的课程体系:致良知课程的旨趣与探索	978-7-5760-0692-6	48.00	2021年1月
学科课程与育人质量	978-7-5760-0654-4	48.00	2021年1月
在地文化与课程图谱	978-7-5760-0718-3	46.00	2021年2月
中观课程设计与学科课程发展	978-7-5760-0624-7	36.00	2021年1月
大教学:英语学科核心素养培育的课程模式	978-7-5760-0462-5	46.00	2021年1月

特色学校聚焦丛书

书名	ISBN	定价	出版时间
不一样的生命,一样的精彩	978-7-5675-8675-8	34.00	2019年3月
童味正醇:特色学校的文化图谱	978-7-5675-8944-5	39.00	2019年8月
特色普通高中课程建设探索	978-7-5675-9574-3	34.00	2019年10月

书名	ISBN	定价	出版时间
儿童是天生的探索者:360°科学启蒙教育	978-7-5675-9273-5	36.00	2020年2月
做精神灿烂的教师:教师自我成长的5个密码	978-7-5760-0367-3	34.00	2020年7月
让教育温暖而芬芳	978-7-5760-0537-0	36.00	2020年9月
快乐教育与内涵生长	978-7-5760-0517-2	46.00	2020年12月
故事教育与儿童发展	978-7-5760-0671-1	39.00	2021年1月
美好教育:学校内涵发展的循证研究	978-7-5760-0866-1	34.00	2021年3月
把美好种进儿童心田	978-7-5760-0535-6	36.00	2021年3月
倾听生命的天籁:"天籁教育"的实践与探索	978-7-5760-1433-4	38.00	2021年9月
为了每一个孩子的美好心愿	978-7-5760-1734-2	50.00	2021年9月
向着优秀生长:"模范教育"的理念与实践	978-7-5760-1827-1	36.00	2021年11月

跨学科课程丛书

书名	ISBN	定价	出版时间
大情境课程:主题设计与创意评价	978-7-5760-0210-2	44.00	2020年5月
社会参与素养的培育模型与干预机制	978-7-5760-0211-9	36.00	2020年5月
大概念课程:幼儿园特色主题活动设计	978-7-5760-0656-8	52.00	2020年8月
项目学习:进入学科的课程智慧	978-7-5760-0578-3	38.00	2021年4月
STEAM课程的设计与实施	978-7-5760-1747-2	52.00	2021年10月
幼儿个性化运动课程	978-7-5760-1825-7	56.00	2021年11月

核心素养导向的课堂教学丛书

书名	ISBN	定价	出版时间
漾着诗性智慧的课堂教学	978-7-5675-9308-4	39.00	2019年7月
转识成智的课堂教学:核心素养导向的历史教学	978-7-5760-0164-8	40.00	2020年5月
学导式教学:学会学习的教学范式	978-7-5760-0278-2	42.00	2020年7月

高阶思维教学的关键技术	978-7-5760-0526-4	42.00	2021年1月
会呼吸的语文课:有氧语文的旨趣与实践			
	978-7-5760-1312-2	42.00	2021年5月
高阶思维教学的核心指向	978-7-5760-1518-8	38.00	2021年7月
磁性课堂:劳动技术课就这样上	978-7-5760-1528-7	42.00	2021年7月
核心素养导向的作业设计	978-7-5760-1609-3	40.00	2021年8月
语文,让精神更明亮	978-7-5760-1510-2	42.00	2021年9月
"六会"教学法:基于核心素养的课堂教学			
	978-7-5760-1522-5	42.00	2021年9月

特色课程建设丛书

教师,生长的课程	978-7-5760-0609-4	34.00	2020年12月
学校课程发展的实践范式	978-7-5760-0717-6	46.00	2020年12月
丰富学习经历:如歌式课程的愿景与深度			
	978-7-5760-0785-5	42.00	2020年12月
学科课程群设计方法	978-7-5760-0579-0	44.00	2021年3月
学校美育课程的立体建构:菁华园课程的逻辑与框架			
	978-7-5760-0610-0	36.00	2021年3月
关键学习素养与学科课程设计	978-7-5760-1208-8	34.00	2021年4月
学校课程设计:愿景建构与深度实施	978-7-5760-1429-7	52.00	2021年4月
生长性课程:看见儿童生长的力量	978-7-5760-1430-3	52.00	2021年4月
"慧阅读"课程:儿童视角	978-7-5760-1608-6	42.00	2021年6月
诗意栖居的课程愿景:智慧岛课程的逻辑与深度			
	978-7-5760-1431-0	44.00	2021年7月
每一个孩子都是最重要的人:V-I-P课程的内在意蕴与学科视角			
	978-7-5760-1826-4	54.00	2021年8月
给每一个孩子带得走的能力:井养式课程的旨趣与探索			
	978-7-5760-1813-4	42.00	2021年10月
指向核心素养的课程统整框架:I AM BEST 课程的学科之维			
	978-7-5760-1679-6	48.00	2021年11月